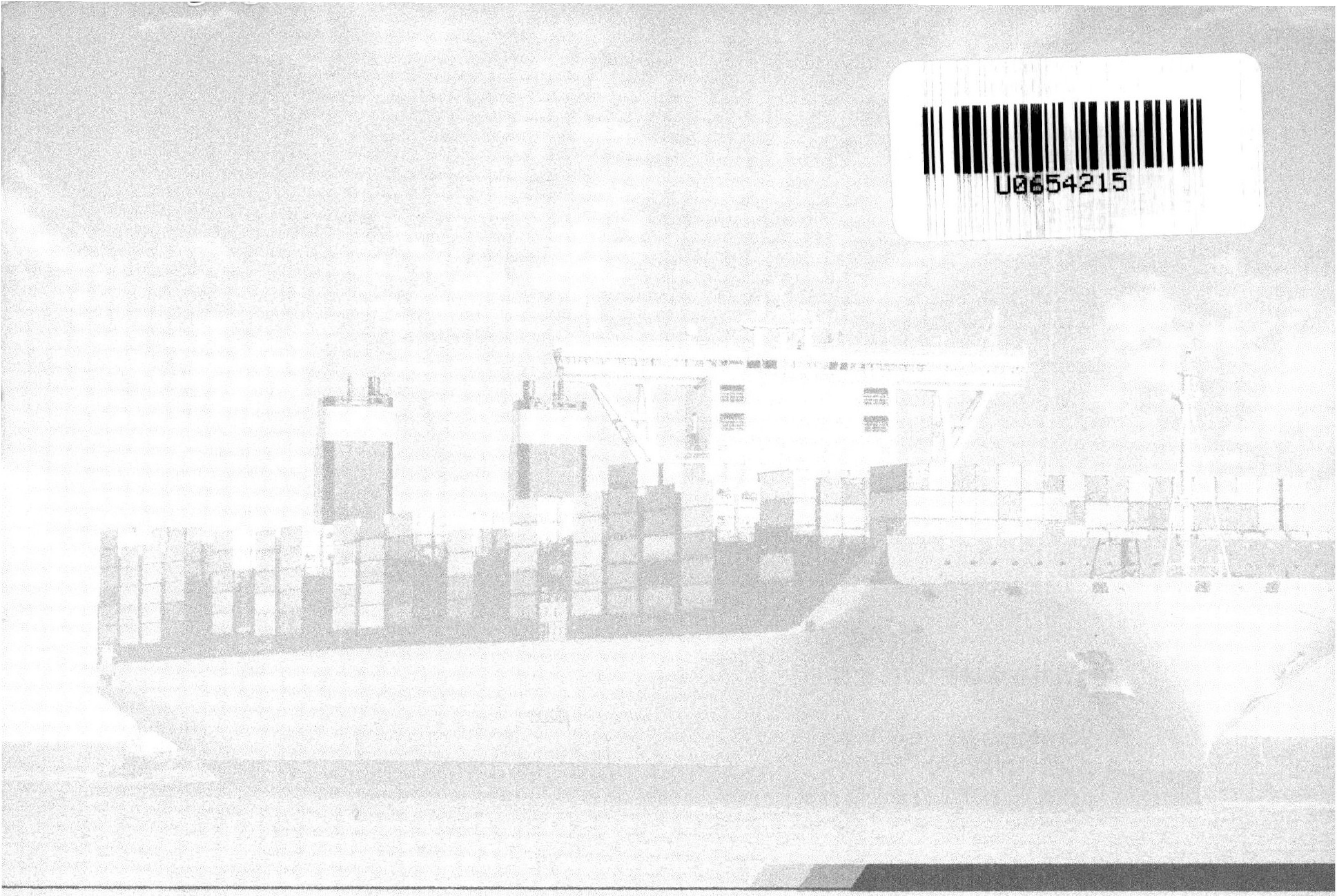

船舶静力学

胡铁牛 编著

上海交通大學出版社
SHANGHAI JIAO TONG UNIVERSITY PRESS

内容提要

船舶静力学是船舶设计与制造专业中的一门重要课程，是以流体静力学为基础，研究船舶在不同条件下的浮性、稳性及抗沉性等问题。本书共 7 章，分别就船体形状及近似计算，船舶浮性、船舶初稳性、船舶大倾角稳性、船舶抗沉性和船舶下水计算等船舶静力学中重点研究的几个方面进行了详细介绍。

本书可作为高等院校船舶与海洋工程专业本科生基础教材，也可供相关工程技术人员阅读参考。

图书在版编目(CIP)数据

船舶静力学 / 胡铁牛编著. —上海: 上海交通大学出版社，2022.3
船舶与海洋工程专业规划教材
ISBN 978-7-313-22834-5

Ⅰ. ①船… Ⅱ. ①胡… Ⅲ. ①船舶—静力学—高等学校—教材 Ⅳ. ①U661.2

中国版本图书馆 CIP 数据核字(2020)第 013163 号

船舶静力学

CHUANBO JINGLIXUE

编　　著：胡铁牛
出版发行：上海交通大学出版社
邮政编码：200030
印　　制：当纳利(上海)信息技术有限公司
开　　本：787 mm×1092 mm　1/16
字　　数：290 千字
版　　次：2022 年 3 月第 1 版
书　　号：ISBN 978-7-313-22834-5
定　　价：49.00 元
地　　址：上海市番禺路 951 号
电　　话：021-64071208
经　　销：全国新华书店
印　　张：11.75
印　　次：2022 年 3 月第 1 次印刷

前　言

船舶静力学是以流体静力学为基础，研究船舶在不同条件下的浮性、稳性及抗沉性等问题。船舶静力学中所讨论的许多问题是船舶设计、建造和营运中需要掌握的基础知识。因此船舶静力学是船舶设计与制造专业中的一门重要课程。

在船舶静力学中，一般依次讨论：① 浮性，指船舶在一定装载情况下浮于一定水面位置的能力。② 稳性，指在外力作用下，船舶发生倾斜而不致倾覆，当外力的作用消失后，仍能回复到原来平衡位置的能力。稳性通常又可分为初稳性(小倾角稳性)和大倾角稳性。③ 抗沉性，指当船体破损，海水进入舱室时，船舶仍能保持一定的浮性和稳性而不致沉没或倾覆的能力，即船破损以后的浮性和稳性。④ 船舶下水计算，指船舶在船台上或船坞内建造到一定阶段后，由原在船台上或船坞内呈支撑状态到进入水中变为呈漂浮状态的过程(称为下水)及其受力计算。

本书共 7 章，第 1 章为概述；第 2 章介绍船体形状及近似计算，船体的主尺度和形状对于船舶的性能(包括浮性和稳性以及航行性能)有很大的影响，也是船舶性能计算的依据。因此在研究船舶性能之前，首先要了解船舶主尺度和船体形状(船体外形曲面)的定义和表达方法，学会如何定义和表达船体形状以及常用的近似积分计算方法；第 3 章介绍船舶浮性，将分别介绍船舶漂浮在静水中的平衡条件、各种漂浮状态，以及船舶在各种浮态下的排水体积和浮心位置的计算方法；第 4 章讨论船舶初稳性问题，着重研究船舶复原力矩的计算及其有关的影响因素；第 5 章介绍船舶大倾角稳性，主要讨论静稳性曲线的计算原理和方法，船舶在静力作用下的静稳性和在动力作用下的动稳性问题以及稳性的衡准，进而校核船舶在各种装载情况下的稳性；第 6 章讨论船舶抗沉性问题，主要介绍破舱的基本概念，破舱后的浮态平衡方程确定，可浸长度曲线的概念、原理和计算方法，破舱计算的基本方法：损失浮力法和增加重量法，以及各自的基本原理、计算方法和应用范围等；第 7 章讨论船舶纵向下水的计算问题，重点在于下水各过程的受力分析和下水曲线的计算及分析。

本书可作为高等院校船舶与海洋工程专业本科生的基础教材，也可供相关工程技术人员阅读参考。

目　　录

第 1 章　概述 …… 1

1.1　船舶浮性 …… 1
1.2　船舶稳性 …… 2
1.3　船舶抗沉性 …… 2
1.4　船舶下水计算 …… 3
思考题 1 …… 3

第 2 章　船体形状及近似计算 …… 4

2.1　主尺度、船形系数和尺度比 …… 4
2.2　船体型线图 …… 8
2.3　船体计算的数值积分法 …… 10
思考题 2 …… 21
习题 2 …… 21

第 3 章　船舶浮性 …… 23

3.1　浮性概述 …… 23
3.2　船舶重量和重心位置的计算 …… 26
3.3　排水量和浮心位置的计算 …… 28
3.4　船舶在纵倾状态下排水体积和浮心坐标的计算 …… 43
3.5　船舶在纵倾和横倾状态下排水体积和浮心坐标的计算 …… 46
3.6　水的密度改变时船舶浮态的变化 …… 48
3.7　储备浮力及载重线标志 …… 50
思考题 3 …… 51
习题 3 …… 52

第 4 章　船舶初稳性 …… 54

4.1　稳性概述 …… 54
4.2　浮心的移动、稳心及稳心半径 …… 55
4.3　初稳性公式与初稳性高 …… 59
4.4　船舶静水力曲线图 …… 63
4.5　重量移动对船舶浮态及初稳性的影响 …… 65
4.6　装卸载荷对船舶浮态及初稳性的影响 …… 69

4.7 自由液面对船舶初稳性的影响 …… 75
4.8 悬挂重量及其他因素对船舶初稳性的影响 …… 78
4.9 船舶进坞及搁浅时的稳性 …… 79
4.10 船舶在各种装载情况下浮态及初稳性的计算 …… 82
4.11 船舶倾斜试验 …… 85
思考题 4 …… 92
习题 4 …… 93

第 5 章 船舶大倾角稳性 …… 96

5.1 稳性计算的原理及思路 …… 96
5.2 静稳性曲线的等排水量计算法 …… 99
5.3 静稳性曲线的变排水量计算法 …… 100
5.4 上层建筑及自由液面对静稳性曲线的影响 …… 106
5.5 静稳性曲线和动稳性曲线 …… 110
5.6 稳性曲线的应用和进水角曲线 …… 116
5.7 船舶在各种装载情况下的稳性校核计算 …… 121
5.8 极限重心高度曲线和最小许用初稳性高曲线 …… 126
5.9 船体几何要素及重心等对稳性的影响 …… 128
5.10 漂浮式海洋平台稳性概述 …… 132
思考题 5 …… 135
习题 5 …… 136

第 6 章 船舶抗沉性 …… 138

6.1 破舱的分类、渗透率和计算方法 …… 139
6.2 舱室少量进水后船舶浮态及稳性的计算 …… 140
6.3 舱室大量进水后船舶浮态及稳性的计算 …… 147
6.4 可浸长度的计算 …… 147
6.5 分舱因数及许用舱长 …… 151
6.6 客船的分舱和破舱稳性计算 …… 152
6.7 货船分舱和破舱稳性计算 …… 156
6.8 船舶分舱和破舱稳性的有关公约和规则 …… 158
思考题 6 …… 158
习题 6 …… 159

第 7 章 船舶下水计算 …… 160

7.1 纵向下水布置概述 …… 160
7.2 纵向下水阶段的划分 …… 161
7.3 纵向下水曲线计算 …… 165
7.4 滑道压力的计算 …… 167

7.5　纵向下水计算实例……………………………………………………………… 169
7.6　纵向下水动力学概述…………………………………………………………… 175
思考题 7 ……………………………………………………………………………… 178
习题 7 ………………………………………………………………………………… 178

参考文献……………………………………………………………………………… 180

第1章 概　　述

船舶静力学研究的浮性和稳性问题，直接关乎船舶的安全性。浮性涉及船舶是否会沉没，稳性涉及船舶是否会倾覆，抗沉性涉及船舶破损以后是否会沉没(浮性)或倾覆(稳性)，下水计算涉及船舶在下水过程中是否会沉没或倾覆的计算判别问题。

判断船舶是否具有适当的浮性和足够的稳性，有其一定的衡量指标，这些指标与船舶的主尺度、形状以及装载情况等有密切关系。因此，如何应用浮性及稳性的基本理论具体计算这些衡量指标，是船舶静力学的重要内容，这些衡量指标主要有干舷 F、初稳性高$\overline{GM}$、稳性衡准数 K 和分舱指数 A 等。

为了研究方便，做出以下假定：

(1) 假定船舶静置于平静水面上。

(2) 假定船舶受到的力(主要是重力和浮力)都是静力，或者可作为静力处理。

此外，船舶静力学的研究对象是在不同状态和条件下的：

(1) 重力及重心位置(如何求取将在"船舶设计原理"相关课程中详细讨论)。

(2) 浮力及浮心位置。

(3) 它们(重力及重心位置和浮力及浮心位置)之间的关系。

船舶静力学中的计算通常包括船舶静水力性能计算、船舶在各种装载情况下的浮态及稳性计算、抗沉性计算(即船舶破损后的浮态及稳性计算)和下水计算等。

船舶静力学中的计算结果曲线通常有静水力曲线、邦戎曲线、符拉索夫曲线、稳性横截曲线、静稳性曲线、动稳性曲线、进水角曲线、极限重心高度曲线、可浸长度曲线和下水曲线等。

船舶静力学中的校核通常包括船舶在各种装载情况下的浮态及初稳性校核、大倾角稳性校核(完整稳性校核)和船舶破损后的浮态及稳性校核(抗沉性校核或称为破舱稳性校核)。

船舶静力学中的试验通常有船舶倾斜试验等。

1.1 船舶浮性

船舶浮性是船舶在一定装载情况下浮于一定水面位置的能力。船舶浮态就是船舶浮于一定水面位置的漂浮状态。

研究船舶浮性的理论基础是阿基米德原理。基本数学方程是根据阿基米德原理导出的数学表达形式，即浮态平衡方程。

船舶浮性的研究对象就是船舶静力学的研究对象。

船舶浮性的研究目的是计算求出浮态时的浮力及浮心，这可以通过计算水线下船体的形状体积(排水体积)及形心位置(浮心)来实现。

为了实现这个研究目的，计算时需要：

(1) 定义、描述和表达船舶的船体形状。

(2) 采用合适的体积积分计算方法。

(3) 根据船体形状，通过合理有效的计算途径、基本理论和计算原理或方法求得浮力及浮心。

总之，研究船舶浮性的重点就是确定浮态平衡方程和获得浮力及浮心位置。要点是学会如何定义和表达船体形状、了解常用的近似积分计算方法(见第 2 章)；掌握计算浮力及浮心的基本理论和原理，掌握计算浮力及浮心的途径、思路和方法，校核浮态平衡方程(见第 3 章)。

1.2 船舶稳性

船舶稳性是船舶在外力作用并消失后仍保持其原有位置的能力。实际上是船舶在外力(倾斜力矩)作用下倾斜，然后在复原力矩作用下回复到其原有位置的能力。

研究船舶稳性的理论基础是力矩平衡原理。基本数学方程是力矩平衡方程，即倾斜力矩和复原力矩相等。

船舶稳性的研究对象就是船舶静力学的研究对象，包括对象之间形成的力矩关系。

船舶稳性研究中涉及的主要矛盾是倾斜力矩和复原力矩。

船舶稳性研究的主要目的及关键是求得浮力和浮心位置，据此可根据重力及重心与浮力及浮心之间的关系求得静稳性曲线，进而对稳性进行分析和计算校核。

船舶稳性通常的计算假定：① 倾斜前后的重力不变；② 不考虑惯性力。

根据以上的假定①，可以得知船舶是等体积倾斜，其水线是等体积倾斜水线。

船舶稳性的计算思路如下：

(1) 求取倾斜后的等体积倾斜水线位置。

(2) 求取该等体积倾斜水线下的排水体积及形心位置，即浮力及浮心位置。

(3) 根据浮力及浮心位置，计算复原力矩。

(4) 计算倾斜力矩。

(5) 根据稳性安全要求或规范要求，计算校核船舶稳性或其指标。

船舶稳性的实际应用意义在于它对船舶安全性的校核，包括船舶的抗倾覆(抗风浪)能力，在大风浪中的安全裕度等。

船舶稳性的重点是理解稳性的定义、概念和理论，学会如何求取浮心位置、稳性计算方法和稳性校核理论(安全判别或规范要求)。

船舶稳性的难点：① 如何求得等体积倾斜水线位置；② 如何求得该水线下的浮力及浮心位置；③ 稳性计算校核原理。

解决难点①的不同思路方法有等排水量计算法(见 5.2 节)和变排水量计算法(见 5.3 节)。

为了解决稳性难点、便于快速计算和校核，研究者对船舶稳性做了某些计算简化假定(初稳性假定)，这样在遇到小倾角稳性问题(称为初稳性)时，其稳性难点问题可简化为容易解决的问题，因此船舶稳性通常分为初稳性和大倾角稳性两大部分，分别是第 4 章和第 5 章的主要内容。

1.3 船舶抗沉性

抗沉性是船舶破损以后的浮性和稳性(破舱稳性)。前面提到的浮性和稳性指的是船舶未破损时(完整状态)的浮性和稳性(完整稳性)。

研究船舶抗沉性的理论基础是阿基米德原理和力矩平衡原理，基本数学方程是船舶破损后的浮态平衡方程和力矩平衡方程。

船舶抗沉性的研究对象就是船舶静力学的研究对象。

抗沉性的研究内容主要是当船破损以后如何计算校核船舶的浮性和稳性，此外还包括如何预先设计划分舱室，使得当指定舱室破损后，船舶仍具有足够的浮性，这些都是第 6 章的主要内容。

抗沉性的重点是破舱的基本概念，破舱后的浮态平衡方程确定，可浸长度曲线的概念、原理和计算方法，破舱计算方法（损失浮力法和增加重量法）等。

抗沉性的难点：① 破舱后的浮态平衡方程；② 概率破舱稳性的概念及原理方法。

1.4 船舶下水计算

第 7 章船舶下水计算主要介绍船台重力式纵向下水（滑道）方式，涉及下水过程中的静力学和动力学问题，但着重以静力学观点来处理。

船舶下水计算的重点是下水过程的划分，各过程的受力分析及计算。

船舶下水计算的难点是各过程的受力分析及计算。

思 考 题 1

1. 船舶静力学研究哪些内容？

2. 船舶静力学的研究对象有哪些？

第2章　船体形状及近似计算

船体的主尺度和形状对于船舶的性能(包括浮性和稳性以及航行性能)有很大的影响,也是船舶性能计算的依据。因此在研究船舶性能之前,首先要了解船舶主尺度和船体形状(船体外形曲面)的定义和表达方法,即船体主要要素的定义及船体外形的表达方法。

船体形状通常为双向曲面,目前有两种表达方法:一是传统的图形表达方法(线型图);二是直接用数学表达方法(数学船型)。本章重点介绍图形表达方法。

尽管有两种船体形状表达方法,但在船体形状计算的实际应用中,通常都采用近似计算方法,其主要理由是通用、简便,且能保证工程精度。因此本章还将讨论船体计算中常用的近似计算方法。

2.1　主尺度、船形系数和尺度比

船体的主要要素,即主尺度、船形系数和尺度比,是表示船体大小、形状、肥瘦程度的几何参数,这些参数对于船舶设计、建造、使用和分析性能十分有用。

船体外形可用投影到3个相互垂直的基本平面来表示。这3个基本投影平面称为主坐标平面,如图2-1(a)所示,它们分别如下:

(1) 中线面,指通过船宽中央的纵向垂直平面,它把船体分为左右两部分,在绝大多数情况下中线面也是船体的对称面。

(2) 中站面,指通过船长(垂线间长或设计水线长)中点(常用符号⊠表示)的横向垂直平面,它把船体分为首尾两部分。

(3) 基平面,指通过中线面和中站面交线中基点(位于该交线与船底板上缘的交点)的水平面,它与中线面、中站面相互垂直。基平面与中线面的交线称为基线。

船体外形曲面与中线面的截面称为中纵剖面、与中站面的截面称为中横剖面,船体外形曲面与位于基平面以上设计吃水处且与基平面平行的截面称为设计水线面,如图2-1(b)所示。

1. 主尺度

船舶的大小可由船长、型宽、型深和吃水等主尺度来度量,这些特征尺度的定义如图2-2所示。

(1) 船长L,通常选用的船长有3种,即总长、垂线间长和设计水线长。总长L_{OA},指自船首最前端至船尾最后端的水平距离。垂线间长L_{PP},指首垂线FP与尾垂线AP之间的水平距离。首垂线是通过设计水线与首柱前缘的交点所作的垂线(垂直于设计水线面);尾垂线一般在舵柱的后缘,若无舵柱,则取在舵杆的中心线上。军舰通常以通过尾轮廓和设计水线交点的垂线作为尾垂线。一般情况下,如无特别说明,习惯上所说的船长常指垂线间长。设计水线长L_{WL},指设计水线在首柱前缘和尾柱后缘之间的水平距离。

在船舶静水力性能计算中一般采用垂线间长L_{PP},在分析阻力性能时常用设计水线长L_{WL},而在船进坞、靠码头或通过船闸时应注意它的总长L_{OA}。

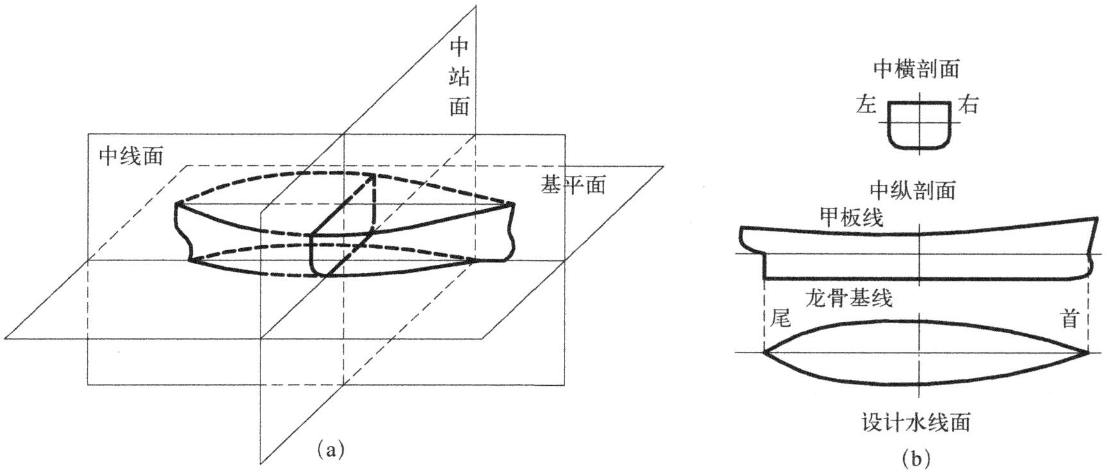

图 2－1　主 坐 标 平 面

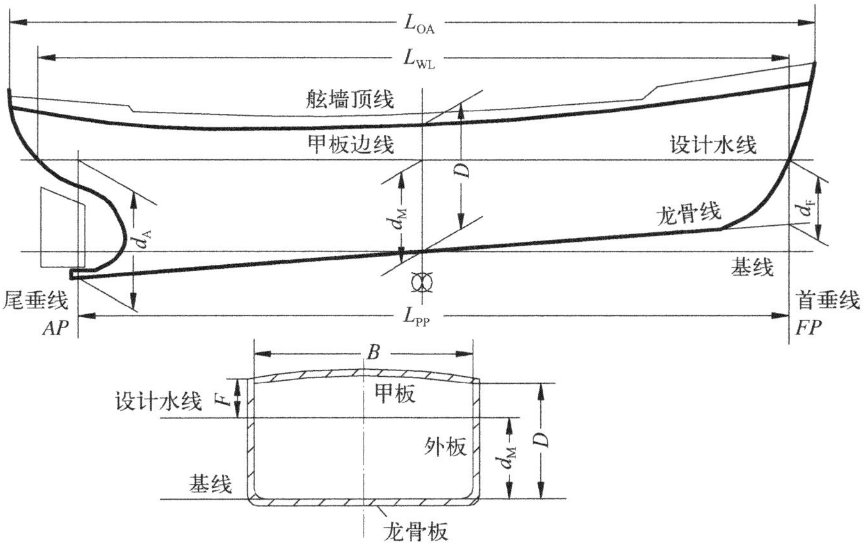

图 2－2　特征尺度的定义

(2) 型宽 B，指船体两侧型表面(不包括船体外板厚度)之间垂直于中线面的水平距离，一般指中横剖面设计水线处的宽度。最大型宽是指包括外板和伸出两舷的永久性固定突出物如护舷材、舷伸甲板等在内，并垂直于中线面的最大水平距离。

(3) 型深 D，指在甲板边线最低点处，自龙骨板上表面(基线)至上甲板边线的垂直距离。通常，甲板边线的最低点在中横剖面处。

(4) 吃水 d，指基线至水线的垂直距离，设计吃水指基线至设计水线的垂直距离。有些船因设计的首尾正常吃水不同，则分为首吃水、尾吃水及平均吃水。当不特别指明时，d 通常指平均吃水，即

$$d=(d_F+d_A)/2$$

式中，d 为平均吃水，也就是中横剖面处的吃水 d_M；d_F 为首吃水，沿首垂线自水线至龙骨线的

延长线之间的距离；d_A为尾吃水，沿尾垂线自水线至龙骨线的延长线之间的距离。

(5) 干舷 F，在船侧中横剖面处自设计水线至上甲板边板上表面的垂直距离。因此，干舷 F 等于型深 D 与吃水 d 之差再加上甲板板及其敷料的厚度。

2. 船形系数

船形系数是表示船体水下部分面积或体积肥瘦程度的无因次系数，这些系数对分析船型和船舶性能等有很大的用处。

(1) 水线面系数 C_{WP}，指与基平面相平行的任意一水线面的面积 A_W与由船长 L、型宽 B 所构成的矩形面积之比，如图 2-3(a)所示，即 $C_{WP}=\dfrac{A_W}{LB}$，它的大小表示水线面的肥瘦程度。通常情况下 C_{WP}指设计水线面系数。

(2) 中横剖面系数 C_M，指中横剖面面积 A_M与由型宽 B、吃水 d 所构成的矩形面积之比，如图 2-3(b)所示，即 $C_M=\dfrac{A_M}{Bd}$，它的大小表示水线以下的中横剖面的肥瘦程度。

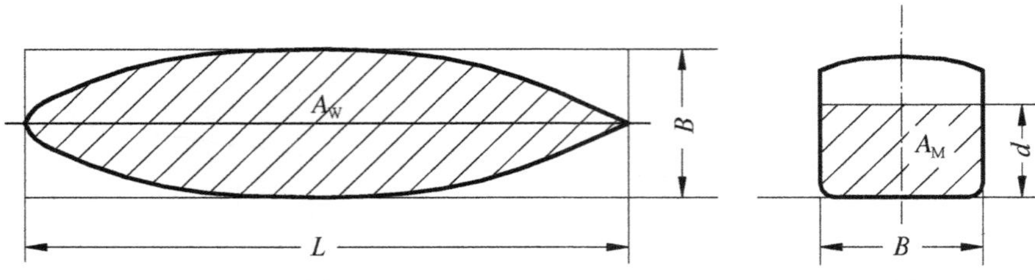

图 2-3　水线面系数和中横剖面系数

(3) 方形系数 C_B，指船体水线以下的型排水体积 ∇与由船长 L、型宽 B、吃水 d 所构成的长方体体积之比(见图 2-4)，即 $C_B=\dfrac{\nabla}{LBd}$，它的大小表示船体水下体积的肥瘦程度。

(4) 棱形系数 C_P，指船体水线以下的型排水体积 ∇与由相对应的中横剖面面积 A_M、船长 L 所构成的棱柱体体积之比(见图 2-5)，即 $C_P=\dfrac{\nabla}{A_ML}=\dfrac{\nabla}{C_MBdL}=\dfrac{C_B}{C_M}$，它的大小表示了排水体积沿船长方向的分布情况，$C_P$又称为纵向棱形系数。

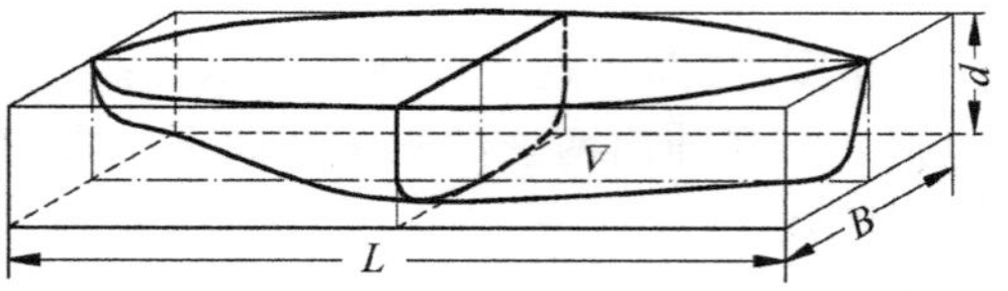

图 2-4　方形系数

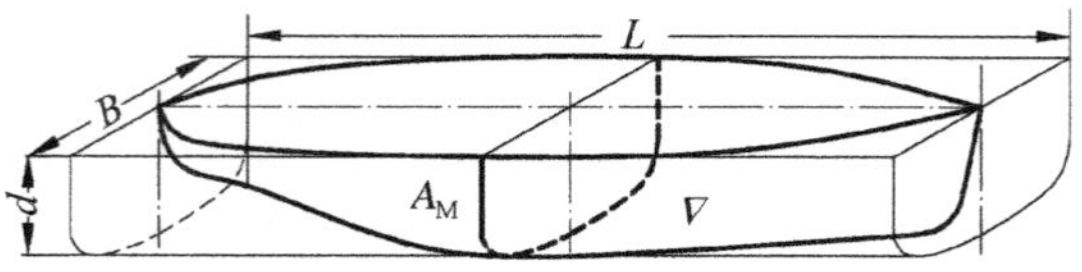

图 2-5　棱形系数

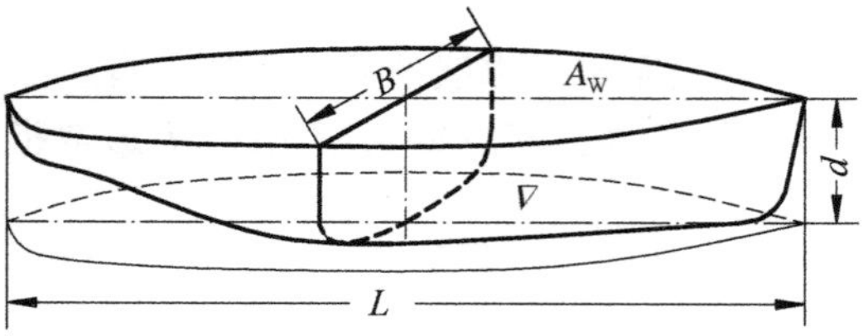

图 2-6　垂向棱形系数

(5) 垂向棱形系数 C_{VP}，船体水线以下的型排水体积 ∇与由相对应的水线面面积 A_W、吃水 d 所构成的棱柱体体积之比(见图 2-6)，即 $C_{VP}=\dfrac{\nabla}{A_Wd}=\dfrac{\nabla}{C_{WP}LBd}=\dfrac{C_B}{C_{WP}}$，它的大小表示了排水体积沿吃水方向的分布情况。

上述各系数的定义，如无特别指明，通常都是就设计水线处而言。在计算不同水线处的各系数时，其船长和船宽常用垂线间长（或设计水线长）和型宽（或设计水线宽），如最大横剖面不在船中处，则应取最大横剖面处的有关数据。吃水则取所计算水线处的吃水值。

例 1　某船某水线的吃水 $d=5.8$ m，该水线下的排水体积 $\nabla=7\,350$ m^3，其方形系数 $C_B=0.62$，水线面系数 $C_{WP}=0.75$，求该水线面面积 A_W。

解： $LB=\dfrac{\nabla}{C_B d}$，$A_W=C_{WP}LB=C_{WP}\dfrac{\nabla}{C_B d}=\dfrac{0.75\times 7\,350}{0.62\times 5.8}=1\,532.95(\text{m}^2)$

3. *尺度比*

除上述船型系数外，还经常采用船舶各主要尺度间的比值表示船体几何特征。常用的尺度比有长宽比（L/B）、宽度吃水比（B/d）、型深吃水比（D/d）及长度型深比（L/D）等。它们与船舶性能、强度以及经济性等有密切关系。

在船舶静力学中，常用的尺度比有长宽比（L/B）、宽度吃水比（B/d）、型深吃水比（D/d）或宽度型深比（B/D）。

例 2　已知某巡逻艇的平均吃水 $d=2$ m，长宽比 $L/B=6.5$，宽度吃水比 $B/d=2.5$，方形系数 $C_B=0.5$，求排水体积 ∇。

解： $B=\dfrac{B}{d}d$，$L=\dfrac{L}{B}B$，$LB=\dfrac{L}{B}B^2=\dfrac{L}{B}\left(\dfrac{B}{d}\right)^2 d^2$

$$\nabla=LBdC_B=\frac{L}{B}\left(\frac{B}{d}\right)^2 d^3C_B=6.5\times 2.5^2\times 2^3\times 0.5=162.5(\text{m}^3)$$

表 2-1 所示是各类舰船的尺度比值和船形系数的大致范围。

表 2-1　各类舰船的尺度比值与船形系数的大致范围

船舶类型		尺度比值			船形系数		
		L/B	B/d	D/d	C_{WP}	C_M	C_B
民用船舶	远洋客船	8.0～10	2.4～2.8	1.6～1.8	0.75～0.82	0.95～0.96	0.57～0.71
	沿海客货船	6.0～7.5	2.7～3.8	1.5～2.0	0.70～0.80	0.85～0.96	0.50～0.68
	远洋货船	6.0～8.0	2.0～2.4	1.1～1.5	0.80～0.85	0.95～0.98	0.70～0.78
	拖船	3.0～6.5	2.0～2.7	1.2～1.6	0.72～0.80	0.79～0.90	0.46～0.60
	渔船	5.0～6.0	2.0～2.4	1.1～1.3	0.76～0.81	0.77～0.83	0.50～0.62
	油船	4.8～7.5	2.1～3.4	1.1～1.5	0.73～0.87	0.98～0.99	0.63～0.83
军舰	巡洋舰	8.0～11.0	2.8～3.3	1.7～2.0	0.69～0.72	0.76～0.89	0.45～0.65
	驱逐舰	9.0～12.0	2.8～4.5	1.7～2.0	0.70～0.78	0.76～0.86	0.40～0.54
	炮艇	6.5～9.0	2.8～3.3	1.6～2.8	0.70～0.80	0.80～0.90	0.52～0.64
	猎潜艇	7.9～8.5	2.5～4.5	1.6～2.0	0.74～0.78	0.75～0.82	0.45～0.50
	潜艇	8.0～13.0	1.4～2.0	—	—	—	0.40～0.55

2.2 船体型线图

船体外形一般都是双向曲面，其形状的基本图形表示方法是型线图。型线图是船舶设计、计算和建造的重要依据，因此型线图是一张关乎船舶全局的图纸。型线图所表示的船体外形为船体型表面。钢船的型表面为外板的内表面，水泥船和木船则为船壳的外表面。型线图的基本投影平面就是图 2-1(a)所示的 3 个互相垂直的平面，但是仅这 3 个平面和船体外形相截所得的剖面图形还不能完整地表示船体的型表面，尚需补充若干个平行于 3 个基本投影平面的剖面，这些剖面和船体外形相截得到的图形与 3 个基本剖面图形组成的图，就称为船体型线图。现以某货船(见图 2-7)为例做以下说明。

(1) 横剖线图。沿船长方向平行于中站面，取 21 个(或取更多个，但也有取 11 个的情况)等间距的横剖面，把船长等分为 20 个间距(称为站距)。将各横剖面所截得的船体型表面曲线(称为横剖线)均投影到中站面上，即得到横剖线图。各横剖线从船尾至船首依次编号(称为站号)，0～10 站为尾半段，10～20 站为首半段，第 10 站即为中横剖面(注意：我国船舶设计部门习惯上对民船的各站从船尾至船首依次编号，而军船的各站则从船首至船尾依次编号)。由于船体左右对称，每一条横剖线只需画出半边即可。通常，将尾半段的左半边横剖线画在左边，首半段的右半边横剖线画在右边。按理，在横剖线图上应画出其甲板线的实际形状，但这样会使图面混淆不清，所以在型线图中都不画出实际形状，而只是将各站处横剖面的甲板边缘点连接起来，称为甲板边线。舷墙顶点的连线称为舷墙顶线。

(2) 半宽水线图。沿吃水方向平行于基平面，取若干个等间距的水平剖面，将各水平剖面所截得的船体型表面曲线(称为水线)均投影到基平面上，即得半宽水线图。各水线自龙骨基线向上依次编号。由于船体左右对称，每一条水线只需画出半边(通常取左舷)即可，故称为半宽水线图。此外，在半宽水线图上还需画出上甲板边线、首尾楼甲板边线和舷墙顶线等的水平投影，以反映它们的俯视轮廓。

(3) 纵剖线图。沿船宽方向平行于中线面，取若干个纵剖面，将各剖面所截得的船体型表面曲线(称为纵剖线)均投影到中线面上，即得纵剖线图。各纵剖线通常自中线面开始往舷侧依次编号，在纵剖线图上还需画出龙骨线、首尾轮廓线、甲板边线、甲板中线和舷墙顶线等的侧投影。

型线图由上述 3 组图形组成，现对三者之间的关系进一步说明如下：由于上述 3 个剖面图是相互垂直的，因此每一组剖线在一个投影面上为曲线(表示它的真实形状)，而在另外两个投影面上则为直线。例如：纵剖线在纵剖线图上为曲线，而在横剖线图和半宽水线图上则为直线；横剖线在横剖线图上为曲线，而在半宽水线图和纵剖线图上则为直线；半宽水线在半宽水线图上为曲线，而在横剖线图和纵剖线图上则为直线。型表面型线上的任何一点在 3 个图上都有它相应的位置，而且彼此必须符合“宽相等、高平齐”的原则。例如某一点位于基线以上的高度在纵剖面图和横剖面图上应一致；位于中横剖面前后的距离在纵剖面图和水线面图上应一致；位于中纵剖面左右的距离在横剖面图和水线面图上应一致。

型线图的比例尺视船的大小而定，通常采用 1/100、1/50 及 1/25。例如大船一般用 1/100，小船有时采用 1/10。在船体型线图中一般都应给出型值表(型值是不同类型线的交点，如横剖线和水线)，作为性能计算和建造的主要依据。图 2-7 所示为某货船的型线图及型值表。在船舶静力学中，型线图和型值表是计算船体形状各项参数的主要依据。

站号	半宽										高度						
	平底线	500水线	1 000水线	2 000水线	3 000水线	4 200水线	4 580水线	上甲板边线	首尾楼甲板边线	舷墙顶线	中纵剖线	6纵剖线	7纵剖线	8纵剖线	上甲板边线	首尾楼甲板边线	舷墙顶线
尾封板	—	—	—	—	—	—	1 640	4 060	5 000	—	4 300	4 580	5 600	7 730	5 900	8 300	—
0	—	—	—	—	—	1 450	2 450	4 590	5 400	—	4 000	4 250	4 960	6 080	5 800	8 200	—
1/2	—	—	—	—	—	2 240	3 095	4 980	5 660	—	3 730	4 000	4 650	5 635	5 750	8 150	—
1	200	550	770	980	1 255	3 015	3 720	5 345	5 885	—	0	3 525	4 280	5 310	5 700	8 100	—
2	760	1 690	2 050	2 595	3 170	4 430	4 875	5 960	6 280	—	0	420	3 000	4 520	5 630	8 030	—
3	1 660	2 850	3 360	4 085	4 740	5 540	5 790	6 370	6 560	—	0	0	825	3 020	5 580	7 980	—
4	2 700	3 990	4 585	5 310	5 830	6 260	6 380	6 600	—	6 650	0	0	110	1 240	5 540	—	6 850
5	3 730	4 985	5 540	6 115	6 395	6 575	6 630	6 700	—	6 700	0	0	0	380	5 490	—	6 510
6	4 540	5 700	6 150	6 550	6 640	6 685	6 700	6 700	—	6 700	0	0	0	40	5 440	—	6 440
7	4 965	6 100	6 480	6 700	6 700	6 700	6 700	6 700	—	6 700	0	0	0	0	5 400	—	6 400
8	5 200	6 300	6 590	6 700	6 700	6 700	6 700	6 700	—	6 700	0	0	0	0	5 400	—	6 400
9	5 200	6 300	6 590	6 700	6 700	6 700	6 700	6 700	—	6 700	0	0	0	0	5 400	—	6 400
10	5 200	6 300	6 590	6 700	6 700	6 700	6 700	6 700	—	6 700	0	0	0	0	5 400	—	6 400
11	5 000	6 180	6 520	6 700	6 700	6 700	6 700	6 700	—	6 700	0	0	0	0	5 100	—	6 400
12	4 615	5 965	6 380	6 700	6 700	6 700	6 700	6 700	—	6 700	0	0	0	0	5 400	—	6 400
13	4 045	5 630	6 140	6 600	6 700	6 700	6 700	6 700	—	6 700	0	0	0	110	5 400	—	6 400
14	3 280	5 100	5 730	6 300	6 580	6 700	6 700	6 700	—	6 700	0	0	0	330	5 400	—	6 400
15	2 345	4 360	5 055	5 790	6 250	6 570	6 600	6 700	—	6 700	0	0	90	780	5 400	—	6 400
16	1 415	3 420	4 140	4 935	5 565	6 160	6 360	6 700	—	6 700	0	25	390	1 790	5 400	—	6 400
17	655	2 365	2 970	3 735	4 415	5 260	5 680	6 550	—	6 650	0	160	1 275	3 580	5 430	—	6 530
18	220	1 325	1 760	2 345	2 940	3 855	4 300	5 750	—	6 270	0	790	3 385	4 990	5 480	—	7 600
19	—	380	630	1 020	1 420	2 120	2 470	3 950	5 020	5 260	200	3 375	5 170	7 310	5 530	7 800	8 390
19.5	—	—	100	420	690	1 200	1 450	2 670	4 030	4 460	1 000	4 780	6 480	—	5 560	7 840	8 600
20	—	—	—	—	—	0	390	1 140	2 730	3 430	4 200	6 270	8 500	—	5 580	7 880	8 800

主要要素

总长 L_{OA}/m	75.00	水线面系数 C_{WP}	0.832
垂线间长 L_{PP}/m	70.00	中横剖面系数 C_M	0.980
水线间长 L_{WL}/m	71.33	浮心纵向位置 x_B/m	−0.426
型宽 B/m	13.40	排水量/t	2858
型深 D/m	5.40	梁拱/m	0.2
设计吃水 d/m	4.20	首脊弧/m	0.0
方形系数 C_B	0.704	尾脊弧/m	0.4

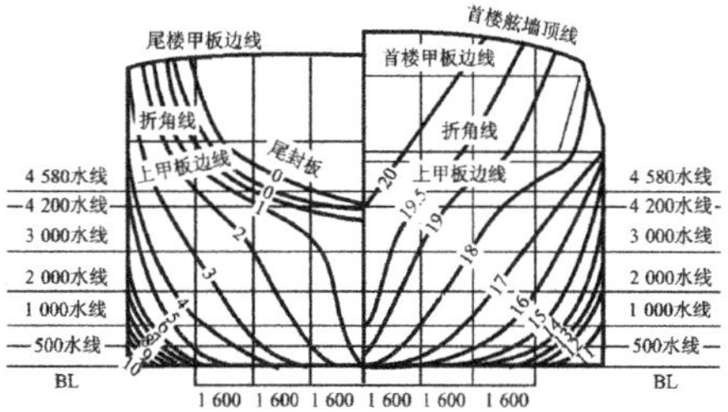

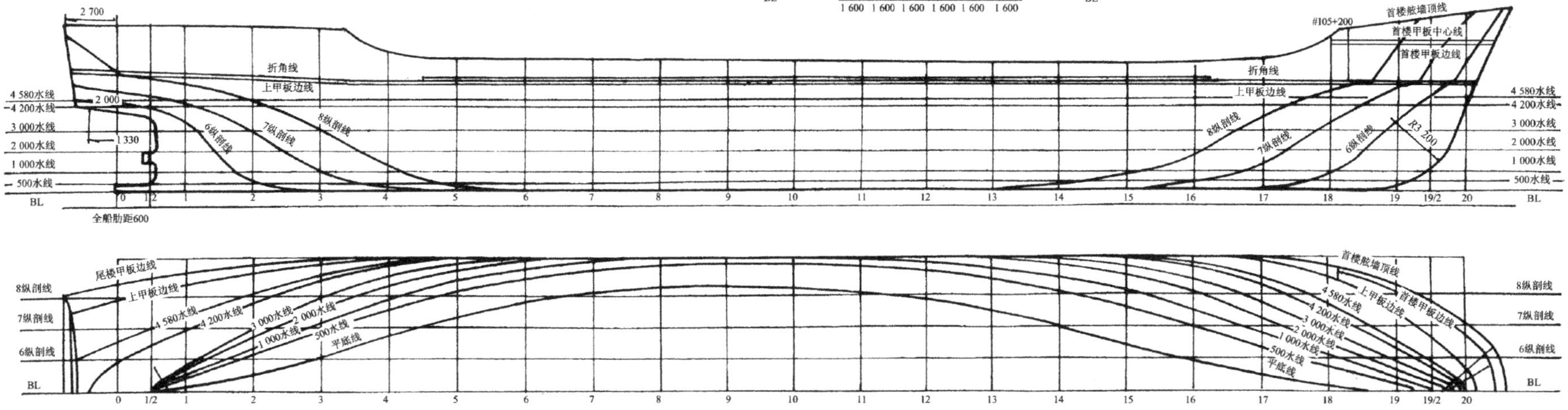

图 2-7 某货船的型线图及型值表

2.3 船体计算的数值积分法

在船舶性能计算中，经常需要计算各种封闭曲线的面积和几何要素，如横剖面及水线面的面积及形心、水线面面积曲线的面积及形心（排水体积及浮心）和水线面面积的惯性矩等。这些计算统称为船体计算，是船舶设计中的基础工作之一。理论上讲这些计算都可以用定积分直接计算，但由于船体型线通常不方便用数学解析式表达，因此一般都是先根据型值点（来自型线图或型值表）或数学曲面方程离散化后用离散点来表示，再用数值积分方法来进行近似计算。在船体计算中，最常用的数值积分法有辛浦生法、梯形法、乞贝雪夫法和样条曲线积分等。在本节中主要讨论这些数值积分法的基本原理以及船体计算中常用的具体方法。

1. 计算的一般表达式

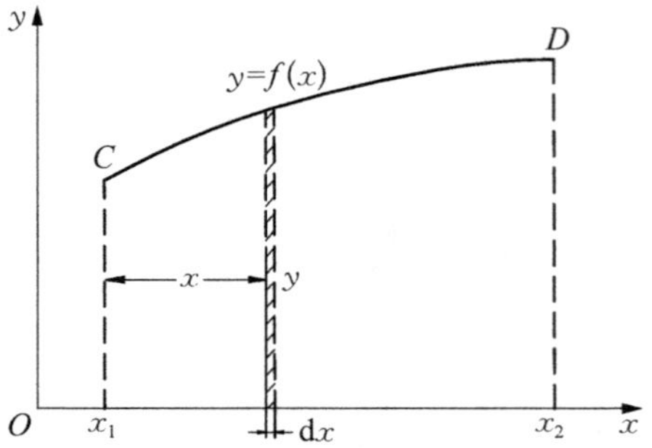

图 2－8　计算图例一

如图 2－8 所示，设曲线 CD 为船体上某一段曲线并以 $y=f(x)$ 来表示，该曲线在（x_1，x_2）区间所围的面积、面积矩、形心位置及惯性矩等表达式分别如下。

（1）面积 $A=\int_{x_1}^{x_2} y\mathrm{d}x$

（2）对 Ox 轴和 Oy 轴的面积矩$_y$

$$M_{Ox}=\int_{x_1}^{x_2} y\mathrm{d}x\ \frac{y}{2}=\frac{1}{2}\int_{x_1}^{x_2} y^2\mathrm{d}x$$

$$M_{Oy}=\int_{x_1}^{x_2} y\mathrm{d}x x=\int_{x_1}^{x_2} xy\mathrm{d}x$$

（3）形心 g 的位置

$$x_g=\frac{M_{Oy}}{A}=\frac{\int_{x_1}^{x_2} xy\mathrm{d}x}{\int_{x_1}^{x_2} y\mathrm{d}x}$$

$$y_g=\frac{M_{Ox}}{A}=\frac{\frac{1}{2}\int_{x_1}^{x_2} y^2\mathrm{d}x}{\int_{x_1}^{x_2} y\mathrm{d}x}$$

（4）对 Ox 轴和 Oy 轴的面积惯性矩

$$I_x=\int_{x_1}^{x_2}\left[\frac{y^3\mathrm{d}x}{12}+y\mathrm{d}x\left(\frac{y}{2}\right)^2\right]=\frac{1}{3}\int_{x_1}^{x_2} y^3\mathrm{d}x$$

$$I_y=\int_{x_1}^{x_2} y\mathrm{d}x x^2=\int_{x_1}^{x_2} x^2 y\mathrm{d}x$$

（5）对通过形心 g 的面积惯性矩

$$I_{gx}=I_x-Ay_g^2$$

$$I_{gy}=I_y-Ax_g^2$$

类似地，对于图 2 - 9 所示的 $R=f(\theta)$ 表示的曲线 CD 在区间(θ_1,θ_2)所围的扇形面积等相应的计算表达式分别为

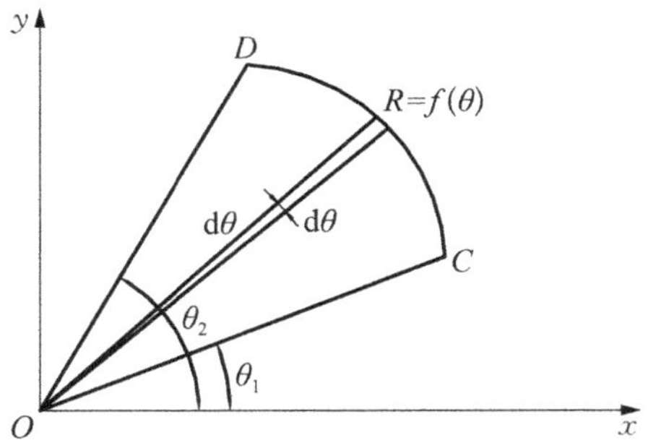

图 2 - 9　计算图例二

(1) 面积 $A=\dfrac{1}{2}\displaystyle\int_{\theta_1}^{\theta_2}R^2\mathrm{d}\theta$

(2) 对 Ox 轴和 Oy 轴的面积矩

$$M_{Ox}=\frac{1}{3}\int_{\theta_1}^{\theta_2}R^3\sin\theta\,\mathrm{d}\theta$$

$$M_{Oy}=\frac{1}{3}\int_{\theta_1}^{\theta_2}R^3\cos\theta\,\mathrm{d}\theta$$

(3) 形心 g 的位置

$$x_g=\frac{M_{Oy}}{A}=\frac{\dfrac{1}{3}\displaystyle\int_{\theta_1}^{\theta_2}R^3\cos\theta\,\mathrm{d}\theta}{\dfrac{1}{2}\displaystyle\int_{\theta_1}^{\theta_2}R^2\mathrm{d}\theta}$$

$$y_g=\frac{M_{Ox}}{A}=\frac{\dfrac{1}{3}\displaystyle\int_{\theta_1}^{\theta_2}R^3\sin\theta\,\mathrm{d}\theta}{\dfrac{1}{2}\displaystyle\int_{\theta_1}^{\theta_2}R^2\mathrm{d}\theta}$$

(4) 对 Ox 轴和 Oy 轴的面积惯性矩

$$I_x=\frac{1}{4}\int_{\theta_1}^{\theta_2}R^4\sin^2\theta\,\mathrm{d}\theta$$

$$I_y=\frac{1}{4}\int_{\theta_1}^{\theta_2}R^4\cos^2\theta\,\mathrm{d}\theta$$

2. 数值积分法的一般形式

参阅图 2 - 10，以 $y=f(x)$ 所表示的曲线 CD 所围的面积 $OCDN$ 为

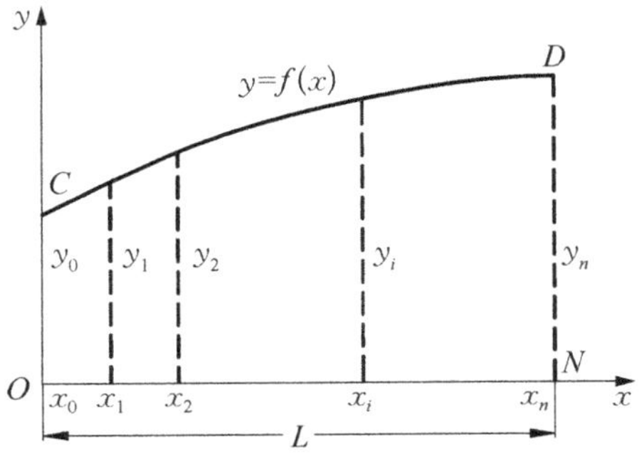

图 2 - 10　计算图例三

$$A=\int_0^L f(x)\mathrm{d}x=\int_0^L y\mathrm{d}x \tag{2-1}$$

$y=f(x)$ 虽然是一光滑的曲线，但如果没有确切的数学表达式，则无法用解析的定积分进行计算。在这种情况下，只能用给定的 x_i 处的坐标值 $y_i(i=0,1,\cdots,n)$ 进行数值积分求出 A。为了得到数值积分的表达式，假定用 n 次多项式曲线进行拟合，该曲线通过 $y=f(x)$ 曲线上位置 x_i处坐标 y_i的点。将该多项式曲线在 $f(0)$ 处用麦克劳林级数展开，则得

$$f(x)\approx\sum_{i=0}^{n}\frac{1}{i!}f^{(i)}(0)x^i \tag{2-2}$$

将式(2－2)代入式(2－1)，可得

$$A \approx \sum_{i=0}^{n} \frac{L^{i+1}}{(i+1)!} f^{(i)}(0) \tag{2-3}$$

同时，图 2－10 中 $OCDN$ 面积的表达式为

$$A = \sum_{i=0}^{n} k_i y_i \tag{2-4}$$

k_i为坐标 y_i的乘数，可以通过比较系数法求得，由式(2－2)可得

$$\begin{cases} y_0 = f(0) \\ y_1 = f(0) + f'(0)x_1 + \cdots + \dfrac{1}{n!} f^{(n)}(0) x_1^n \\ \vdots \\ y_n = f(0) + f'(0)x_n + \cdots + \dfrac{1}{n!} f^{(n)}(0) x_n^n \end{cases} \tag{2-5}$$

将式(2－5)代入式(2－4)，得

$$\begin{aligned} A = &(k_0 + k_1 + \cdots + k_n) f(0) + \frac{1}{1!}(k_1 x_1 + k_2 x_2 + \cdots + k_n x_n) f'(0) + \\ &\cdots + \frac{1}{n!}(k_1 x_1^n + k_2 x_2^n + \cdots + k_n x_n^n) f^n(0) \end{aligned} \tag{2-6}$$

将式(2－6)与式(2－3)进行比较可得

$$\begin{cases} k_0 + k_1 + \cdots + k_n = L \\ k_1 x_1 + k_2 x_2 + \cdots + k_n x_n = \dfrac{L^2}{2} \\ \vdots \\ k_1 x_1^n + k_2 x_2^n + \cdots + k_n x_n^n = \dfrac{L^{n+1}}{n+1} \end{cases} \tag{2-7}$$

式(2－7)为坐标 y_i的乘数 k_i及坐标位置 x_i的$(n+1)$个联立方程组，由此可以得出在船体计算中各类数值积分公式，对于式(2－7)可以有以下几点：

(1) 在坐标位置 x_i给定的情况下，式(2－7)为求坐标 y_i的乘数 k_i的一次联立方程。

(2) 在坐标 y_i的乘数 k_i给定的情况下，式(2－7)为求坐标位置 x_i的 n 次联立方程。

根据式(2－7)所表达的数值积分一般形式，可以方便地得出船体计算中常用的各种近似计算法则。

3. 坐标位置 x_i给定情况下的近似计算法

当坐标位置 x_i给定且位于底边 L 的 n 等分点上(等间距)时，可以根据式(2－7)导出船体计算中常用的下列近似计算法。

1) 梯形法

$n=1$ 是以直线段近似地代替 $y=f(x)$ 的曲线，坐标值只有 y_0和 y_1，区间长度 $L=x_1-x_0$，且 $x_1=L$。

由式(2-7)可得 $\begin{cases} k_0 + k_1 = L \\ k_1 x_1 = \dfrac{L^2}{2} \end{cases}$，解出 $\begin{cases} k_0 = \dfrac{L}{2} \\ k_1 = \dfrac{L}{2} \end{cases}$

代入式(2-4)，得面积为

$$A = \frac{L}{2}(y_0 + y_1) \tag{2-8}$$

式(2-8)在船体计算中称为梯形法。

2) 辛浦生第一法

$n=2$ 是以二次抛物线段近似地代替 $y=f(x)$ 的曲线，坐标值有 y_0，y_1 和 y_2。区间长度 $L=x_2-x_0$，且 $x_1=\dfrac{L}{2}$，$x_2=L$。

由式(2-7)可得 $\begin{cases} k_0 + k_1 + k_2 = L \\ k_1 x_1 + k_2 x_2 = \dfrac{L^2}{2} \\ k_1 x_1^2 + k_2 x_2^2 = \dfrac{L^3}{3} \end{cases}$，解出 $\begin{cases} k_0 = \dfrac{L}{6} \\ k_1 = \dfrac{4L}{6} \\ k_2 = \dfrac{L}{6} \end{cases}$

代入式(2-4)，得面积为

$$A = \frac{L}{6}(y_0 + 4y_1 + y_2) \tag{2-9}$$

式(2-9)在船体计算中称为辛浦生第一法，简称辛氏一法。

3) 辛浦生第二法

$n=3$ 是以三次抛物线段近似地代替 $y=f(x)$ 的曲线，坐标值有 y_0，y_1，y_2 和 y_3。区间长度 $L=x_3-x_0$，且 $x_1=\dfrac{L}{3}$，$x_2=\dfrac{2L}{3}$，$x_3=L$。

由式(2-7)可得 $\begin{cases} k_0 + k_1 + k_2 + k_3 = L \\ k_1 x_1 + k_2 x_2 + k_3 x_3 = \dfrac{L^2}{2} \\ k_1 x_1^2 + k_2 x_2^2 + k_3 x_3^2 = \dfrac{L^3}{3} \\ k_1 x_1^3 + k_2 x_2^3 + k_3 x_3^3 = \dfrac{L^4}{4} \end{cases}$，解出 $\begin{cases} k_0 = \dfrac{L}{8} \\ k_1 = \dfrac{3L}{8} \\ k_2 = \dfrac{3L}{8} \\ k_4 = \dfrac{L}{8} \end{cases}$

代入式(2-4)，得面积为

$$A = \frac{L}{8}(y_0 + 3y_1 + 3y_2 + y_3) \tag{2-10}$$

式(2-10)在船体计算中称为辛浦生第二法，简称辛氏二法。

4) [5，8，−1]法

这是应用 3 个纵坐标(其值为 y_0，y_1，y_2) 计算其中相邻两个纵坐标之间面积的数值积分法，如图 2－10 中求 y_0，y_1 或 y_1，y_2 之间的面积，其计算公式的推导与辛浦生第一法相类似，只是在式(2－1)中的积分上限改为 x_1 或积分下限改为 x_1。

设 $l=x_1-x_0=x_2-x_1$，则[5，8，－1]法计算 y_0，y_1 间的面积为

$$A_{0-1}=\frac{l}{12}(5y_0+8y_1-y_2) \tag{2-11}$$

而计算 y_1，y_2 间的面积为 $A_{1-2}=\dfrac{l}{12}(-y_0+8y_1+5y_2)$

[5，8，－1]法可以认为是一种特殊的辛浦生第一法。

5）不等距辛浦生法

这是辛浦生第一法(等间距)的通式，在辛浦生第一法的推导中，若取 x_1 为 x_0-x_2 区间内的任意值，并令 $L_1=x_1-x_0$，$L_2=x_2-x_1$，$L=x_2-x_0$，则可求得不等间距辛浦生法的各乘数 $\begin{cases} k_0=\dfrac{L}{6}\left(3-\dfrac{L}{L_1}\right) \\ k_1=\dfrac{L}{6}\left(\dfrac{L}{L_1}+\dfrac{L}{L_2}\right) \\ k_2=\dfrac{L}{6}\left(3-\dfrac{L}{L_2}\right) \end{cases}$，代入式(2－4)，得面积为

$$A=k_0y_0+k_1y_1+k_2y_2 \tag{2-12}$$

当等间距时，式(2－12)及乘数与辛氏一法的式(2－9)完全相同。

4. 坐标值 y_i 及乘数 k_i 给定情况下的近似计算法

在船体计算中，特别是在大倾角横稳性的人工计算中，常采用乞贝雪夫法(简称乞氏法)。该方法的基本思想是用 n 次多项式曲线拟合实际曲线，采用不等间距的 n 个纵坐标乘以一个共同的系数求得曲线所围的面积。这相当于在坐标 y_i 乘数 k_i 给定的情况下，根据式(2－7)求出坐标位置 x_i。乞贝雪夫法计算面积的表达式为

$$A=\frac{L}{n}(y_1+y_2+\cdots+y_n)=\frac{L}{n}\sum_{i=1}^{n}y_i \tag{2-13}$$

坐标值的数目与次方 n 相一致，即用 n 次多项式曲线拟合实际曲线，需要 n 个坐标值求取面积。因此，各坐标值 y_i 所乘的共同系数为 $k_i=\dfrac{L}{n}$，其关键是需要找出各坐标值 y_i 的位置 x_i。所取多项式曲线的幂次 n(纵坐标数目)不同，其相应的位置 x_i 也不同，根据不同位置的 x_i，可以推导出 $n=4$，5，6，7，8，9，10，…时的纵坐标位置(见表 2－2)。

表 2－2　多坐标乞贝雪夫法的纵坐标位置

纵坐标位置	纵坐标位置(距底边中点的距离，以底边半长 $l=L/2$ 的分数表示)				
n	x_1/l	x_2/l	x_3/l	x_4/l	x_5/l
2	0.577 3				
3	0	0.707 1			
4	0.187 6	0.794 7			

（续表）

纵坐标位置	纵坐标位置（距底边中点的距离，以底边半长 $l=L/2$ 的分数表示）				
5	0	0.374 5	0.832 5		
6	0.266 6	0.422 5	0.866 2		
7	0	0.323 9	0.529 7	0.883 9	
8	0.102 6	0.406 2	0.593 8	0.897 4	
9	0	0.167 9	0.528 8	0.601 0	0.911 6
10	0.083 8	0.312 7	0.500 0	0.687 3	0.916 2

需要指出以下几点：

(1) 多项式曲线的幂次 n 与计算所需的纵坐标数是一致的，因此常用纵坐标数 n 来表示。

(2) 当 n 为奇数时，必然有一个坐标位置在底边长度 L 的中点，其余的坐标位置前后对称于底边长度的中点。

(3) 当 n 为偶数时，坐标位置前后对称于底边长度的中点。

5. 数值积分近似计算法的通用步骤

如前所述，无论曲线有无数学解析表达式，均可转换为以一串数值形式的离散化数据，进而采用数值积分计算法进行近似计算，其通用步骤大致如下：

(1) 离散化（间隔足够小，保证足够的精度）。对于型值点形式的曲线表达，已经是离散化了。对于解析函数的曲线表达，可继续(2)(3)两步。

(2) 给出各离散点的自变量值 $x_1, x_2, \cdots, x_n$。

(3) 求出各离散点的函数值 $f(x_1), f(x_2), \cdots, f(x_n)$。

(4) 用近似积分公式求积分。

(5) 将近似积分结果代替积分，估计误差。

以上从求取面积 $A=\int_0^L f(x)\mathrm{d}x=\int_0^L y\mathrm{d}x$ 的角度讨论了数值积分法的一般原理，并推导了船体计算中常用的梯形法、辛氏法及乞氏法。其实只要是定积分，都可以应用上述数值积分法按照以上通用步骤进行计算。

数值积分法计算的主要用途就是求解函数曲线下包围的面积，不同物理意义的函数曲线 $f(x)$ 下包围的面积会得到不同物理意义的计算结果，如计算普通曲线下的面积得到面积，计算面积曲线下的面积得到体积，计算静矩曲线下的面积得到面积静矩等。

因此，在船体计算中，常用这些计算方法进行某曲线下面积、面积静矩、惯性矩以及体积等计算，此时原函数 $f(x)$ 分别表示函数曲线 y、函数曲线 yx 或 $y^2/2$、函数曲线 yx^2 或 $y^3/3$ 和函数曲线 A（参见本节中有关一般表达式的内容），计算某曲线下面积、面积静矩、惯性矩以及体积就是用数值积分法求函数 $f(x)$ 曲线下的面积，下面以辛氏一法为例具体说明。

例 3 已知函数曲线 $y=f(x)$（见图 2-10），求该曲线下(x_0-x_2)的面积 A，对 y 轴和 x 轴的静矩 M，对 y 轴和 x 轴的惯性矩 I。假设函数曲线为面积曲线 $y=A(x)$，求体积 V。

解： 计算面积，函数 $f(x)=y$，面积＝函数曲线下的面积，

$$A=\frac{L}{6}(y_0+4y_1+y_2)$$

计算对 y 轴静矩，函数 $f(x)=yx$，静矩＝函数曲线下的面积，

$$M_y=\frac{L}{6}(y_0x_0+4y_1x_1+y_2x_2)$$

计算对 x 轴静矩，函数 $f(x)=y^2/2$，静矩＝函数曲线下的面积，

$$M_x=\frac{L}{6\times 2}(y_0^2+4y_1^2+y_2^2)$$

计算对 y 轴惯性矩，函数 $f(x)=yx^2$，惯性矩＝函数曲线下的面积，

$$I_y=\frac{L}{6}(y_0x_0^2+4y_1x_1^2+y_2x_2^2)$$

计算对 x 轴惯性矩，函数 $f(x)=y^3/3$，惯性矩＝函数曲线下的面积，

$$I_x=\frac{L}{6\times 3}(y_0^3+4y_1^3+y_2^3)$$

计算体积，函数 $f(x)=A(x)$，体积＝函数曲线下的面积，$V=\frac{L}{6}(A_0+4A_1+A_2)$

6. 数值积分法在船体计算中的应用

这里主要讨论梯形法和辛氏法在船体计算中的应用。数值积分法在船体计算中不外乎沿船长方向进行计算和沿吃水方向进行计算，以下分别进行介绍。

1）沿船长方向的计算

最典型的实例是有关水线面的计算。图 2－11 所示是船的半宽水线面，沿船长作 n 等分，共有 $n+1$ 个纵坐标。相邻两个纵坐标之间的距离 ΔL 称为站距，且 $\Delta L=\frac{L}{n}$。

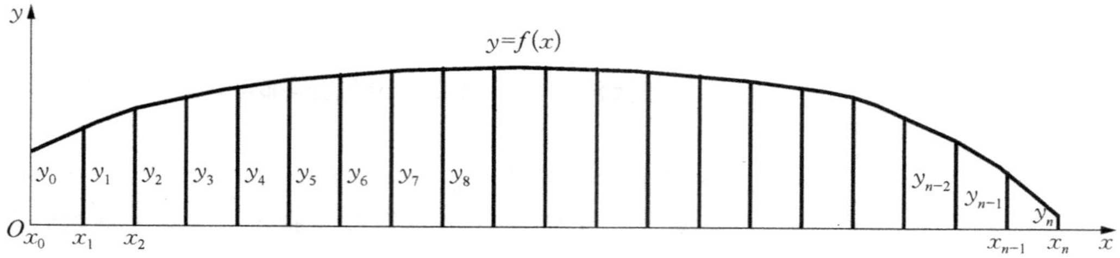

图 2－11　水线面计算

(1) 用梯形法计算面积是将相邻两个纵坐标之间的曲线近似地以直线来替代，因此面积为

$$\begin{aligned}A&=\Delta L\left[\frac{1}{2}(y_0+y_1)+\frac{1}{2}(y_1+y_2)+\frac{1}{2}(y_2+y_3)+\cdots+\frac{1}{2}(y_{n-1}+y_n)\right]\\&=\frac{L}{n}\left[(y_0+y_1+y_2+\cdots+y_n)-\frac{1}{2}(y_0+y_n)\right]\\&=\frac{L}{n}\left[\sum_{i=0}^{n}y_i-\varepsilon\right]\end{aligned}\qquad(2-14)$$

式中，$\sum_{i=0}^{n} y_i$ 称为累加和，$\varepsilon = \frac{1}{2}(y_0 + y_n)$ 称为首尾修正项。式(2-14)是船体计算中常用的梯形法计算式。

(2) 用辛氏一法计算面积时，将相邻的 3 个纵坐标之间的曲线近似地以二次抛物线来代替，因此面积为

$$
\begin{aligned}
A &= \frac{2\Delta L}{6}[(y_0 + 4y_1 + y_2) + (y_2 + 4y_3 + y_4) + \cdots + (y_{n-2} + 4y_{n-1} + y_n)] \\
&= \frac{\Delta L}{3}[y_0 + 4y_1 + 2y_2 + 4y_3 + 2y_4 + \cdots + 2y_{n-2} + 4y_{n-1} + y_n] \\
&= \frac{L}{\sum S.M}[y_0 + 4y_1 + 2y_2 + 4y_3 + 2y_4 + \cdots + 2y_{n-2} + 4y_{n-1} + y_n] \qquad (2-15)
\end{aligned}
$$

式中，括号中各纵坐标前的系数[1, 4, 2, 4,…,2, 4, 1]称为辛氏乘数；$\sum S.M$ 是括号中各纵坐标值前辛氏乘数的总和。式(2-15)是船体计算中常用的辛氏一法计算式。

(3) 用辛氏二法计算面积时，将相邻的 4 个纵坐标之间的曲线近似地以三次多项式曲线来代替，因此面积为

$$
\begin{aligned}
A &= \frac{3\Delta L}{8}[(y_0 + 3y_1 + 3y_2 + y_3) + (y_3 + 3y_4 + 3y_5 + y_6) + \\
&\quad \cdots + (y_{n-3} + 3y_{n-2} + 3y_{n-1} + y_n)] \\
&= \frac{L}{\sum S.M}[y_0 + 3y_1 + 3y_2 + 2y_3 + 3y_4 + 3y_5 + 2y_6 + \\
&\quad \cdots + 2y_{n-3} + 3y_{n-2} + 3y_{n-1} + y_n]
\end{aligned}
$$

式中，括号中各纵坐标前的系数[1, 3, 3, 2, 3, 3, 2,…,2, 3, 3, 1]称为辛氏乘数；$\sum S.M$ 是括号内各纵坐标值前辛氏乘数的总和。

(4) [5, 8, −1]法是用辛氏一法计算 $x_0 - x_1$ 之间面积，要用到相邻的 3 个纵坐标

$$
A_{0-1} = \frac{\Delta L}{12}(5y_0 + 8y_1 - 1y_2) = \frac{L}{\sum S.M}(5y_0 + 8y_1 - 1y_2)
$$

式中，$\sum S.M$ 是括号内各纵坐标值前辛氏乘数的总和。

(5) [3, 10, −1]法是用辛氏一法计算 $x_0 - x_1$ 之间对 y 轴面矩，要用到相邻的 3 个纵坐标

$$
M_{y0-1} = \frac{\Delta L^2}{24}(3y_0 + 10y_1 - 1y_2)
$$

从上述讨论中可见，在应用梯形法时，长度 L 的等分数目没有任何限制，而在应用辛氏一法时，长度 L 的等分数目 n 必须为偶数。在应用辛氏二法时，长度 L 的等分数目 n 必须为 3 的倍数，若灵活利用辛氏一法、辛氏二法、[5, 8, −1]法的组合，可计算任意等分数目。

习惯上，设计人员通常将船长 L 分为 20 个等分，并据此绘制型线图和给出相应的型值表，由于型值表中给出的是水线的半宽数值，故在计算整个水线面的有关数值时，应该再乘以 2。同时在沿船长方

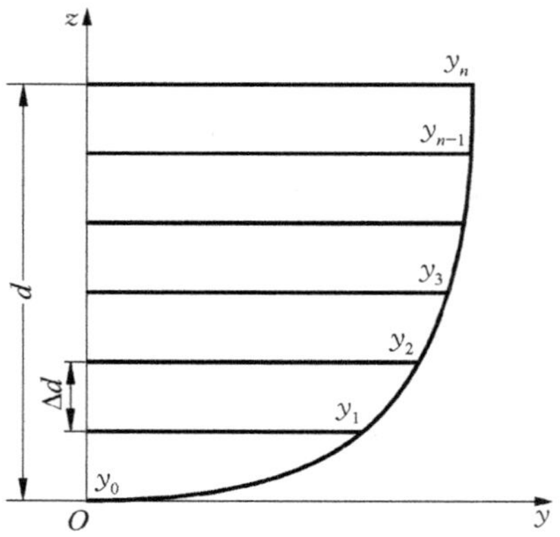

图 2-12　横剖面计算

向进行计算时，一般都采用梯形法或辛氏法。

目前梯形法用于人工计算，辛氏法用于计算机计算或人工计算，而乞氏法几乎不用。

2) 沿吃水方向的计算

最典型的实例是有关横剖面的计算，图 2-12 所示是船的横剖面半宽图。沿吃水方向分成 n 等分，其间距为 Δd，用梯形法计算面积的表达式为

$$A=\Delta d\left[(y_0+y_1+y_2+\cdots+y_n)-\frac{1}{2}(y_0+y_n)\right]$$
$$=\frac{d}{n}\left[(y_0+y_1+y_2+\cdots+y_n)-\frac{1}{2}(y_0+y_n)\right]$$

用辛氏一法计算面积的表达式为

$$A=\frac{d}{\sum S.M}[y_0+4y_1+2y_2+\cdots+4y_{n-1}+y_n]$$

由于通常给出的是半宽数值，故在计算整个横剖面的有关数值时应该再乘以 2。另需注意，用梯形法计算时不受等分数目的限制，而用辛氏一法进行计算时，等分数目 n 必须为偶数。

在沿吃水方向进行计算时，经常用到变上限积分，即积分上限随吃水的变化而变化，对吃水 d_i 的变上限积分的梯形法计算式为

$$A=\Delta d\left[\frac{1}{2}(y_0+y_1)+\frac{1}{2}(y_1+y_2)+\cdots+\frac{1}{2}(y_{i-1}+y_i)\right]$$
$$=\frac{1}{2}\Delta d\sum_{j=1}^{i}(y_{j-1}+y_j)$$

在船体计算中所用的数值积分法都有一定的近似性质，因此习惯上常称为近似计算法。一般说来，在纵坐标数目相同的情况下，计算结果正确程度的高低依次为乞贝雪夫法、辛浦生法和梯形法。增加纵坐标的数目，可相应地提高计算的正确程度，但这样将增加计算的工作量。根据造船工作者的长期实践经验，通常将船长分为 20 等分，设计吃水分为 8～10 等分进行计算，所得到的结果一般在造船工程所允许的误差范围之内。以往用人工计算时都采用梯形法或辛氏法进行有关计算。对于船体型线在首尾末端和舭部的曲率变化较大部分，常采用以下两种辅助办法以提高计算的正确程度：

(1) 在船的首尾两端及基线之上增加中间坐标。

(2) 在船的首尾两端及底部的曲线进行端点坐标的修正。

7. 增加中间坐标和端点部分处理

1) 增加中间坐标

图 2-12 所示的曲线在底部处曲度变化较大，应在坐标 y_0 和 y_1 之间增加一个中间坐标 $y_{1/2}$，如应用辛浦生第一法计算 y_5 水线以下的面积，得

$$A=\int_0^{d_5} y\mathrm{d}z \approx \frac{\Delta d}{6}(y_0+4y_{1/2}+y_1)+\frac{\Delta d}{3}(y_1+4y_2+2y_3+4y_4+y_5)$$

$$=\frac{\Delta d}{3}\left(\frac{1}{2}y_0+2y_{1/2}+\frac{3}{2}y_1+4y_2+2y_3+4y_4+y_5\right)$$

2）端点部分处理

前面所述的数值积分方法都是以等间距情况为例加以说明的，但在船体实际计算中，往往所要计算的曲线的端点并不正好在曲线等距点处，因此需要另做处理，其处理的基本方法和原则如下：

（1）采用不等间距辛浦生法计算整条曲线。

（2）采用不等间距辛浦生法计算端点部分，采用等间距辛浦生法计算等间距部分。

（3）采用梯形法分段计算曲线。

（4）对端点坐标进行修正，目的是使端点坐标在参加数值积分时能尽量准确地计算出端点部分的面积。

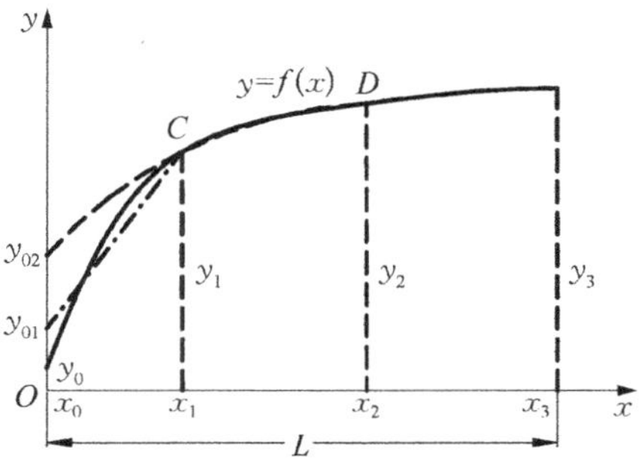

图 2－13　采用梯形法的端点修正实例

采用梯形法的端点修正实例如图 2－13 所示，端点部分曲线 OC 的面积如直接用端点坐标 y_0，则 $A_0=(x_1-x_0)(y_0+y_1)$ 显然比实际面积要小，所以需要将端点修正为 y_{01}，此时面积 $A_{01}=(x_1-x_0)(y_{01}+y_1)$ 恰好等于实际面积，y_{01} 称为端点修正坐标。

8. 近似计算法例题

例 4　分别用 5 个纵坐标值的梯形法、辛浦生第一法和乞贝雪夫法计算函数 $y=\tan x$ 从 $x=0$ 到 $x=\frac{\pi}{3}$ 的数值积分值，并与精确解进行比较。

解：先画出 $y=\tan x$ 从 $x=0$ 到 $x=\frac{\pi}{3}$ 的图形，如图 2－14 所示，其中 $L=\frac{\pi}{3}$，$l=\frac{L}{4}=\frac{\pi}{12}$。

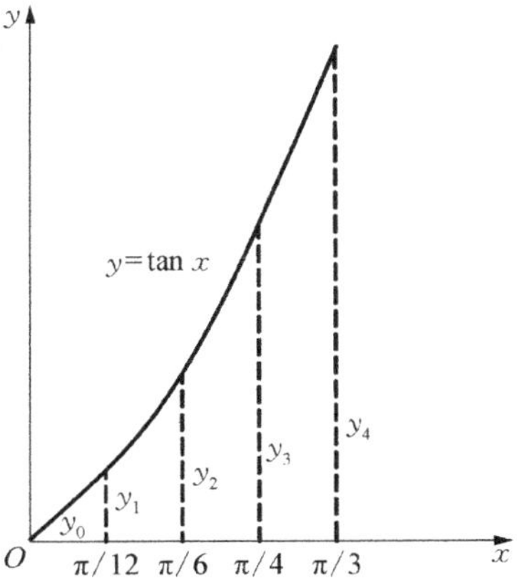

图 2－14　计算图例

（1）精确解。

$$A=\int_0^{\pi/3}\tan x\,\mathrm{d}x=[-\ln\cos x]\,|_0^{\pi/3}=0.220\,64\pi$$

（2）梯形法（见表 2－3）。

表 2－3　梯　形　法

坐标号	横坐标 x	纵坐标 y	梯形乘数 $T.M$	面积函数
0	0	0	1/2	0
1	π/12	0.267 95	1	0.267 95
2	π/6	0.577 35	1	0.577 35
3	π/4	1.000 00	1	1.000 00

（续表）

坐标号	横坐标 x	纵坐标 y	梯形乘数 $T.M$	面积函数
4	$\pi/3$	1.732 05	1/2	0.866 03
$\sum$				2.711 33

$$A=\int_0^{\pi/3}\tan x\,\mathrm{d}x=l\left(\frac{y_0}{2}+y_1+y_2+y_3+\frac{y_4}{2}\right)=\frac{\pi}{12}\times 2.711\ 33=0.225\ 94\pi$$

(3) 辛浦生第一法（见表 2－4）。

表 2－4　辛浦生第一法

坐标号	横坐标 x	纵坐标 y	辛氏乘数 $S.M$	面积函数
0	0	0	1	0
1	$\pi/12$	0.267 95	4	1.071 80
2	$\pi/6$	0.577 35	2	1.154 70
3	$\pi/4$	1.000 00	4	4.000 00
4	$\pi/3$	1.732 05	1	1.732 05
$\sum$				7.958 55

$$A=\int_0^{\pi/3}\tan x\,\mathrm{d}x=\frac{l}{3}(y_0+4y_1+2y_2+4y_3+y_4)=\frac{1}{3}\times\frac{\pi}{12}\times 7.958\ 55=0.221\ 07\pi$$

(4) 乞贝雪夫法（见表 2－5）。

表 2－5　乞贝雪夫法

坐标号	横坐标 x	纵坐标 y	乞氏乘数 $C.M$	面积函数
0	$\pi/6-0.832\ 50\times\pi/6=0.167\ 50\times\pi/6$	0.087 93	1	0.087 93
1	$\pi/6-0.374\ 54\times\pi/6=0.625\ 46\times\pi/6$	0.339 72	1	0.339 72
2	$\pi/6$	0.577 35	1	0.577 35
3	$\pi/6+0.374\ 54\times\pi/6=1.374\ 54\times\pi/6$	0.876 55	1	0.876 55
4	$\pi/6+0.832\ 50\times\pi/6=1.832\ 50\times\pi/6$	1.426 82	1	1.426 82
$\sum$				3.308 37

$$A=\int_0^{\pi/3}\tan x\,\mathrm{d}x=\frac{L}{5}(y_0+y_1+y_2+y_3+y_4)=\frac{\pi}{15}\times 3.308\ 37=0.220\ 56\pi$$

从上述各种方法的计算结果可知，在纵坐标数目相同的情况下，各种方法的精确程度从高到低依次为乞贝雪夫法、辛浦生第一法、梯形法。

例 5　用辛氏法积分计算圆锥体（高 h，底面积半径 r）的体积

圆锥体积理论公式 $V=\dfrac{\pi r^2 h}{3}$　　其面积曲线 $A=\pi\left(\dfrac{rx}{h}\right)^2$

近似积分式辛氏法中，圆锥体沿高度方向等分三个截面，分别为

$$\text{底截面 } \pi r^2 \qquad \text{中截面 } \pi\left(\frac{r}{2}\right)^2=\frac{\pi r^2}{4} \qquad \text{顶截面 } 0$$

圆锥体积也可由面积曲线近似积分求得

$$V=\int_0^h \pi\left(\frac{rx}{h}\right)^2 \mathrm{d}x=\frac{h}{6}\left(0+4\frac{\pi r^2}{4}+\pi r^2\right)=\frac{\pi r^2 h}{3}$$

可见，圆锥体积用辛氏法近似积分计算结果和理论公式一致。实际上，对于一次函数、二次函数和三次函数曲线，用辛氏法近似积分结果等于理论积分，读者可自行证明。

思 考 题 2

1. 作图说明船体的主尺度是怎样定义的？其尺度比的主要物理意义是什么？

2. 作图说明船形系数是怎样定义的？其物理意义是什么？试举例说明它们之间的关系。

3. 水线面系数是否可能大于 1？如可能，试解释其原因和举例说明。

4. 在某船的 $C_B=V/LBd$ 中，参数 V、L、B、d 中哪些是常量？哪些是变量？其他船型系数 C_{WP}、C_M 等参数呢？

5. 采用船体近似计算方法时有哪些要求？试说明船舶静力学计算中常用的近似计算法有哪几种？它们的基本原理、适用范围以及优缺点各是什么？

6. 提高数值积分精确度的办法有哪些？作图说明梯形法、辛浦生法对曲线端点曲率变化较大时应如何处理？以求面积为例，写出其数值积分公式。

7. 分别写出按梯形法、辛浦生法计算水线面面积的积分公式，以及它们的数值积分公式；说明[5，8，−1]法、[3，10，−1]法的适用范围。

8. 写出计算水线面面积的漂心位置和水线面面积对 x 轴、y 轴的惯性矩积分公式，并应用求面积的原理写出其数值积分公式。

9. 写出辛氏一法、辛氏二法、[5，8，−1]法和[3，10，−1]法以及不等间距辛氏法的计算式，说明它们的应用范围和优缺点。

习 题 2

1. 某海洋客船船长 $L=155$ m，型宽 $B=18.0$ m，吃水 $d=7.1$ m，排水体积 $\nabla=10\,900$ m^3、中横剖面面积 $A_M=115$ m^2，水线面面积 $A_W=1\,980$ m^2，求：① 方形系数 C_B；② 纵向棱形系数 C_P；③ 水线面系数 C_{WP}；④ 中横剖面系数 C_M；⑤ 垂向棱形系数 C_{VP}。

2. 两相等的正圆锥体在底部处相连接，每个锥体的高等于其底部直径，这个组合体浮于水面，使其两个顶点在水表面上，试绘图并计算：① 中横剖面系数 C_M；② （纵向）棱形系数 C_P；③ 水线面系数 C_{WP}；④ 方形系数 C_B。

3. 某海洋客货轮排水体积 $\nabla=9\,750$ m^3；主尺度比：长宽比 $L/B=6.7$，宽度吃水比 $B/d=2.63$；船型系数：$C_M=0.900$，$C_P=0.660$，$C_{VP}=0.780$。求：① 船长 L；② 型宽 B；③ 吃水 d；④ 水线面系数 C_{WP}；⑤ 方形系数 C_B；⑥ 水线面面积 A_W。

4. 已知某巡逻艇吃水 $d=2.05$ m，长宽比 $L/B=6.7$，宽度吃水比 $B/d=2.46$，$C_B=0.53$，求排水体积 ∇。

5. 某游艇排水体积 $\nabla=25$ m^3，长宽比 $L/B=5.0$，宽度吃水比 $B/d=2.7$，方形系数 $C_B=0.52$，求该艇的主要尺度 L、B 及 d。

6. 某内河驳船的水下体积 $\nabla=4\,400$ m^3，吃水 $d=2.6$ m，方形系数 $C_B=0.815$，水线面系数 $C_{WP}=0.882$，求水线面面积 A_W。

7. 某军舰舰长 92.0 m，舰宽 9.1 m，吃水 $d=2.9$ m，中横剖面系数 $C_M=0.814$，方形系数 $C_B=0.468$，求：① 排水体积 ∇；② 中横剖面面积 A_M；③ (纵向)棱形系数 C_P。

8. 设曲线方程为 $y=\sin x$，利用下列各种方法计算 $\int_0^{\pi}\sin x\,\mathrm{d}x$，将其与计算到小数后 5 位值的精确解进行比较，并求出相对误差：① 梯形法(七坐标)；② 辛浦生一法(七坐标)；③ 辛浦生二法(七坐标)。

9. 某船水线半宽可用方程式 $y=1.5\sqrt[3]{x}$ 表示，① 按比例画出 0 至 30 m 一段水线面形状；② 用定积分求其面积；③ 用梯形法(十等分)求面积；④ 用辛氏法(十等分)求面积；⑤ 以定积分所得的数值为标准，求出其他两种方法的相对误差。

10. 设一艘船的某一水线方程为 $y=\pm\dfrac{B}{2}\left[1-\dfrac{x^2}{(0.5L)^2}\right]$，其中船长 $L=60$ m，型宽 $B=8.4$ m，利用下列各种方法计算水线面面积：① 梯形法(十等分)求面积；② 辛氏法(十等分)求面积；③ 定积分，并以定积分所得的数值为标准，求出其他两种方法的相对误差。

11. 已知图 1 所示的两个横剖面的半宽及其水线间距(单位为 m)，对图(a)用辛氏法计算其面积，对图(b)先修正其端点坐标再用梯形法计算其面积。

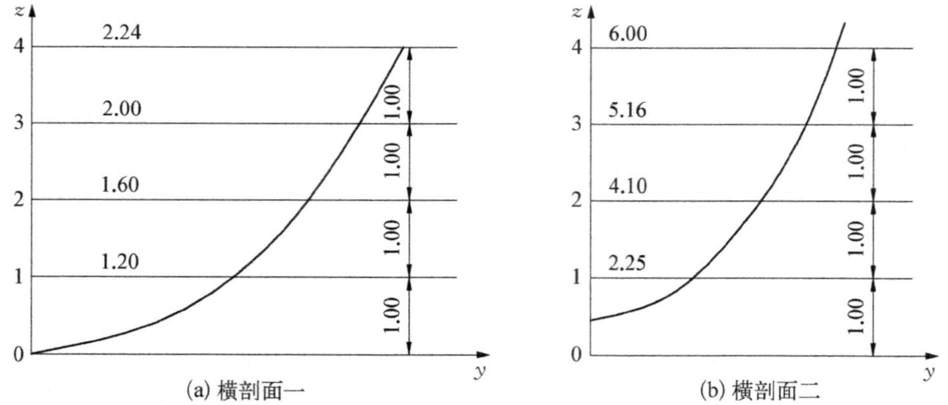

图 1　两个横剖面的半宽及其水线间距

12. 某船水线面曲线在各站号处的半宽值如表 1 所列(站距为 12 m)：① 画出该曲线；② 先修正坐标，然后列表求其面积。

表 1　某船水线面曲线在各站号处的半宽值

站　号	0	1	2	3	4	5	6	7	8	9	10
半宽 y_i/m	0	6.35	8.55	8.67	8.67	8.47	8.67	8.60	7.55	4.18	0

第3章 船舶浮性

浮性是船舶在一定装载情况下具有漂浮在水面(或浸没水中)保持平衡位置的能力,它是船舶的基本性能之一。本章将分别叙述船舶漂浮在静水中的平衡条件、各种漂浮状态以及船舶在各种浮态下的排水体积和浮心位置的计算方法。

3.1 浮性概述

1. 船舶平衡条件

船舶在任意一种装载情况下,漂浮于水面(或浸没于水中)一定位置时,是一个处于平衡状态的浮体。这时,作用在船上的力有船舶本身的重力以及静水压力所形成的浮力。

作用在船上的重力是由船舶本身各部分的重量所组成的,如船体构件、机电设备、货物、人员及行李等的重量,军舰还有武备、弹药等。这些重量形成一个垂直向下的合力,此合力就是船舶的重力 W,其作用点 G 称为船舶的重心。

如图 3-1 所示,当船舶漂浮于水面一定位置时,船体浸水表面的每一个点都受到水的静压力,这些静压力都是垂直于船体表面的,其大小与浸水深度成正比。从图中可以看出,船舶水下部分静水压力的水平分力互相抵销,垂直分力则形成一个垂直向上的合力,此合力就是支持船舶漂浮于一定位置的浮力 $w\nabla$,合力的作用点 B 称为船舶的浮心。

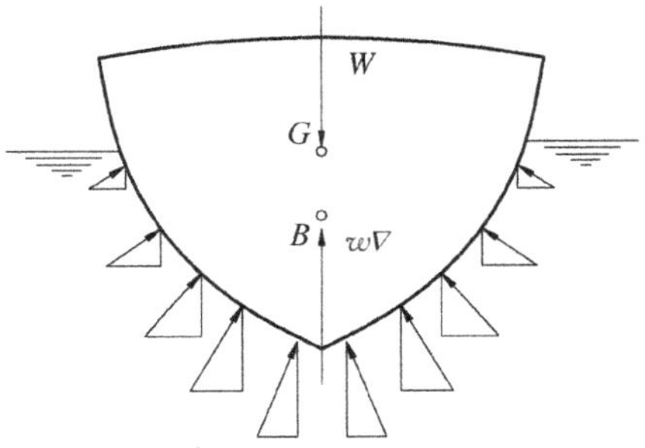

图 3-1 重力和浮力

根据阿基米德原理,物体在水中所受到的浮力等于该物体所排开的水的体积所产生的重力,因此船舶所受到的浮力在数值上就等于船舶所排开的水的重量(通常称为排水量 Δ):

$$\Delta = w\nabla \tag{3-1}$$

式中,∇为船舶排水体积(m^3);w 为水的重量密度(tf/m^3)。淡水的 $w=1\ tf/m^3$,海水的 $w=1.025\ tf/m^3$;$w\nabla$为浮力(tf,但习惯上都用质量单位 t 代替)。

浮心 B 也就是船舶排水体积 ∇的形心。

综上所述,船舶静止漂浮于一定位置时只受到两个作用力,即作用于重心 G 点并垂直向下的重力 W 和作用于浮心 B 点并垂直向上的浮力 $w\nabla$,因此船舶的浮态平衡条件必然是重力与浮力的大小相等而方向相反并作用在同一铅垂线上,即

$$W = w\nabla$$

由此可知,在讨论船舶浮态平衡问题时,要考虑重力和浮力的大小,同时还要注意这些力的作用点位置。

2. 船舶坐标系

为了确切地表达重心和浮心的位置，便于进行船舶性能计算，通常采用如图 3-2 所示的固定在船舶上的 $Oxyz$ 直角坐标系统（左手系统）。它以 3 个互相垂直的坐标平面（基平面、中站面和中线面）的交点作为原点 O，而以 3 个坐标平面间的交线作为坐标轴，基平面与中线面的交线是 x 轴，也就是船体的基线，指向船首为正；基平面与中站面的交线是 y 轴，指向右舷为正，中线面与中站面的交线是 z 轴，向上为正。需要注意的是船舶坐标系是固定于船上的，随船而动。

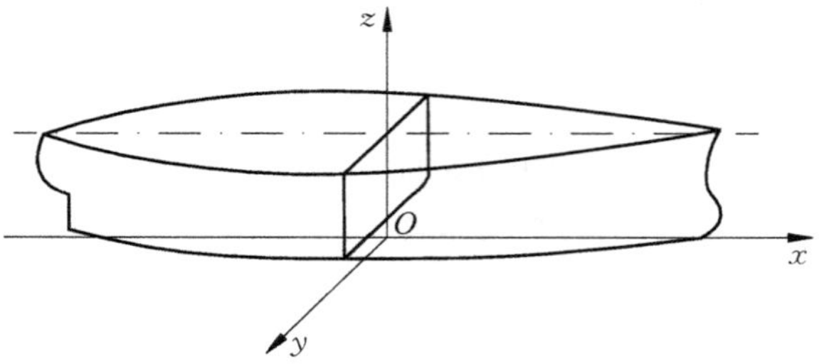

图 3-2　直角坐标系统

3. 船舶浮态

船舶浮于静水的平衡状态称为浮态，通常可分为以下几种。

(1) 正浮，是船舶中纵剖面和中横剖面均垂直于静止水面时的浮态。

(2) 横倾，是船舶中横剖面垂直于静止水面，但中纵剖面与 x 轴铅垂平面成一横倾角 ϕ 时的浮态，横倾角 ϕ 通常以向右舷倾斜（右倾）为正，向左舷倾斜（左倾）为负。

(3) 纵倾，是船舶中纵剖面垂直于静止水面，但中横剖面与 y 轴铅垂平面成一纵倾角 θ 时的浮态，纵倾角 θ 通常以向首部倾斜（首倾）为正，向尾部倾斜（尾倾）为负。

(4) 任意浮态，是船舶既有横倾又有纵倾时的浮态，即船舶的中纵剖面与 x 轴铅垂平面有一横倾角 ϕ，同时中横剖面与 y 轴铅垂平面也有一纵倾角 θ。

从上述可知，船舶的正浮、横倾、纵倾 3 种浮态是任意浮态的特例。船舶的浮态可用吃水、横倾角和纵倾角等浮态参数表示。若以坐标值（x_G、y_G、z_G）表示船舶重心 G 的位置，坐标值（x_B、y_B、z_B）表示船舶浮心 B 的位置，则船在静水中任意状态（见图 3-3）下的浮态平衡方程是

$$
\begin{cases}
W = \Delta = w\nabla \\
x_B - x_G = (z_G - z_B)\tan\theta \\
y_B - y_G = (z_G - z_B)\tan\phi
\end{cases}
\tag{3-2}
$$

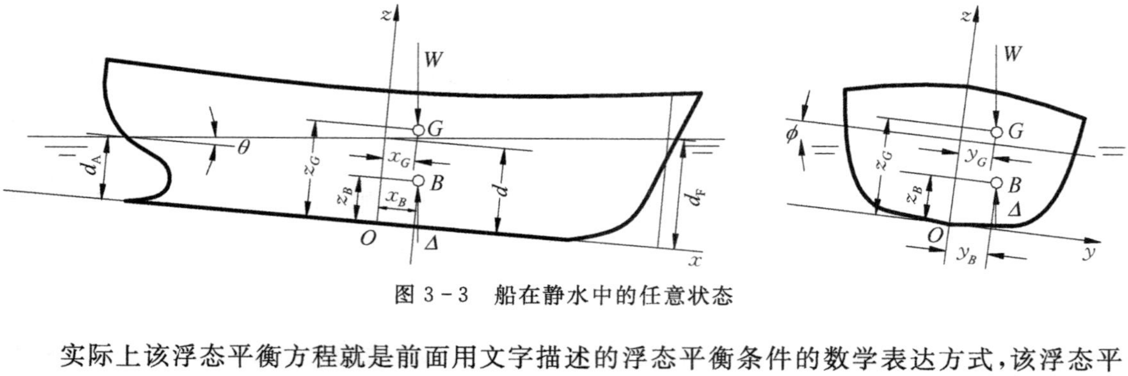

图 3-3　船在静水中的任意状态

实际上该浮态平衡方程就是前面用文字描述的浮态平衡条件的数学表达方式，该浮态平衡方程内含 3 个分别表示竖向、中纵面方向和中站面方向的平衡（条件）方程，其中隐含着 3 个

浮态参数(自变量),其浮态平衡方程求得的解就是以浮态参数表示的浮态。只要船舶稳定漂浮在静水上(如水面船)或浮于静水中(如潜艇),则浮态平衡方程必定存在并有解,若浮态平衡方程无解或求不出解,则表示船舶浮态无法平衡(或沉或倾覆)。

当横倾角 ϕ 和纵倾角 θ 都为零时(见图 3-4),从式(3-2)可导出船在正浮时的平衡方程为

$$\begin{cases} W=\Delta=w\nabla \\ x_B=x_G \quad \text{(通常 } y_B=0\text{,因船形左右对称)} \\ y_B=y_G \end{cases} \tag{3-3}$$

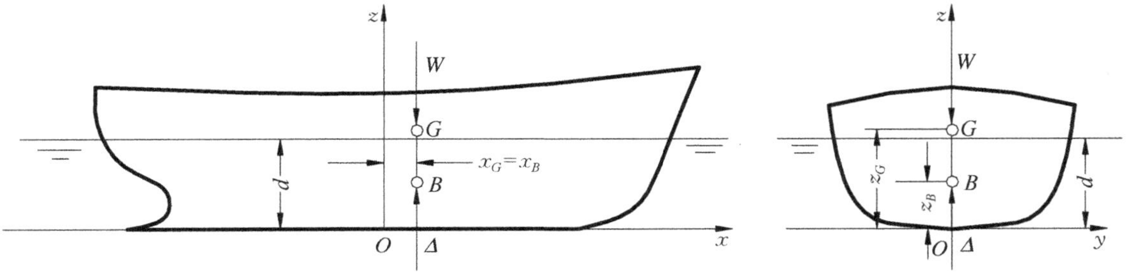

图 3-4 ϕ 和 θ 为零时船的正浮状态

当横倾角 ϕ 不为零时(见图 3-5),从式(3-2)可导出船在横倾时的平衡方程为

$$\begin{cases} W=\Delta=w\nabla \\ x_B=x_G \\ y_B-y_G=(z_G-z_B)\tan\phi \end{cases} \tag{3-4}$$

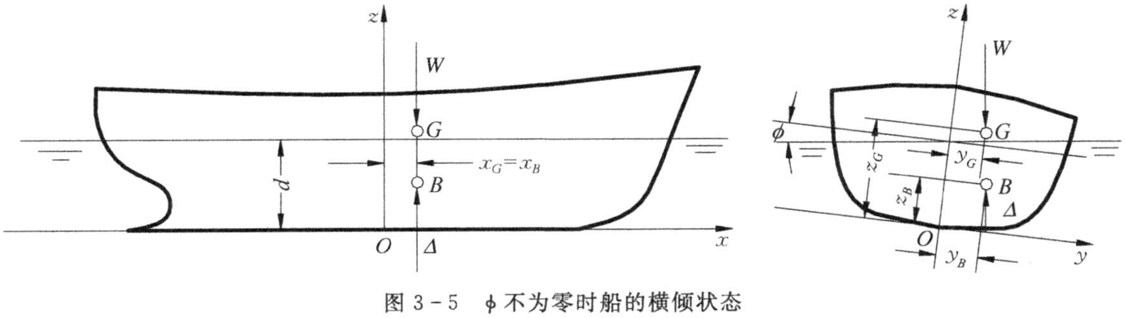

图 3-5 ϕ 不为零时船的横倾状态

当纵倾角 θ 不为零时(见图 3-6),从式(3-2)可导出船在纵倾时的平衡方程为

$$\begin{cases} W=\Delta=w\nabla \\ x_B-x_G=(z_G-z_B)\tan\theta \\ y_B=y_G \end{cases} \tag{3-5}$$

某些船舶如拖船、游船等,有时在设计时就令其首尾吃水不同(称为有龙骨设计斜度),这是一种设计纵倾,它与上述的纵倾概念是不相同的。

在上述各种船舶浮态的平衡方程中,重心和浮心高度之间的关系通常是重心 G 在浮心 B

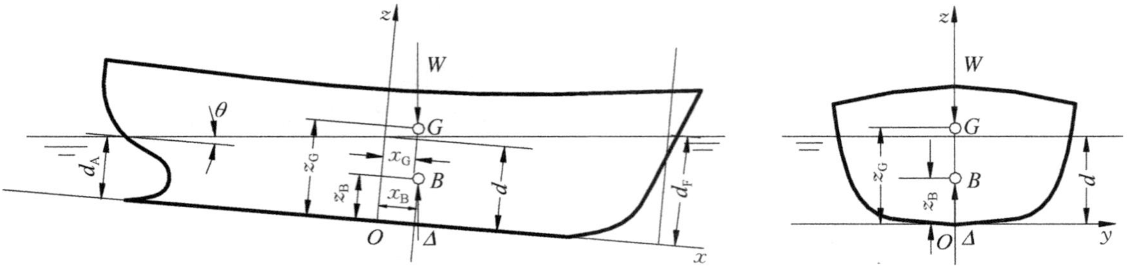

图 3-6　θ 不为零时船的纵倾状态

之上，即 $z_G > z_B$。

一般在设计船舶时或船舶正常使用情况下（如满载航行时），通常都应处在正浮状态或稍有尾倾状态。至于横倾状态，大角度纵倾状态和任意状态往往都是由于外力作用或船上重量位置的改变或船舶破损后进水等引起的。不适当的浮态对船舶的使用及航行性能等都是很不利的。

船舶的浮态可以用吃水 d、横倾角 ϕ 和纵倾角 θ 这 3 个参数表示，但在实际应用中，船舶的纵倾角 θ 很难直接测出，一般都是以首尾吃水差 t（也称为纵倾值，首倾为正）表示，因此更普遍的船舶浮态参数是首吃水 d_F、尾吃水 d_A 和横倾角 ϕ。其他有关参数可根据这 3 个基本浮态参数导出。

平均吃水　$$d = \frac{d_F + d_A}{2} \text{（船中处的吃水）} \tag{3-6}$$

纵倾值　$$t = d_F - d_A \text{（纵倾的大小）}$$

纵倾角　$$\theta = \arctan\left(\frac{d_F - d_A}{L}\right) \quad \left(\tan\theta = \frac{d_F - d_A}{L} = \frac{t}{L}\right) \tag{3-7}$$

从以上各种浮态的分析中可知，在讨论船舶的浮态问题和之后将要研究的船舶稳性等问题时，最关键的是研究船舶的重量和排水量、重心和浮心之间的相互关系及它们的计算方法。船舶的重量、重心可根据总布置图和其他有关图纸及技术资料进行分析计算，而排水量和浮心则需依据型线图和型值表进行分析计算。如何计算不同形状的船体在各种浮态下的排水体积及其形心位置（浮心位置）是船舶静力学主要研究的问题之一。

3.2　船舶重量和重心位置的计算

船舶总重量是船上各项重量的总和。若已知各个项目的重量 W_i，则船舶总重量 W 可计算为

$$W = W_1 + W_2 + W_3 + \cdots + W_n = \sum_{i=1}^{n} W_i \tag{3-8}$$

式中，n 为组成船舶总重量的各重量项目的数目。

若已知各项重量 W_i 的重心位置（坐标值为 x_i、y_i、z_i），则船舶的重心位置（x_G、y_G、z_G）可计算为

$$x_G=\frac{\sum_{i=1}^{n}W_ix_i}{\sum_{i=1}^{n}W_i},\ y_G=\frac{\sum_{i=1}^{n}W_iy_i}{\sum_{i=1}^{n}W_i},\ z_G=\frac{\sum_{i=1}^{n}W_iz_i}{\sum_{i=1}^{n}W_i} \tag{3-9}$$

为了避免船舶处于横倾状态，在建造和使用过程中，总是设法使其重心位于中纵剖面上，即 $y_G=0$。

从式(3-8)和式(3-9)中可以看到，计算船舶重量和重心位置的方法比较简单。但由于船上各个组成部分的项目繁多，需逐一加以测算，工作相当烦琐，故在计算时一定要认真仔细，以免发生差错。船舶重量和重心位置的计算通常都是根据总布置图和结构图等，并加以分组，按表3-1的形式进行。将表中最后一行的“总计”代入式(3-8)、式(3-9)中，即得到船舶重量和重心位置。具体计算方法可参考“船舶设计原理”相关课程教材。

表3-1 船舶重量和重心位置(可根据具体情况省略简化最后两列)

序号	项目名称	重量 W_i/t	对基平面		对中横剖面		对中纵剖面	
			z_i/m	W_iz_i/(t·m)	x_i/m	W_ix_i/(t·m)	y_i/m	W_iy_i/(t·m)
1	…	W_1	z_1	W_1z_1	x_1	W_1x_1	y_1	W_1y_1
2	…	W_2	z_2	W_2z_2	x_2	W_2x_2	y_2	W_2y_2
3	…	W_3	z_3	W_3z_3	x_3	W_3x_3	y_3	W_3y_3
…	…	…	…	…	…	…	…	…
…	…	…	…	…	…	…	…	…
	总计	$\sum W_i$		$\sum W_iz_i$		$\sum W_ix_i$		$\sum W_iy_i$

虽然组成船舶重量的名目很多，但概括起来可归纳为两大类：

(1) 固定重量，包括船体钢料、木作舾装、机电设备以及武器装备等。它们的重量和重心在船舶使用过程中是固定不变的，这一类重量的总和称为船的空船重量或船舶自身重量。

(2) 可变重量，包括货物、船员、行李、旅客、淡水、粮食、燃料、润滑油以及弹药等，这一类重量的总和称为船的载重量。

船舶的排水量是空船重量与载重量之和。由于船舶在实际使用中载重量总是变化的，其排水量也随装载情况而变化。因此需要定义出船舶的若干典型装载情况及相应的排水量来反映船舶的各种技术性能。现就民用船舶与军用舰艇排水量的定义分别进行介绍。

1) 民用船舶

对于民用船舶来说，在最基本的两种典型装载情况下，其相应的排水量有下述两种：

(1) 空载排水量，是指船舶在全部建成后交船时的排水量，即空船重量。此时，动力装置系统内有可供动车用的油和水，但不包括航行所需的燃料、润滑油和炉水储备以及其他的载重量。此外，还有压载排水量，指空载排水量再加上装载的压载水。

(2) 满载排水量，是指在船舶上装载设计规定的载重量(即按照设计任务书要求的货物、旅客和船员及其行李、粮食、淡水、燃料、润滑油、锅炉用水的储备以及备品、供应品等均装载满额的重量)的排水量。

在空载排水量和满载排水量之中又可分为出港和到港两种。前者指燃料、润滑油、淡水、粮食及其他给养物品都按照设计所规定的数量带足(100%),后者则假定这些消耗品还剩余10%。通常所谓的设计排水量,如无特别注明,就是指满载出港的排水量,简称为满载排水量。

通常所说的万吨轮,是指它的载重量在1万吨左右①。例如某万吨级货船的满载出港排水量为17 580 t,其中空船重量为5 567 t,载货量为10 178 t,人员、淡水、燃料、粮食等为1 735 t,因此其载重量为11 913 t。

2) 军用舰艇

对于军用舰艇来说,规定了5种典型的装载情况,其相应的排水量有下述5种:

(1) 空载排水量,指建造全部完工后军舰的排水量。舰上装有机器、武器和其他规定的战斗装备,但不包括人员和行李、粮食、供应品、弹药、燃料、润滑油、炉水及饮用水等。

(2) 标准排水量,指人员配备齐全,必需的供应品备足,做好出海作战准备时的排水量。其中包括弹药、给养和其他规定的作战用品,也包括机器、锅炉和管系内的淡水、海水和润滑油,即准备开动机器装置的各项重量,但不包括燃料、润滑油和锅炉用水的储备量。

(3) 正常排水量,指正式试航时的排水量,相当于标准排水量加上保证50%航程所需的燃料、润滑油和锅炉用水的重量。国内军船设计排水量即指正常排水量。

(4) 满载排水量,指标准排水量加上保证全航程所需的燃料、润滑油和锅炉用水的重量。

(5) 最大排水量,指满载排水量加上附加的作战储备(包括弹药、水雷等)和附加的燃料、润滑油、锅炉用水(直至储存这些物品的仓柜装满为止)的重量。

3.3 排水量和浮心位置的计算

船舶排水量和浮心位置的计算是根据型线图及型值表来进行的。通常有两种方法:垂向沿吃水方向计算和纵向沿船长方向计算,在应用计算机进行船舶计算时,通常采用纵向计算法。

1. *根据水线面计算排水体积和浮心位置*

此方法又称为垂向计算法,首先计算各水线面面积等有关数据(面积、静矩、惯性矩等),然后将水线面沿吃水方向积分来计算排水体积和浮心位置,经常再另外计算各横剖面几何要素等。该方法的主要优点是因为型值表的水线条数通常少于站数,所以计算工作量比纵向计算法小,主要缺点是不能计算倾斜状态下的排水体积和浮心等。

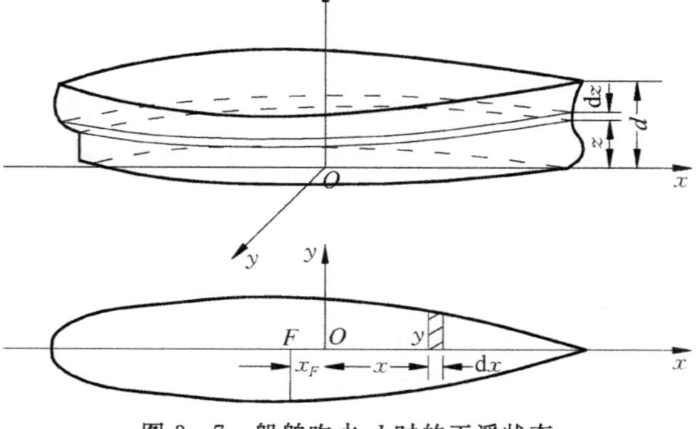

图 3-7 船舶吃水 d 时的正浮状态

1) 基本公式

图3-7所示为船舶吃水 d 时的正浮状态。在离基平面 z 处,取高度为 dz 的一薄层进行分析。

① 工程中通常所称的重量实际是指质量,按照行业习惯,不再严格区分,但计算公式时要区分。

该薄层的微体积为

$$\mathrm{d}\nabla = A_W \mathrm{d}z \tag{3-10}$$

式中，A_W 是离基平面 z 处的水线面面积，由图 3-7 可知，微面积 $\mathrm{d}A_W = 2y\mathrm{d}x$，整个水线面面积为

$$A_W = 2\int_{x_{Ai}}^{x_{Fi}} y\,\mathrm{d}x \tag{3-11}$$

式中，y 是离 Oy 轴 x 处的水线面半宽；x_{F_i} 和 x_{A_i} 是该水线面首尾端点纵坐标 x 值。

将式(3-11)代入式(3-10)内，并将其沿垂向 z 从 O 到 d 进行积分，便得船舶在吃水 d 时的排水体积，即

$$\nabla = \int_0^d A_W \mathrm{d}z = 2\int_0^d \int_{x_{Ai}}^{x_{Fi}} y\,\mathrm{d}x\,\mathrm{d}z \tag{3-12}$$

该薄层的微体积 $\mathrm{d}\nabla$ 对中站面 yOz 和基平面 xOy 的静矩分别为

$$\mathrm{d}M_{yOz} = x_F A_W \mathrm{d}z \tag{3-13}$$

$$\mathrm{d}M_{xOy} = zA_W \mathrm{d}z \tag{3-14}$$

式中，x_F 是离基平面 z 处水线面面积 A_W 的形心(称为漂心)纵向坐标。由图 3-7 可知，水线面面积 A_W 对 Oy 轴的静矩为

$$M_{Oy} = 2\int_{x_{Ai}}^{x_{Fi}} xy\,\mathrm{d}x \tag{3-15}$$

所以

$$x_F = \frac{M_{Oy}}{A_W} = \frac{\int_{-L/2}^{L/2} xy\,\mathrm{d}x}{\int_{-L/2}^{L/2} y\,\mathrm{d}z} \tag{3-16}$$

将式(3-11)和式(3-16)代入式(3-13)并沿垂向进行积分，则排水体积 ∇ 对中站面 yOz 的静矩为

$$M_{yOz} = \int_0^d x_F A_W \mathrm{d}z = 2\int_0^d \int_{x_{Ai}}^{x_{Fi}} xy\,\mathrm{d}x\,\mathrm{d}z \tag{3-17}$$

因此，浮心的纵向坐标为

$$x_B = \frac{M_{yOz}}{\nabla} = \frac{\int_0^d x_F A_W \mathrm{d}z}{\int_0^d A_W \mathrm{d}z} = \frac{\int_0^d \int_{x_{Ai}}^{x_{Fi}} xy\,\mathrm{d}x\,\mathrm{d}z}{\int_0^d \int_{x_{Ai}}^{x_{Fi}} y\,\mathrm{d}x\,\mathrm{d}z} \tag{3-18}$$

同理，排水体积∇对基平面 xOy 的静矩和浮心垂向坐标分别为

$$M_{xOy} = \int_0^d zA_W \mathrm{d}z = 2\int_0^d \int_{x_{Ai}}^{x_{Fi}} zy\,\mathrm{d}x\,\mathrm{d}z \tag{3-19}$$

$$z_B = \frac{M_{xOy}}{\nabla} = \frac{\int_0^d zA_W \mathrm{d}z}{\int_0^d A_W \mathrm{d}z} = \frac{\int_0^d \int_{x_{Ai}}^{x_{Fi}} yz\,\mathrm{d}x\,\mathrm{d}z}{\int_0^d \int_{x_{Ai}}^{x_{Fi}} y\,\mathrm{d}x\,\mathrm{d}z} \tag{3-20}$$

当船舶处于正浮状态时，其浮心横向坐标通常为 $y_B = 0$。

以上导出的各种积分公式是计算船舶在某一吃水 d 时的排水体积和浮心位置的基本公式。

注意基本公式中水线面积分上下限 x_{Fi} 和 x_{Ai} 实际上是吃水 d 的函数(不同吃水时其值也不同)，即分别为首和尾轮廓线的纵坐标 x 值。有时为简便起见，在计算或示意中常用常数 $x_{Fi} = L_{PP}/2$，$x_{Ai} = -L_{PP}/2$ 来代替。

在船舶设计和使用过程中，需要方便而迅速地确定船舶在不同吃水下的排水体积和浮心位置，因此要将上述有关基本积分公式中的积分上限 d 改为变吃水 z(或 d_i)，此时积分公式成为变上限积分。

由上述可知，在计算排水体积和浮心位置时，必须计算水线面的面积及漂心纵向坐标以及它们随吃水变化的关系曲线。在具体计算时采用数值积分法，人工计算时用表格形式进行。

2) 水线面计算

水线面计算通常包括面积 A_W，漂心纵向坐标 x_F 及水线面系数 C_{WP} 三项。

图 3-8 表示船舶在某一吃水时的水线面计算图，由于水线面对称于中纵剖面，所以通常只给出水线面的一半，习惯上把 Oy 轴放在左舷。在进行计算时，一般将船长 L 分成 20 等分，即取 21 个站，间距 $\delta L = L/20$，站号从船尾至船首依次编为 0～20，各站相应的半宽为 y_0，y_1，y_2，…，y_{19}，y_{20}。为简便起见，人工计算中水线面端点用 $L/2$ 和 $-L/2$ 来代替 x_{Fi} 和 x_{Ai}。

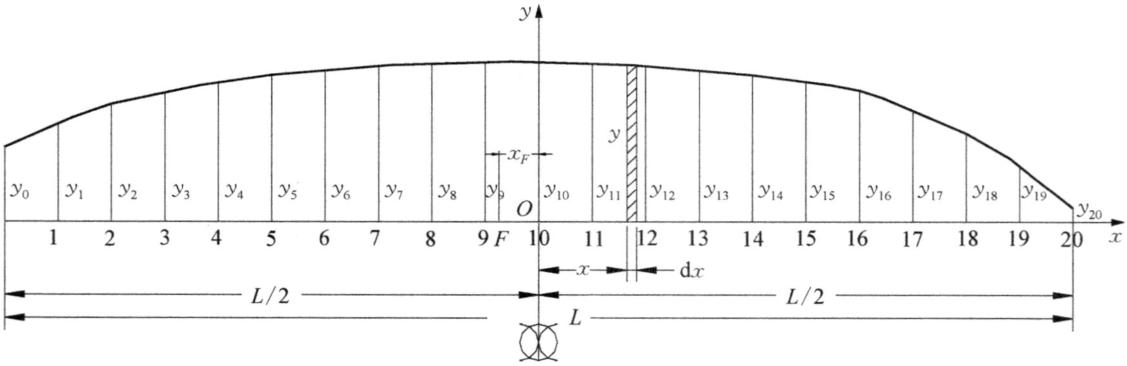

图 3-8　船舶在某一吃水时的水线面计算图

在用梯形法进行计算时，水线面面积 A_W、漂心纵向坐标 x_F 及水线面系数 C_{WP} 的表达式可写成

$$A_W = 2\int_{-L/2}^{L/2} y\,\mathrm{d}x \approx 2\delta L \sum{}' y_i$$

式中，$\sum{}' y_i = y_0 + y_1 + \cdots + y_{19} + y_{20} - \dfrac{y_0 + y_{20}}{2}$，即计入首尾修正项的累加和

$$M_{Oy} = 2\int_{-L/2}^{L/2} xy\,\mathrm{d}x \approx 2\,(\delta L)^2 \sum{}' k_i y_i$$

其中，$$\sum{}' k_i y_i = 0 \times y_{10} + (y_{11} - y_9) + 2(y_{12} - y_8) + \cdots +$$

$$9(y_{19}-y_1)+10(y_{20}-y_0)-\frac{1}{2}\times 10(y_{20}-y_0)$$

$$x_F=\frac{M_{Oy}}{A_W}=\frac{\int_{-L/2}^{L/2}xy\mathrm{d}x}{\int_{-L/2}^{L/2}y\mathrm{d}z}\approx \delta L\frac{\sum' k_i y_i}{\sum' y_i}$$

$$C_{WP}=\frac{A_W}{LB}=\frac{2\delta L\sum' y_i}{LB}$$

在用辛普生第一法进行计算时，水线面面积 A_W，漂心纵向坐标 x_F 及水线面系数 C_{WP} 的表达式可写成

$$A_W=2\int_{-L/2}^{L/2}y\mathrm{d}x\approx\frac{2}{3}\delta L\sum{}_A$$

其中，$\sum_A=y_0+4y_1+2y_2+4y_3+2y_4+4y_5+\cdots+4y_{15}+2y_{16}+4y_{17}+2y_{18}+4y_{19}+y_{20}$

$$M_{Oy}=2\int_{-L/2}^{L/2}xy\mathrm{d}x\approx\frac{2}{3}(\delta L)^2\sum{}_{MOy}$$

其中，$\sum_{MOy}=0\times 4y_{10}+1\times 2(y_{11}-y_9)+2\times 4(y_{12}-y_8)+\cdots+7\times 4(y_{17}-y_3)+8\times 2(y_{18}-y_2)+9\times 4(y_{19}-y_1)+10\times 1(y_{20}-y_0)$

$$x_F=\frac{M_{Oy}}{A_W}=\frac{\int_{-L/2}^{L/2}xy\mathrm{d}x}{\int_{-L/2}^{L/2}y\mathrm{d}z}\approx\delta L\frac{\sum_{MOy}}{\sum_A}$$

$$C_{WP}=\frac{A_W}{LB}=\frac{2}{3}\delta L\frac{\sum_A}{LB}$$

现以某货船的设计水线面为例，分别采用梯形法和辛普生第一法进行计算。该船船长 $L=147.18$ m，型宽 $B=20.4$ m，设计吃水 $d=8.2$ m，$\delta L=L/20=7.359$ m。

图 3-9 为设计水线半宽图，各站处的半宽值附在表 3-2 中的“水线半宽”一栏内，表 3-2

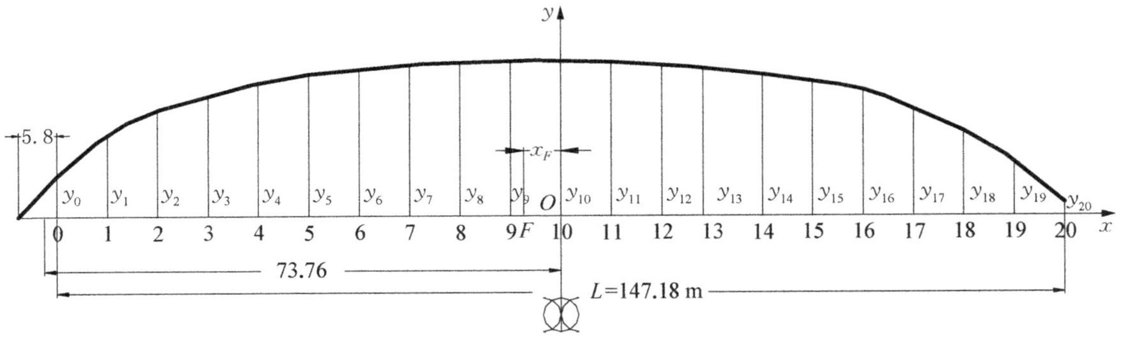

图 3-9 设计水线半宽图

为梯形法的计算结果，表 3－3 为辛普生第一法的计算结果。

表 3－2　梯形法计算结果

站号	水线半宽 y_i/m	乘数	面积乘积 Ⅱ×Ⅲ	矩臂	面矩乘积 Ⅳ×Ⅴ
Ⅰ	Ⅱ	Ⅲ	Ⅳ	Ⅴ	Ⅵ
0	2.305	1/2	1.153	−10	−11.525
1	4.865	1	4.865	−9	−43.785
2	6.974	1	6.974	−8	−55.792
3	8.568	1	8.568	−7	−56.976
4	9.559	1	9.559	−6	−57.354
5	10.011	1	10.011	−5	−50.055
6	10.183	1	10.183	−4	−40.732
7	10.200	1	10.200	−3	−30.600
8	10.200	1	10.200	−2	−20.400
9	10.200	1	10.200	−1	−10.200
10	10.200	1	10.200	0	−391.944
11	10.200	1	10.200	1	10.200
12	10.200	1	10.200	2	20.400
13	10.200	1	10.200	3	30.600
14	10.040	1	10.040	4	40.160
15	9.416	1	9.416	5	47.080
16	8.015	1	8.015	6	48.090
17	6.083	1	6.083	7	42.581
18	3.764	1	3.764	8	30.112
19	1.885	1	1.885	9	16.965
20	0.375	1/2	0.187	10	1.875
总和			162.103		−92.360

注：0 站至 20 站的水线面面积 $A_1 = 2\times\delta L\times 162.103 = 2\times 7.359\times 162.103 = 2\,385.83(\mathrm{m}^2)$；

0 站以后部分的水线面面积 $A_2 = 2\times 1/2\times y_0\times 5.8 = 2\times 1/2\times 2.305\times 5.8 = 13.37(\mathrm{m}^2)$；

整个水线面面积 $A_W = A_1 + A_2 = 2\,385.83 + 13.37 = 2\,399.20(\mathrm{m}^2)$；

0 站至 20 站对船中的水线面面矩 $M_1 = 2\times\delta L^2\times(-92.36) = 2\times 7.359^2\times(-92.36) = -10\,003.49(\mathrm{m}^3)$；

0 站以后部分的水线面面积 $M_2 = 13.37\times(-73.76) = -986.17(\mathrm{m}^3)$；

整个水线面对船中的面矩 $M_{Oy} = M_1 + M_2 = -10\,003.49 + (-986.17) = -10\,989.66(\mathrm{m}^3)$；

漂心纵向坐标 $x_F = M_{Oy}/A_W = -10\,989.66/2\,399.20 = -4.581(\mathrm{m})$；

水线面系数 $C_{WP} = A_W/(L\times B) = 2\,399.20/(147.18\times 20.4) = 0.800$。

表 3-3 辛普生第一法计算结果

站号	水线半宽 y_i/m	乘数	面积乘积 Ⅱ×Ⅲ	矩臂	面矩乘积 Ⅳ×Ⅴ
Ⅰ	Ⅱ	Ⅲ	Ⅳ	Ⅴ	Ⅵ
0	2.305	1/2	1.153	−10	−11.525
1	4.865	2	9.730	−9	−87.570
2	6.974	1	6.974	−8	−55.792
3	8.568	2	17.136	−7	−119.952
4	9.559	1	9.559	−6	−57.354
5	10.011	2	20.022	−5	−100.110
6	10.183	1	10.183	−4	−40.732
7	10.200	2	20.400	−3	−61.200
8	10.200	1	10.200	−2	−20.400
9	10.200	2	20.400	−1	−20.400
10	10.200	1	10.200	0	−575.005
11	10.200	2	20.400	1	20.400
12	10.200	1	10.200	2	20.400
13	10.200	2	20.400	3	61.200
14	10.040	1	10.040	4	40.160
15	9.416	2	18.832	5	94.160
16	8.015	1	8.015	6	48.090
17	6.083	2	12.166	7	85.165
18	3.764	1	3.764	8	30.112
19	1.885	2	3.770	9	33.930
20	0.375	1/2	0.187	10	1.875
总和			243.730		−139.500

注：0 站至 20 站的水线面面积 $A_1 = 2 \times 2/3 \times \delta L \times 243.73 = 2 \times 2/3 \times 7.359 \times 243.73 = 2\,391.48(\mathrm{m}^2)$；

0 站以后部分的水线面面积 $A_2 = 2 \times 1/2 \times y_0 \times 5.8 = 2 \times 1/2 \times 2.305 \times 5.8 = 13.37(\mathrm{m}^2)$；

整个水线面面积 $A_W = A_1 + A_2 = 2\,391.48 + 13.37 = 2\,404.85(\mathrm{m}^2)$；

0 站至 20 站对船中的水线面面矩 $M_1 = 2 \times 2/3 \times \delta L^2 \times (-139.5) = 2 \times 2/3 \times 7.359^2 \times (-139.5) = -10\,072.81(\mathrm{m}^3)$；

0 站以后部分的水线面面积 $M_2 = 13.37 \times (-73.76) = -986.17(\mathrm{m}^3)$；

整个水线面对船中的面矩 $M_{Oy} = M_1 + M_2 = -10\,072.81 + (-986.17) = -11\,058.98(\mathrm{m}^3)$；

漂心纵向坐标 $x_F = M_{Oy}/A_W = -11\,058.98/2\,404.85 = -4.599(\mathrm{m})$；

水线面系数 $C_{WP} = A_W/(L \times B) = 2\,404.85/(147.18 \times 20.4) = 0.800$。

从表 3-2 和表 3-3 中可以看到：用梯形法和辛浦生第一法所得的计算结果十分接近。一般说来，在等分数目相同的情况下，辛浦生法的计算结果较梯形法更精确一些，但在具体计算时，辛浦生法没有梯形法那样简便。

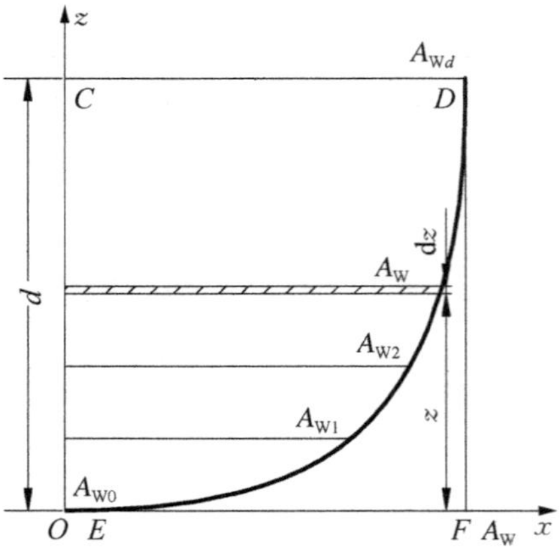

图 3-10　水线面面积曲线

3）水线面面积曲线

根据前面的计算方法，分别计算船舶在各个不同吃水处的水线面面积，然后以各个吃水处的水线面面积为横坐标，以吃水为纵坐标，绘制成如图 3-10 所示的水线面面积曲线 $A_W = f(z)$。

水线面面积曲线具有下列特性：

（1）在某一吃水 d 时，水线面面积曲线与 z 轴所围的面积等于该吃水下的排水体积 ∇，即

$$\nabla = \int_0^d A_W \mathrm{d}z$$

（2）水线面面积曲线与 z 轴所围的面积，其形心的垂向坐标等于浮心垂向坐标 z_B，即

$$z_B = \frac{\int_0^d z A_W \mathrm{d}z}{\int_0^d A_W \mathrm{d}z}$$

（3）在吃水 d 以下的水线面面积曲线和 z 轴所围的面积与以吃水 d 和该处的水线面积 A_{Wd} 所构成的矩形面积之比，等于吃水 d 时的垂向棱形系数 C_{VP}，即

$$C_{VP} = \frac{\text{面积 } OCDE}{\text{面积 } OCDF} = \frac{\nabla}{A_{Wd} d}$$

所以，水线面面积曲线的形状反映了排水体积沿吃水方向的分布情况。

4）每厘米吃水吨数曲线

船舶正浮时吃水增加（或减小）1 cm 时，引起排水量增加（或减小）的吨数称为每厘米吃水吨数 TPC。根据水线面面积曲线可以计算在任何吃水时的每厘米吃水吨数。

设船舶在吃水 d 时的水线面面积为 A_W，则吃水改变 δd 时排水体积的变化是

$$\delta \nabla = A_W \delta d$$

排水量的变化是

$$\delta \Delta = w A_W \delta d$$

式中，w 为水的密度，t/m³。

当 $\delta d = 1 \text{ cm} = 1/100 \text{ m}$ 时，令 $\delta \Delta = \text{TPC}$，则

$$\text{TPC} = \frac{w A_W}{100} (\text{t/cm}) \tag{3-21}$$

每厘米吃水吨数 TPC 只与 A_W 有关。由于水线面面积 A_W 是随吃水而变化的，因此 TPC 也随吃水的不同而变化。将 TPC 随吃水的变化绘制成曲线 TPC $= f(z)$，称为每厘米吃水吨数曲线。该曲线的形状与水线面面积曲线完全相似。

如已知船舶在吃水 d 时的 TPC 数值，便可迅速地求出装卸小量货物 p t（不超过排水量

的 10%)之后的平均吃水变化量,即

$$\delta d = \frac{p}{\mathrm{TPC}}(\mathrm{cm}) \tag{3-22}$$

式中,p 的正负号,在装货物时取"+",卸货物时取"−"。

5) 排水体积曲线

由水线面面积曲线的特性可知,计算排水体积的积分公式为

$$\nabla = \int_0^d A_W \mathrm{d}z$$

如果要知道船舶在不同吃水 d_i 时的排水体积,只需将上式的积分上限改为吃水变量 d_i(或 z),即可得变上限积分

$$\nabla_i = \int_0^{d_i} A_W \mathrm{d}z \tag{3-23}$$

由式(3-23)可计算并画出排水体积随吃水变化的关系曲线,此曲线称为排水体积曲线。

根据图 3-10 所示的水线面面积曲线,如用梯形法计算不同水线下的排水体积,则分别如下:

1 号水线至基平面的排水体积

$$\nabla_1 = \frac{1}{2}\delta d(A'_{W0} + A_{W1})$$

2 号水线至基平面的排水体积

$$\nabla_2 = \frac{1}{2}\delta d[(A'_{W0} + A_{W1}) + (A_{W1} + A_{W2})]$$

3 号水线至基平面的排水体积

$$\nabla_3 = \frac{1}{2}\delta d[(A'_{W0} + A_{W1}) + (A_{W1} + A_{W2}) + (A_{W2} + A_{W3})]$$

以此类推,便可算出任意水线 d_i 下的排水体积

$$\nabla_i = \int_0^{d_i} A_W \mathrm{d}z \approx \frac{1}{2}\delta d[(A'_{W0} + A_{W1}) + (A_{W1} + A_{W2}) + \cdots + (A_{W n-1} + A_{W n})]$$

必须指出,上述各式中的 A'_{W0} 应是吃水为 0 时采用梯形法端点修正后的水线面面积,若直接用水线面面积曲线上的 A_{W0},则算出的排水体积误差较大。在实际计算中,通常用表格形式表示。

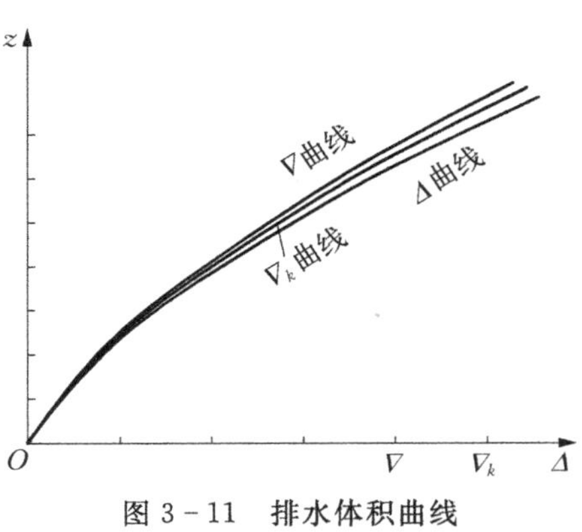

图 3-11　排水体积曲线

根据计算不同水线下的排水体积,以吃水为纵坐标,排水体积为横坐标,绘制成排水体积曲线 $\nabla = f(z)$,如图 3-11 所示。由图中可看出该曲线的形状,一般在船底水线处成微凸,向上走势则近似为一条倾

斜直线。由于∇值是根据型线图计算而得，故称为型排水体积，其中没有包括船壳板及附体(如舭龙骨、舵、支轴架、螺旋桨等)在内。包括壳板及附体在内的排水体积称为总排水体积∇_k，其数值可按有关图纸资料算出，也可以估算为

$$\nabla_k = k\,\nabla$$

式中，系数k以取尺度大小相近的同类型船的数值为宜。通常k值在1.004～1.03范围内变化，一般小船取大值，大船取小值，如万吨级货船的k值约为1.006。

排水体积曲线一般应包括3条曲线，即型排水体积∇曲线、总排水体积∇_k曲线(也代表在淡水中的排水重量)以及排水量Δ曲线($\Delta = w\nabla_k$，$w = 1.025\ \mathrm{t/m^3}$)。

6) 浮心坐标曲线

船舶浮心即排水体积的形心，其位置可由纵向、横向和垂向3个坐标来确定。一般船舶水下部分左右舷是对称的，在正浮状态时，横向坐标y_B为零。浮心位置随吃水变化的关系曲线分别为浮心纵向坐标曲线$x_B = f(z)$和浮心垂向坐标曲线$z_B = f(z)$。

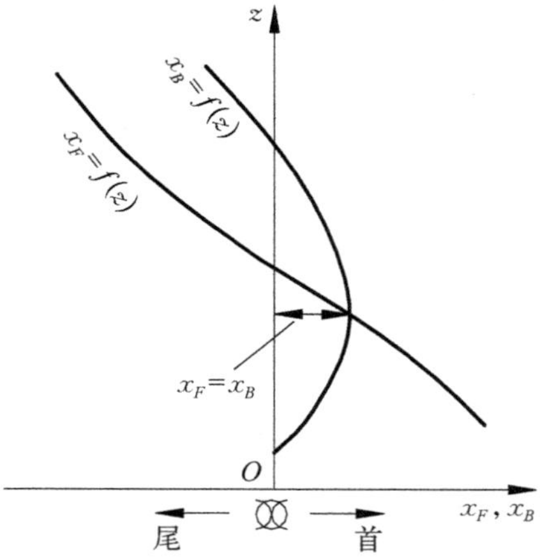

图3-12　水线面漂心纵向坐标曲线

船舶在某一固定吃水d时，浮心纵向坐标x_B和垂向坐标z_B可按前面已导出的式(3-18)和式(3-20)进行计算。对于任意吃水d_i时浮心坐标的计算，可采用式(3-18)和式(3-20)的变上限积分求得。现分别讨论如下。

(1) 浮心纵向坐标曲线。为了计算浮心纵向坐标曲线，预先按式(3-16)计算出不同吃水处的水线面漂心纵向坐标，并将其计算结果绘制成如图3-12所示的随吃水而变化的水线面漂心纵向坐标曲线$x_F = f(z)$。

浮心纵向坐标x_B随吃水d_i(或z)而变化的计算公式可由式(3-18)写作

$$x_B = \frac{M_{yOz}}{\nabla} = \frac{\int_0^{d_i} x_F A_W \mathrm{d}z}{\int_0^{d_i} A_W \mathrm{d}z} \tag{3-24}$$

再由式(3-24)计算并画出浮心纵向坐标x_B随吃水变化的关系曲线如图3-12所示。

将式(3-24)对吃水变量z求导数

$$\frac{\mathrm{d}x_B}{\mathrm{d}z} = \frac{\frac{\mathrm{d}M_{yOz}}{\mathrm{d}z}\nabla - M_{yOz}\frac{\mathrm{d}\nabla}{\mathrm{d}z}}{\nabla^2} \tag{3-25}$$

由式(3-10)、式(3-13)和式(3-18)可知

$$\frac{\mathrm{d}\nabla}{\mathrm{d}z} = A_W,\quad \frac{\mathrm{d}M_{yOz}}{\mathrm{d}z} = x_F A_W,\quad M_{yOz} = x_B\nabla$$

代入式(3-25)可得

$$\frac{\mathrm{d}x_B}{\mathrm{d}z}=\frac{A_W}{\nabla}(x_F-x_B) \tag{3-26}$$

由式(3－26)可知：

① 当 $x_F=x_B$ 时，$\frac{\mathrm{d}x_B}{\mathrm{d}z}=0$。若漂心纵向坐标 $x_F=f(z)$ 和浮心纵向坐标 $x_B=f(z)$ 曲线是以同一比例给出的，则在 x_F 曲线与 x_B 曲线相交处(该处 $x_F=x_B$)，x_B 曲线有最大值或最小值。

② 当吃水变化 dz 或排水量变化 d∇时，浮心纵向坐标 x_B 的变化量为

$$\mathrm{d}x_B=\frac{A_W}{\nabla}(x_F-x_B)\mathrm{d}z=(x_F-x_B)\frac{\mathrm{d}\nabla}{\nabla} \tag{3-27}$$

对于大多数船舶而言，$x_F-x_B<0$(漂心 x_F 比浮心 x_B 更靠船尾，见图 3－12)，因此吃水增加，浮心位置向后移动；吃水减少，浮心位置向前移动。

(2) 浮心垂向坐标曲线。浮心垂向坐标 z_B 随吃水 d_i(或 z)而变化的计算公式可由式(3－20)写为

$$z_B=\frac{M_{xOy}}{\nabla}=\frac{\int_0^{d_i} zA_W\mathrm{d}z}{\int_0^{d_i} A_W\mathrm{d}z}=f(z) \tag{3-28}$$

由式(3－28)计算并画出浮心垂向坐标 z_B 随吃水变化的关系曲线如图 3－13 所示。同时，由式(3－28)可知，其变上限积分式的分子、分母都是吃水 z(或 d_i)的函数。

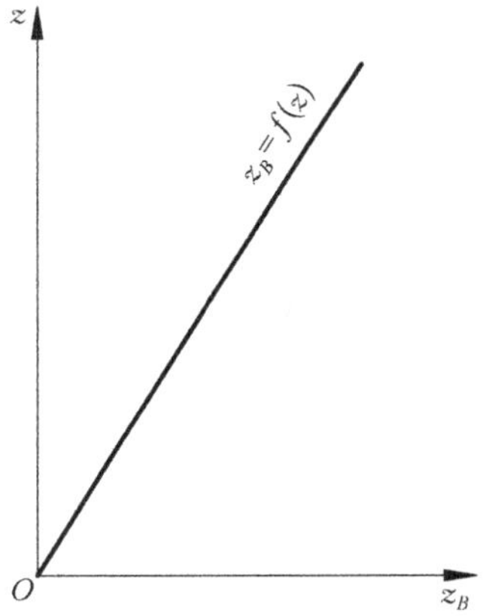

图 3－13 浮心垂向坐标随吃水变化的关系曲线

将式(3－28)对吃水变量 z 求导数得

$$\frac{\mathrm{d}z_B}{\mathrm{d}z}=\frac{\frac{\mathrm{d}M_{xOy}}{\mathrm{d}z}\nabla-M_{xOy}\frac{\mathrm{d}\nabla}{\mathrm{d}z}}{\nabla^2}=\frac{A_W}{\nabla}(z-z_B) \tag{3-29}$$

式中，$\frac{\mathrm{d}\nabla}{\mathrm{d}z}=A_W$，$\frac{\mathrm{d}M_{xOy}}{\mathrm{d}z}=zA_W$，$M_{xOy}=z_B\nabla$。

根据式(3－29)，当吃水变化 dz 或排水量变化 d∇时，浮心纵向坐标 z_B 的变化量为

$$\mathrm{d}z_B=\frac{A_W}{\nabla}(z-z_B)\mathrm{d}z=(z-z_B)\frac{\mathrm{d}\nabla}{\nabla} \tag{3-30}$$

从式(3－30)可知，由于浮心总是在水线以下，即船舶 $z-z_B>0$，因此船舶的浮心垂向坐标曲线 $z_B=f(z)$ 总是随吃水或排水量的增加而增长的。

2. 根据横剖面计算排水体积和浮心位置

此方法又称为纵向计算法，首先计算各横剖面面积等有关数据(面积、静矩、惯性矩等)，然后将横剖面沿船长方向积分来计算排水体积和浮心位置，另外再计算各水线面几何要素等。该方法最主要的优点是能够计算倾斜状态时的排水体积和浮心等要素。

1) 基本公式

图 3－14 所示为船舶吃水 d 时的正浮状态。在离中站面 x 处，取长度为 dx 的一薄层进行分析。

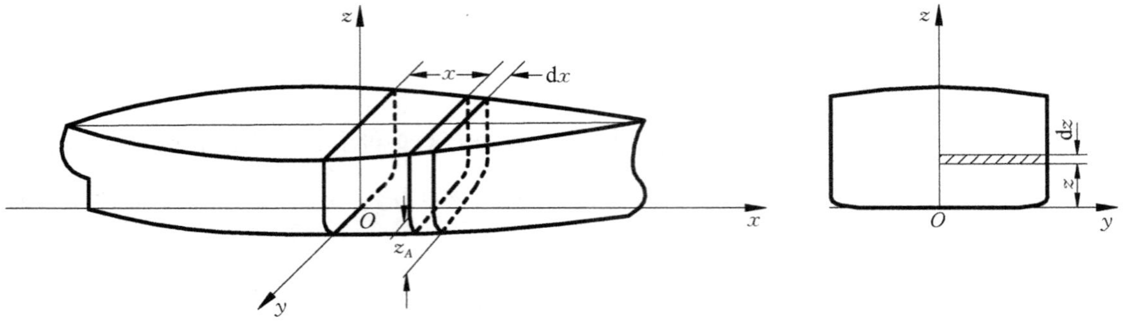

图 3－14　船舶吃水 d 时的正浮状态

该薄层微体积为

$$d\nabla = A_S \mathrm{d}x \tag{3-31}$$

式中，A_S 是离中站面 x 处的横剖面面积，由图 3－14 可知，微面积 $\mathrm{d}A_S = 2y\mathrm{d}z$。整个横剖面面积为

$$A_S = 2\int_0^d y\mathrm{d}z \tag{3-32}$$

式中，y 是离 Oy 轴 z 处的水线面半宽。

将式(3－32)代入式(3－31)，并沿船长进行积分，即得船在吃水 d 时的排水体积

$$\nabla = \int_{x_{Aj}}^{x_{Fj}} A_S \mathrm{d}x = 2\int_{x_{Aj}}^{x_{Fj}} \int_0^d y\mathrm{d}z\mathrm{d}x \tag{3-33}$$

式中，x_{Fj} 和 x_{Aj} 分别是吃水 d 水线面以下的船体最前和最后点（吃水 d 水线面以下首和尾轮廓线部分离船中最远点）的船舶纵坐标 x 值，它们随吃水 d 的不同可能有不同值，同样有时为简便起见，在计算或示意中常用常数 $x_{Fj} = L_{PP}/2$，$x_{Aj} = -L_{PP}/2$ 来代替。

该薄层微体积 $\mathrm{d}\nabla$ 对中站面 yOz 和基平面 xOy 的静矩分别为

$$\mathrm{d}M_{yOz} = xA_S\mathrm{d}x \tag{3-34}$$

$$\mathrm{d}M_{xOy} = z_a A_S \mathrm{d}x \tag{3-35}$$

式中，z_a 是离中站面 x 处的横剖面面积的形心垂向坐标。由图 3－15 可知，横剖面面积 A_S 对基线 Oy 轴的静矩为

$$M_{Oy} = 2\int_0^d zy\mathrm{d}z \tag{3-36}$$

所以

$$z_a = \frac{M_{Oy}}{A_S} = \frac{\int_0^d zy\mathrm{d}z}{\int_0^d y\mathrm{d}z} \tag{3-37}$$

将式(3-32)代入式(3-34)，并将其沿纵向 x 从 $-L/2$ 到 $L/2$ 进行积分，则排水体积 ∇ 对中站面 yOz 的静矩为

$$M_{yOz}=\int_{x_{Aj}}^{x_{Fj}} xA_S\mathrm{d}x=2\int_{x_{Aj}}^{x_{Fj}}\int_0^d xy\mathrm{d}z\mathrm{d}x \tag{3-38}$$

所以，浮心纵向坐标为

$$x_B=\frac{M_{yOz}}{\nabla}=\frac{\int_{x_{Aj}}^{x_{Fj}} xA_S\mathrm{d}z}{\int_{x_{Aj}}^{x_{Fj}} A_S\mathrm{d}z}=\frac{\int_{x_{Aj}}^{x_{Fj}}\int_0^d xy\mathrm{d}z\mathrm{d}x}{\int_{x_{Aj}}^{x_{Fj}}\int_0^d y\mathrm{d}z\mathrm{d}x} \tag{3-39}$$

将式(3-32)和式(3-37)代入式(3-34)，并将其沿纵向从 $-L/2$ 到 $L/2$ 进行积分，则排水体积 ∇ 对基平面 xOy 的静矩为

$$M_{xOy}=\int_{x_{Aj}}^{x_{Fj}} z_aA_S\mathrm{d}x=2\int_{x_{Aj}}^{x_{Fj}}\int_0^d z_ay\mathrm{d}z\mathrm{d}x \tag{3-40}$$

所以，浮心垂向坐标为

$$z_B=\frac{M_{xOy}}{\nabla}=\frac{\int_{x_{Aj}}^{x_{Fj}} z_aA_S\mathrm{d}z}{\int_{x_{Aj}}^{x_{Fj}} A_S\mathrm{d}z}=\frac{\int_{x_{Aj}}^{x_{Fj}}\int_0^d zy\mathrm{d}z\mathrm{d}x}{\int_{x_{Aj}}^{x_{Fj}}\int_0^d y\mathrm{d}z\mathrm{d}x} \tag{3-41}$$

由于船处在正浮状态，所以浮心横向坐标 $y_B=0$。

2) 横剖面计算

横剖面计算一般包括面积 A_S 和面积形心垂向坐标 z_a 的计算，对于中横剖面来说，还需计算中横剖面系数 C_M。

图 3-15 表示某一横剖面曲线及不同吃水的半宽值，根据基本式(3-32)、式(3-36)和式(3-37)，如采用梯形法计算，在吃水 d 时横剖面面积的表达式为

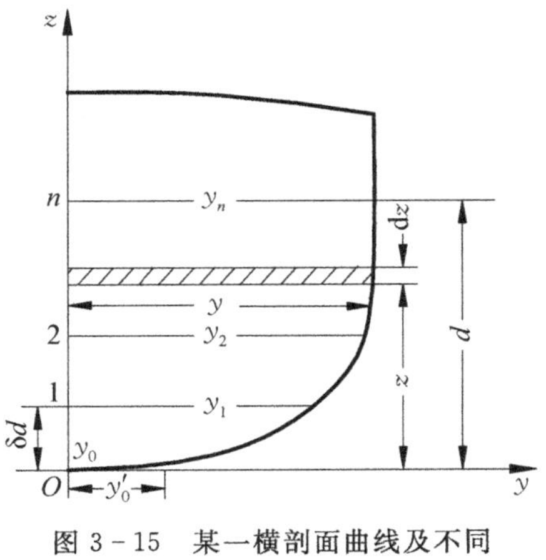

图 3-15 某一横剖面曲线及不同吃水的半宽值

$$A_S=2\int_0^d y\mathrm{d}z\approx 2\delta d\sum{}'y_i$$

式中，$\sum{}'y_i=y'_0+y_1+\cdots+y_n-\frac{1}{2}(y'_0+y_n)$；$y'_0$ 为经过端点修正后的半宽值；δd 为各水线等间距值。

横剖面面积 A_S 对基线 Oy 轴的静矩为

$$M_{Oy}=2\int_0^d zy\mathrm{d}z\approx 2(\delta d)^2\sum{}'k_iy_i$$

式中，$\sum{}'k_iy_i=0\times y'_0+1\times y_i+\cdots+ny_n-\frac{1}{2}(0\times y'_0+ny_n)$

横剖面面积形心垂向坐标为

$$z_a = \frac{M_{Oy}}{A_S} = \frac{\int_0^d zy\,\mathrm{d}z}{\int_0^d y\,\mathrm{d}z} \approx \delta d\,\frac{\sum' k_i y_i}{\sum' y_i}$$

中横剖面系数为

$$C_M = \frac{A_M}{Bd}$$

式中，A_M为船在吃水 d 以下的中横剖面面积；B 为船中横剖面处的型宽。

现以某货船为例，用梯形法进行中横剖面计算，如表 3-4 所示。

表 3-4　梯形法计算中横剖面
(型宽 $B=20.4$ m，吃水 $d=8.4$ m，$\delta d=1.2$ m)

水线号	y_i/m	k_i	$k_i y_i$
Ⅰ	Ⅱ	Ⅲ	Ⅳ＝Ⅱ×Ⅲ
0	8.37	0	0
1	9.96	1	9.96
2	10.20	2	20.40
3	10.20	3	30.60
4	10.20	4	40.80
5	10.20	5	51.00
6	10.20	6	61.20
7	10.20	7	71.40
总和	79.53		285.36
修正值	9.28		35.70
修正后总和	70.25		249.66

中横剖面面积为

$$A_M = 2\delta d \sum{}'(\text{Ⅱ}^{①}) = 2 \times 1.2 \times 70.25 = 168.6\ \mathrm{m}^2$$

中横剖面面积形心垂向坐标为

$$z_a = \delta d\,\frac{\sum{}'(\text{Ⅳ}^{②})}{\sum{}'(\text{Ⅱ})} = 1.2 \times \frac{249.66}{70.25} = 4.26\ \mathrm{m}$$

中横剖面系数为

$$C_M = \frac{A_M}{Bd} = \frac{168.6}{20.4 \times 8.4} = 0.984$$

同理，采用辛氏法的计算表达式可写为

①② Ⅱ，Ⅳ 见表 3-4。

$$A_S = 2\int_0^d y\,\mathrm{d}z \approx \frac{4}{3}\delta d \sum\nolimits_A$$

式中，$\sum_A = \frac{1}{2}y_0 + 2y_1 + y_2 + \cdots + 2y_{n-1} + \frac{1}{2}y_n$

$$M_{Oy} = 2\int_0^d zy\,\mathrm{d}z \approx \frac{4}{3}(\delta d)^2 \sum\nolimits_{M_{Oy}}$$

式中，$\sum_{M_{Oy}} = 0 \times \frac{1}{2}y_0 + 1 \times 2y_1 + \cdots (n-1) \times 2 \times y_{n-1} + n \times \frac{1}{2} \times y_n$

$$z_a = \frac{M_{Oy}}{A_S} = \frac{\int_0^d zy\,\mathrm{d}z}{\int_0^d y\,\mathrm{d}z} \approx \delta d\,\frac{\sum_{M_{Oy}}}{\sum_A}$$

根据上述数值积分公式，可列表进行计算，如横剖面在舭部的曲线变化较大时，通常可用增加中间坐标的方法以减小误差。

3）排水体积和浮心坐标

按照横剖面计算方法，将型线图上各站号处吃水为 d 的横剖面面积 A_S 及其对基平面的静矩 M_{Oy} 和面积 A_S 的形心垂向坐标 z_a 计算出来，然后，根据式(3－33)、式(3－39)和式(3－41)，采用数值积分法以列表形式进行计算。

表 3－5 为梯形法的计算表格形式。

表 3－5 梯形法计算($\delta L = L/20$)

站号	横剖面面积 A_{Si}	乘数 S_i	面积乘积 $A_{Si} \times S_i$	力臂 X_i	纵向力矩 $A_{Si} \times S_i \times X_i$	形心垂向坐标 z_{ai}	垂向力矩 $A_{Si} \times S_i \times z_{ai}$
0	A_{S0}	1/2	$A_{S0} \times 1/2$	−10	$-A_{S0} \times 10/2$	z_{a0}	$A_{S0} \times z_{a0}/2$
1	A_{S1}	1	A_{S1}	−9	$-A_{S1} \times 9$	z_{a1}	$A_{S1} \times z_{a1}$
…	…	…	…	…	…	…	…
10	A_{S10}	1	A_{S10}	0	$A_{S10} \times 0$	z_{a10}	$A_{S10} \times z_{a10}$
…	…	…	…	…	…	…	…
20	A_{S20}	1/2	$A_{S20} \times 1/2$	10	$A_{S20} \times 10/2$	z_{a20}	$A_{S20} \times z_{a20}/2$
总和			$\sum'_V$		$\sum'_{M_{yOz}}$		$\sum'_{M_{xOy}}$

排水体积为

$$\nabla = \delta L \times \sum{}'(A_{Si} \times S_i) = \delta L \times \sum\nolimits'_V$$

浮心纵向坐标为

$$x_B = \frac{\sum'(A_{Si} \times S_i \times x_i)}{\sum'(A_{Si} \times S_i)} = \frac{\sum'_{M_{yOz}}}{\sum'_V} \times \delta L$$

浮心垂向坐标为

$$z_B = \frac{\sum'(A_{Si} \times S_i \times z_{Ai})}{\sum'(A_{Si} \times S_i)} = \frac{\sum'_{MxOy}}{\sum'_V}$$

4）横剖面面积曲线

根据前面计算得到的船舶在某一吃水 d 时的各站号处的横剖面面积 A_S，以船长 L 为横坐标，以横剖面面积 A_S 为纵坐标，绘制成如图 3-16 所示的曲线称为横剖面面积曲线 $A_S = f(x)$。

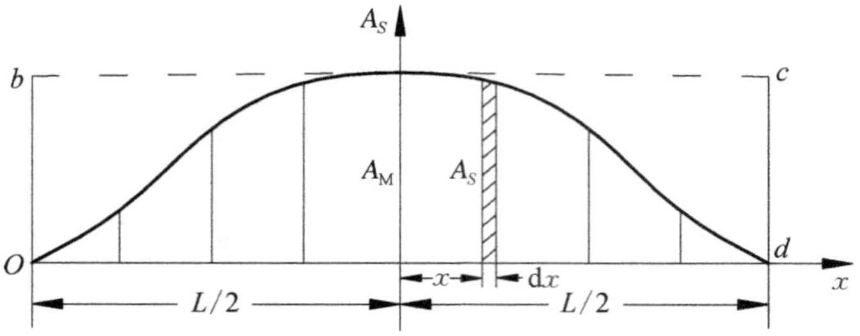

图 3-16　横剖面面积曲线

横剖面面积曲线具有下列特性：

（1）在某一吃水 d 时的横剖面面积曲线与横轴（x 轴）所围的面积，等于该吃水时的排水体积 ∇，即

$$\nabla = 2\int_{-L/2}^{L/2} A_S \mathrm{d}x$$

（2）横剖面面积曲线与 x 轴所围的面积，其形心的纵向坐标等于浮心纵向坐标 x_B，即

$$x_B = \frac{\int_{-L/2}^{L/2} x A_S \mathrm{d}x}{\int_{-L/2}^{L/2} A_S \mathrm{d}x}$$

（3）横剖面面积曲线与 x 轴所围的面积和以船长 L、船中横剖面面积 A_M 所构成的矩形面积之比，等于船舶在吃水 d 时的纵向棱形系数 C_P，即

$$C_P = \frac{\text{曲线所围面积}}{\text{矩形面积 } Obcd} = \frac{\nabla}{A_M L}$$

所以，横剖面面积曲线的形状反映了船舶排水体积沿船长方向的分布情况。

横剖面面积曲线的上述特性是很重要的。根据船舶在任意一水线下（包括计算船舶静止在波浪上时水线呈波形曲线）的横剖面面积曲线，可以方便地求出该水线下的排水体积和浮心纵向坐标。同时该曲线通常也是设计新船型线图的主要根据之一。

以上讨论了利用水线面面积进行垂向积分，求正浮状态下的排水体积和浮心坐标，以及利用横剖面面积进行纵向积分，求正浮状态下的排水体积和浮心坐标的计算方法。比较这两种计算排水体积和浮心坐标的基本公式，其结果完全相同。在实际计算中，可根据需要采用其中一种或同时应用两种方法进行计算，以便相互校核。通常，若要求取船舶在正浮状态下随吃水变化的排水体积和浮心坐标，则可采用垂向积分方法进行计算。在船舶使用过程中，由于载荷变化、舱室破损进水以及可浸长度、下水计算等，涉及船舶在纵倾状态下的排水体积和浮心坐标等值，或者计算船体强度时需要绘制浮力曲线图等，这时常采用纵向积分方法进行计算。在应用计算机进行计算时，基本上都用纵向积分方法。

3. 根据多棱锥体计算排水体积和浮心位置

此方法首先确定原点和构建船体外形上的型值点（可取型值），通过原点和三或四个型值点构建三棱锥体或四棱锥体（合适选点可使底面近似为平面的多棱锥体），然后计算各多棱锥体的体积等有关数据（体积、静矩、惯性矩等），再将各多棱锥体的体积等有关数据通过累计和转换等方法计算排水体积和浮心位置，需另外计算各水线面和各横剖面的几何要素等，其最主要优点是计算简便（体积 dV＝底面积 $S\times$高 $h/3$）和易于模块化。难点是自动合适地选点构建多棱锥体和结果转换。

3.4 船舶在纵倾状态下排水体积和浮心坐标的计算

前面叙述了船舶在正浮状态下的排水体积和浮心位置的计算方法，但在船舶设计建造使用过程中，经常需要知道船舶在纵倾状态下的排水量和浮心位置，这可以利用邦戎曲线图或费尔索夫图谱求出。现分别介绍如下。

1. 邦戎曲线

设船体某一站号处的横剖面如图 3－17(a)所示。该横剖面自船底到最高一层连续甲板（上甲板）在不同吃水下的横剖面面积，可由公式 $A_S=2\int_0^{d_i} y\mathrm{d}z$ 的变上限积分求得。再以吃水 d 为纵坐标，横剖面面积 A_S 为横坐标，绘出 A_S 随 d 而变化的曲线 $A_S = f(z)$ 如图 3－17(b)所示。

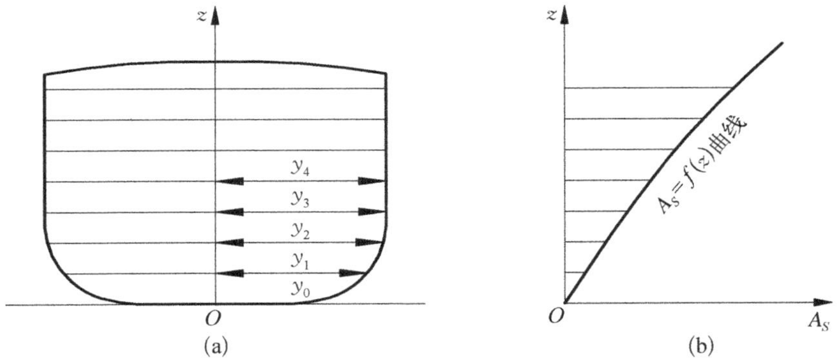

图 3－17 横剖面图形与 A_S 随 d 而变化的曲线

把型线图上各站号处的横剖面都进行如上的计算，便可得出各横剖面在不同吃水下的面积，然后在每个站号处以吃水为纵坐标，横剖面面积为横坐标，画出其相应的 $A_S=f(z)$ 曲线，如图 3－18 所示，这一组曲线称为邦戎曲线，整个曲线图形称为邦戎曲线图，这是 19 世纪末由法国人邦戎(Bonjean)最早制成使用而得名的。后来在使用过程中，为了便于计算船舶在纵倾水线下的浮心及各舱形心的垂向坐标，在邦戎曲线图上还画出了横剖面面积对基线的静矩曲线(图中用虚线表示)。为了缩短图纸的长度和使用方便,在绘制邦戎曲线图时,对船长和型深采用不同的比例,因此图上的船形显得短而高。

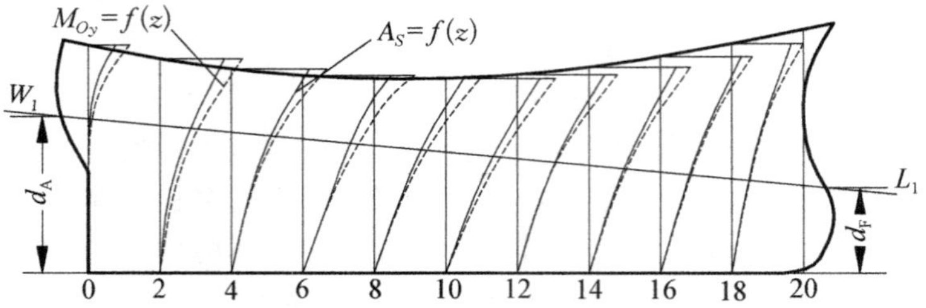

图 3-18 邦 戎 曲 线

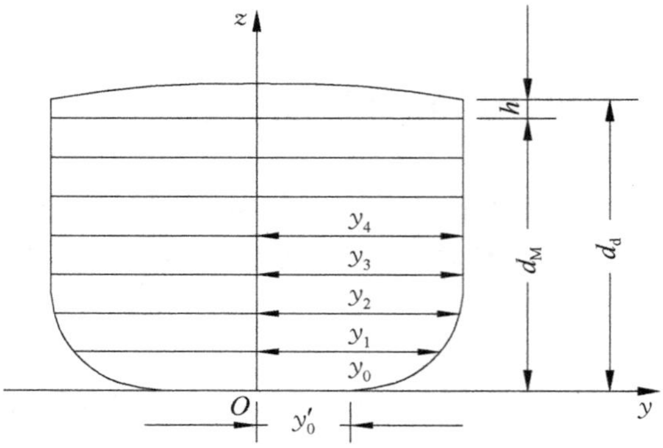

图 3-19 横剖面的边线与梁拱

也可以说,邦戎曲线由两簇参数曲线(参数 x_i 为纵向坐标或站号)组成:面积 $A_{Si}=f(z, x_i)$ 和对 y 轴面矩 $MOy_i=f(z, x_i)$。

在具体计算时,把整个横剖面分成 3 部分,即最高等分水线以下部分、最高等分水线至甲板边线部分和甲板边线以上梁拱部分。现以图 3-19 的横剖面为例加以说明。

(1) 第 1、2 部分可按前述的数值积分法一起计算(从基线 0 到甲板边线高 d_d),如直接用梯形法计算,或混用辛氏法计算(一法、二法、[5, 8, -1]法、[3, 10, -1]法),或直接用不等距辛氏法或样条曲线积分法计算等。

(2) 甲板边线以上梁拱部分的面积 A_{Sf} 和对基线面矩 M_{Oyf},可根据梁拱曲线的形状进行计算。通常的梁拱曲线为二次抛物线,其计算公式为

$$A_{Sf}=2\times\frac{2}{3}fy_d=\frac{4}{3}fy_d$$

$$M_{Oyf}=A_{Sf}\left(d_d+\frac{2}{5}f\right)=\frac{4}{3}\times\left(d_d+\frac{2}{5}f\right)fy_d$$

式中,f 为横剖面的梁拱;y_d 为横剖面在甲板边线处的半宽;d_d 为甲板边线距基线高。

计算时应注意:f 的数值在各横剖面处是不同的,它随甲板宽度的减小而减小,具体数值可根据船舶型宽 B、设计梁拱 f_0 和梁拱曲线形状求出。

有了邦戎曲线图(见图 3-18),可以方便地算出任意纵倾水线下的排水体积 ∇ 和浮心位置 x_B 和 z_B。其计算步骤如下:

(1) 根据船舶的首吃水 d_F 和尾吃水 d_A,在邦戎曲线图上作出纵倾水线 W_1L_1。

(2) 自纵倾水线 W_1L_1 与各站号垂线的交点作平行于基线的直线,并分别与各站的 $A_S=f(z)$ 曲线(以实线表示)相交于 A_{Si};与各站的 $M_{Oy}=f(z)$ 曲线(以虚线表示)相交于 M_{Oyi},根据各自的曲线比例量出各站的横剖面面积 A_{S0}, A_{S1}, A_{S2},…和面积对基平面的静矩 M_{Oy0}, M_{Oy1}, M_{Oy2}, …

(3) 根据量出的数值，可绘制该纵倾水线 W_1L_1 下的横剖面面积曲线 $A_S=f(z)$ 及横剖面静矩曲线 $M_{Oy}=f(z)$（一般绘出此图便于进行端点修正），并确定曲线端点位置 x_{Fj} 和 x_{Aj}（分别是纵倾水线面 W_1L_1 以下的船体首和尾轮廓线部分离船中最远点）的船舶纵坐标 x 值。

(4) 根据横剖面面积曲线的特征，可知该曲线 $A_S=f(z)$ 下的面积及其形心纵向坐标分别为船舶在纵倾水线 W_1L_1 下的排水体积 ∇ 和浮心纵向坐标 x_B，即

$$\nabla=2\int_{x_{Aj}}^{x_{Fj}}A_S\,\mathrm{d}x$$

$$x_B=\frac{M_{yOz}}{\nabla}=\frac{\int_{x_{Aj}}^{x_{Fj}}xA_S\,\mathrm{d}x}{\int_{x_{Aj}}^{x_{Fj}}A_S\,\mathrm{d}x}$$

(5) 同理，横剖面面积对基平面的静矩曲线 $M_{Oy}=f(z)$ 下的面积等于排水体积 ∇ 对基平面的静矩 M_{xOy}，将此静矩 M_{xOy} 除以排水体积 ∇ 后，便得出浮心垂向坐标 z_B，即

$$z_B=\frac{M_{xOy}}{\nabla}=\frac{\int_{x_{Aj}}^{x_{Fj}}M_{Oy}\,\mathrm{d}x}{\int_{x_{Aj}}^{x_{Fj}}A_S\,\mathrm{d}x}$$

邦戎曲线在船体计算中非常有用，例如稳性计算、舱容计算、可浸长度计算、下水计算以及船体总强度计算中都要用到它。

2. 费尔索夫图谱

费尔索夫图谱是根据邦戎曲线计算并绘制而成的曲线图，它表明船舶在纵倾水线下的排水体积、浮心纵向坐标与船的首、尾吃水之间关系，如图 3-20 所示。费尔索夫图谱的横坐标是首吃水 d_F，纵坐标是尾吃水 d_A，图中有两组曲线，一组为排水体积 ∇ 的等值曲线，另一组为浮心纵向坐标 x_B 的等值曲线。

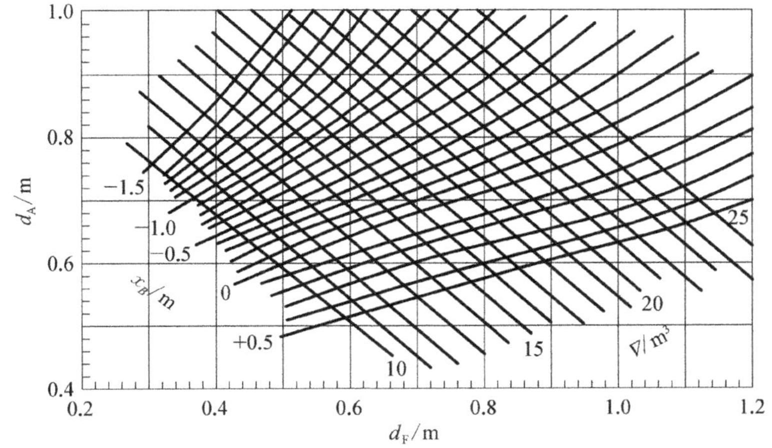

图 3-20 费尔索夫图谱

已知船的首尾吃水，可在费尔索夫图谱中直接查出相应的排水体积 ∇ 和浮心纵向坐标 x_B。反之，如已知船的排水体积 ∇ 和浮心纵向坐标 x_B，也可从图谱中查出相应的首吃水 d_F 和

尾吃水 d_A。

由于计算软件的普遍使用,费尔索夫图谱已被符拉索夫曲线或邦戎曲线替代,几乎不用。

3.5 船舶在纵倾和横倾状态下排水体积和浮心坐标的计算

本节介绍一种计算方法,它可计算船舶在具有纵倾和横倾状态下的排水体积∇和浮心位置(坐标为 x_B、y_B、z_B)。这种方法是由苏联人符拉索夫(Flasov)提出的。他使用了三簇曲线(称为符拉索夫曲线)来进行计算:

(1) 船舶各站半个横剖面面积 A_S 随吃水变化的曲线簇 a。

(2) 船舶各站半个横剖面对中线的面矩 M_{Oz} 随吃水变化的曲线簇 b。

(3) 船舶各站半个横剖面对基线的面矩 M_{Oy} 随吃水变化的曲线簇 c。

符拉索夫曲线由 3 簇参数曲线(参数 x_i 为纵向坐标或站号)组成:$a=f(z, x_i)$ 和 $b=f(z, x_i)$ 和 $c=f(z, x_i)$。

符拉索夫曲线的计算步骤如下。

1. 绘制符拉索夫曲线

在正浮状态不同吃水的情况下,将型线图上各个站号处横剖面的一半(通常取右舷部分)面积 a 及其对中线的面矩 b 和对基线的面矩 c,按照以下变上限积分公式分别计算出来:

$$\begin{cases} a=\int_0^Z y\,\mathrm{d}z \\ b=M_{Oz}=\dfrac{1}{2}\int_0^Z y^2\,\mathrm{d}z \\ c=M_{Oy}=\int_0^Z zy\,\mathrm{d}z \end{cases} \tag{3-42}$$

之后在型线图上各个站号处,以吃水为纵坐标,以 a、b 和 c 为横坐标,将计算结果分别绘制成如图 3-21 所示的 $a=f(z)$、$b=f(z)$ 和 $c=f(z)$ 三簇曲线,这些曲线称为符拉索夫曲线。

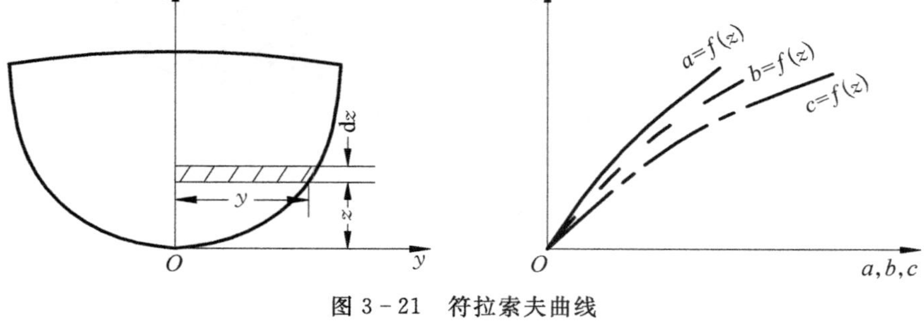

图 3-21 符拉索夫曲线

2. 计算排水体积和浮心坐标

设船的首吃水为 d_F,尾吃水为 d_A,横倾角为 ϕ,则可利用这 3 个参数,求得距中横剖面 x 处的一个横剖面与水线面交线的位置(见图 3-22)。

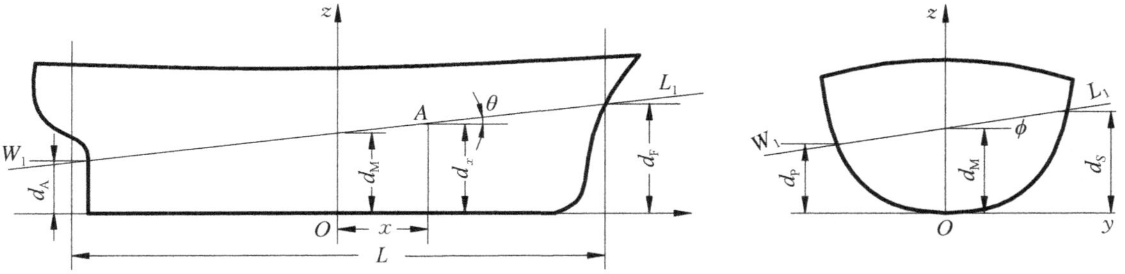

图 3-22 距中横剖面 x 处的一个横剖面与水线面交线的位置

在该横剖面的中线处(水线与 Oz 轴的交点 A)吃水为

$$d_x = d_M + x\tan\theta$$

式中，$d_M = (d_F + d_A)/2$ 为平均吃水(中横剖面处的吃水)；$\tan\theta = (d_F - d_A)/L$ 为纵倾角正切；L 为船的垂线间长。

横倾角 ϕ 可根据船用倾斜仪测得，或由中横剖面处的右舷吃水 d_S和左舷吃水 d_P求得，即

$$\tan\phi = \frac{d_S - d_P}{B}$$

式中，B 为船的型宽。在该横剖面上，通过 A 点作一与水平面成角度 ϕ 的横倾水线 W_1L_1，这便是该横剖面与水线面的交线，如图 3-23 所示。

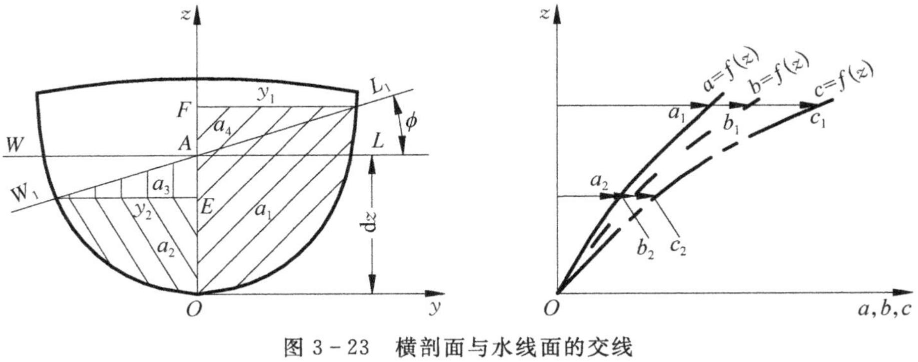

图 3-23 横剖面与水线面的交线

自横倾水线 W_1L_1和横剖面轮廓线的交点 W_1 和 L_1，分别作水平线 W_1E 和 FL_1，则横倾水线 W_1L_1下的横剖面面积 A_{Sx}，可写为

$$\begin{aligned}\text{面积 } A_{Sx} &= \text{曲线面积 } OW_1L_1O \\ &= (\text{曲线面积 } OFL_1O - \text{三角形面积 } AFL_1) + \\ &\quad (\text{曲线面积 } OW_1EO + \text{三角形面积 } EW_1A) \\ &= a_1 - a_4 + a_2 + a_3\end{aligned}$$

式中，a_1 和 a_2 可根据水平线 W_1E 和 FL_1，分别从符拉索夫曲线 $a=f(z)$上量得。

a_3 和 a_4 可直接从该横剖面图中求得：

$$a_3 = \frac{1}{2}\overline{W_1E} \times \overline{AE} = \frac{1}{2}y_2^2 \tan\phi$$

$$a_4 = \frac{1}{2}\overline{FL_1} \times \overline{AF} = \frac{1}{2}y_1^2 \tan\phi$$

式中，y_1和 y_2分别为该横剖面坐标 $\overline{FL_1}$ 和 $\overline{W_1E}$，可直接量得。

按照上述同样的方法，可在型线图上将其他各站号的横剖面面积算出，然后绘出船舶具有纵倾和横倾状态下的横剖面面积曲线图 $A_S = f(x)$，并确定曲线端点位置 x_{Fj} 和 x_{Aj}（分别是纵倾水线面 W_1L_1 以下的船体首和尾轮廓线部分离船中最远点）的船舶纵坐标 x 值，再根据横剖面面积曲线的特性，可求出船舶在纵倾和横倾状态下的排水体积 ∇ 和浮心纵向坐标 x_B，即

$$\nabla = \int_{x_{Aj}}^{x_{Fj}} A_{Sx}\,\mathrm{d}x$$

$$x_B = \frac{\int_{x_{Aj}}^{x_{Fj}} x A_{Sx}\,\mathrm{d}x}{\nabla}$$

浮心横向坐标 y_B的基本公式为

$$y_B = \frac{M_{xOz}}{\nabla}$$

式中，型排水体积 ∇可由上述曲线 $A_S = f(x)$求得，型排水体积 ∇对中线面 xOz 的静矩 M_{xOz} 可应用符拉索夫曲线 $b = f(z)$，参照上述求面积的类似方法求得，即

$$y_B = \frac{\int_{x_{Aj}}^{x_{Fj}} M_{xOz}\,\mathrm{d}x}{\nabla}$$

浮心垂向坐标 z_B则可应用符拉索夫曲线 $c = f(z)$，参照上述求面积的类似方法求得，即

$$z_B = \frac{\int_{x_{Aj}}^{x_{Fj}} M_{xOy}\,\mathrm{d}x}{\nabla}$$

在具体计算中，可根据本节有关的积分公式，采用数值积分法进行计算。

符拉索夫曲线（a，b，c）与邦戎曲线（A_S，M_{Oy}）密切相关，横剖面积 $A_S = 2a$，对基线面矩 $M_{Oy} = 2c$，因此符拉索夫曲线可代替邦戎曲线，邦戎曲线却不能代替符拉索夫曲线，所以如今在实际应用中，船舶在任意倾斜状态（包括纵倾状态）下排水体积和浮心坐标的计算通常采用符拉索夫曲线来进行。

3.6　水的密度改变时船舶浮态的变化

当船舶从一个密度的水域（例如海水）驶入另一个密度的水域（例如淡水）时，船的重量及重心位置没有变化，但船的吃水和浮心位置都将发生变化，即船舶的浮态发生变化。设船舶在

密度为 w_1 的水域时浮于吃水为 d_1 的水线 WL，排水量为 Δ，浮心 B 的位置为(x_B、z_B)。当该船驶入密度为 w_2 的水域后，浮于吃水为 d_2 的新水线 W_2L_2，密度变化量为 $\mathrm{d}w=w_2-w_1$。由于排水量 Δ 不变，故有

$$w_1\nabla=w_2(\nabla+\mathrm{d}\nabla)=w_2\nabla+w_2\mathrm{d}\nabla=w_2\nabla+w_2Aw\mathrm{d}d$$

$$\text{或}-(w_2-w_1)\nabla=w_2Aw\mathrm{d}d \quad \text{或} \quad -\mathrm{d}w\,\nabla=w_2Aw\mathrm{d}d$$

式中，∇ 为船在吃水 d_1 时的排水体积；$\mathrm{d}\nabla$ 为船在 d_2 时的排水体积变化量；$\mathrm{d}d=d_2-d_1$ 为平均吃水的变化，也称为船的平行下沉量；A_W 为船在 d_1 时的水线面面积；$\mathrm{d}w=w_2-w_1$ 为水的密度的变化。

经整理可得

$$\mathrm{d}d=-\frac{\nabla}{A_\mathrm{W}}\frac{\mathrm{d}w}{w_2} \tag{3-43}$$

如用船型系数 C_B 和 C_WP 来表达，则式(3-43)可写为

$$\mathrm{d}d=-\frac{\nabla}{A_\mathrm{W}}\frac{\mathrm{d}w}{w_2}=-\frac{(C_\mathrm{B}LBd)}{(C_\mathrm{WP}LB)}\frac{\mathrm{d}w}{w_2}=-\frac{C_\mathrm{B}}{C_\mathrm{WP}}\frac{\mathrm{d}w}{w_2}d \tag{3-44}$$

当吃水变化后，浮心从 $B(x_B$、$z_B)$ 点移至 $B_1(x_{B1}$、$z_{B1})$，浮心位置的变化量 $\mathrm{d}x_B=x_{B1}-x_B$ 和 $\mathrm{d}z_B=z_{B1}-z_B$，可分别将式(3-43)代入式(3-26)和式(3-30)而求得以下计算式为

$$\mathrm{d}x_B=-\frac{\mathrm{d}w}{w_2}(x_F-x_B) \tag{3-45}$$

$$\mathrm{d}z_B=-\frac{\mathrm{d}w}{w_2}(d_1-z_B) \tag{3-46}$$

由于浮心位置的变化而引起的附加纵倾力矩为

$$M_\mathrm{T}=\Delta\mathrm{d}x_B=-\frac{\mathrm{d}w}{w_2}(x_F-x_B)\Delta\ (\mathrm{t\cdot m})$$

特别要注意的是，以上公式中水的密度是 w_2，即驶入区域水的密度。

对于大多数船舶而言 $x_F-x_B<0$(漂心 x_F 比浮心 x_B 更靠船尾，见图3-12)，分析以上各公式可知，当船舶从海水驶入淡水区域时，$\mathrm{d}w$ 为负值，船舶的吃水增加，浮心位置向上、向后移动，使船产生首倾。反之，当船舶从淡水驶入海水区域时，$\mathrm{d}w$ 为正值，船舶的吃水减少，浮心位置向下、向前移动，使船产生尾倾。当船的水线面漂心 F 与浮心 B 在同一垂直线上时，$x_F=x_B$，水的重量密度改变对船的纵倾没有影响。

例1 分析说明与式(3-43)类似的各种推导。

Δ 不变，$V=\Delta/w$，$w_1V_1=w_2V_2$，不同水域分别是 w_1，d_1，V_1，w_2，d_2，V_2。

(1) 微分 $\mathrm{d}V=(\mathrm{d}\Delta w-\mathrm{d}w\Delta)/w_2=-(\mathrm{d}w/w_2)\Delta=-(\mathrm{d}w/w)V$，按定义此处 w 应是 w_1。

(2) 差分 $\mathrm{d}V=\Delta/w_2-\Delta/w_1=(\Delta w_1-\Delta w_2)/(w_1w_2)=[-\mathrm{d}w/(w_1w_2)]\Delta=-(\mathrm{d}w/w_2)V$。

(3) $w_1LBd_1C_\mathrm{B}=w_2LBd_2C_\mathrm{B}$，导出 $d_2/d_1=w_1/w_2$。

分析： 推导(2)无可挑剔，与式(3-43)殊途同归，思路一致，最后的 V 应是 V_1。

推导(1)中，显然将两个 w 混淆，从(1)可知 w_2 实际是 $w_1 w_2$，不比较则很难分清。

推导(3)中，初看也无问题，细想则是 C_B 应该与 d 有关，两个 C_B 显然也被混淆。

例 2 某船从淡水驶进海水，需增加载荷 $p=175$ t，才能使其在海水中的吃水 d_2 与淡水中的吃水 d_1 相等，求原淡水中的排水量 Δ？

解： 设淡水密度 $w_1=1.0\ \mathrm{t/m^3}$，海水密度 $w_2=1.025\ \mathrm{t/m^3}$。

根据题意：淡水吃水 $d_1=$ 海水吃水 d_2，即淡水排水体积 $V_1=$ 海水排水体积 V_2。

已知：$V_1=\Delta/w_1$，$V_2=(\Delta+p)/w_2$，可有等式 $\Delta/w_1=(\Delta+p)/w_2$，

解等式，求得 $\Delta=(pw_1)/(w_2-w_1)=(175\times 1.0)/(1.025-1.0)=7\,000$ t，$\Delta_2=\Delta+175=7\,175$(t)。

答： 原淡水中的排水量 Δ 为 7 000 t，增加载荷后的海水排水量 Δ_2 为 7 175 t。

3.7 储备浮力及载重线标志

船舶在水面的漂浮能力是由储备浮力来保证的。所谓储备浮力是指满载水线以上主体水密部分的体积所能产生的浮力，它对稳性、抗沉性和淹湿性等有很大的影响。船体损坏后，海水进入舱室后吃水必然增加，如果船舶具有足够的储备浮力，则仍能浮于水面而不致沉没。因此储备浮力是确保船舶安全航行的一个重要指标。

储备浮力通常以满载排水量的百分数来表示，其大小根据船舶类型、航行区域以及载运货物的种类而定。内河驳船的储备浮力约为其满载排水量的 10%～15%，海船约为 20%～50%，军舰的储备浮力往往在 100%以上。

为了实际使用方便，储备浮力常用干舷表示，为了干舷测量的可操作性，干舷在船舷用载重线标志来明确表示。

为了保证船的安全航行，国际上于 1966 年制定了《1966 年国际载重线公约》(ICLL 1966)之后又议定了《1966 年国际载重线公约 1988 年议定书》。我国海事局也颁布了《船舶与海上设施法定检验规则》及其后续的修改通报，其中《国际航行海船法定检验技术规则》(2016、2018、2019 修改通报)，《国内航行海船法定检验技术规则(2020)》以及《内河船舶法定检验技术规则(2019)》中有关载重线的内容分别规定了对国际航行海船、国内航行海船和内河航行船舶的最小干舷、最小船首高度和载重线标志等的要求。规则规定在船中两舷勘划载重线标志，表明该船在不同航区、不同季节中航行时所允许的最大吃水线，以此规定船舶安全航行所需的最小干舷和最小储备浮力。

图 3-24 所示为国际航行船舶右舷船侧的载重线标志，它由外径为 300 mm、内径为 250 mm 的一圆环，横贯圆环中心的长为 450 mm、宽为 25 mm 的一条水平线，以及在圆环前方 540 mm 处的长为 230 mm、宽为 25 mm 的若干水平线段所组成。各水平线段是船舶按其航行的区域和季节而定的载重水线，从下到上各线段及对应字母所表示的意义如下：

(1) WNA——冬季北大西洋载重线。

(2) W——冬季载重线。

(3) S——夏季载重线。

(4) T——热带载重线。

(5) F——夏季淡水载重线。

(6) TF——热带淡水载重线。

圆环两侧的字母"C""S"表示勘定干舷的主管机关是"中国船级社"。当不由"中国船级社"勘定干舷时，圆环两侧字母用"Z""C"表示

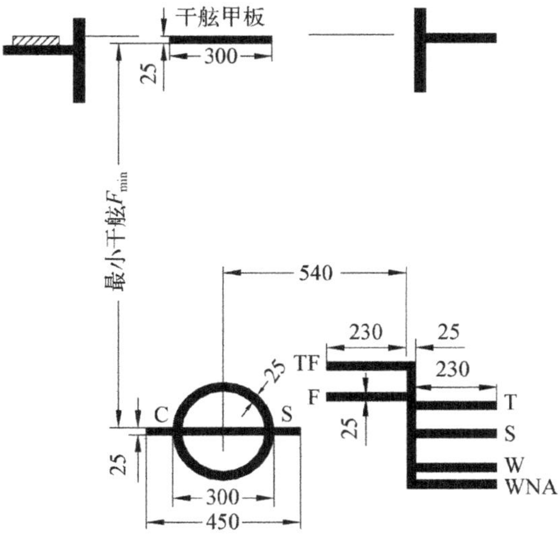

图 3-24 国际航行船舶右舷船侧载重线标志(单位：mm)

国内航行海船的载重线标志类似于国际航行船舶，内河航行船舶的载重线标志上圆环两侧的字母是"Z""C"(或"C""S")，字母"A"(或"B""C")表示该船航行的区域是内河 A 级(或 B 级、C 级)航区。

若船舶的实际吃水超过规定的载重线上缘(载重线标志被水淹没)，则表明该船已处于超载状态，其结果造成储备浮力减小，航行的安全性得不到保障，港务监督机构可不允许其出港。船舶的设计载重线通常相等于夏季载重线，其设计吃水就是夏季载重线吃水。关于航区的划分，最小干舷的确定等，可参阅上述有关规则的规定。

思考题 3

1. 在船舶静力学计算中，船舶坐标系统是怎样选取的？与大地坐标系有何关系？

2. 船舶的平衡条件是什么？船舶的漂浮状态通常有哪几种情况？请绘出示意图来表征各种浮态的参数有哪几个？根据静力平衡条件，列出各种浮态的平衡方程。

3. 如何计算船舶的重量 W 和重心位置 $G(x_G、y_G、z_G)$？

4. 民用船舶的空载排水量和满载排水量的含义是什么？通常分几种典型情况？设计排水量指哪种排水量？

5. 军用舰艇的排水量有哪几种？其含义是什么？设计排水量指哪种排水量？

6. 按垂向计算系统和纵向计算系统简述船舶的排水体积和浮心位置 $B(x_B、y_B、z_B)$的计算原理及具体步骤，并分别写出其积分基本公式和数值积分公式。

7. 参照垂向和纵向计算系统的思路，思考能否采用横向计算系统，并写出相应的计算公式。

8. 垂向和纵向计算系统通常分别应用于哪种浮态？

9. 以水线面面积曲线为例，说明定上限积分和变上限积分的含义是什么？

10. 何谓每厘米吃水吨数 TPC？其公式是如何导出的？它有什么用途？试举例说明。

11. 分别叙述水线面面积曲线 $A_W=f(z)$、横剖面面积曲线 $A_S=f(x)$和排水体积曲线的特性。

12. 分别说明型排水体积(量)和总排水体积(量)的含义，两者有何差别？

13. 叙述邦戎曲线的由来及其用途，叙述符拉索夫曲线的由来及其用途，两者有何关系？

14. 如何应用邦戎曲线计算船舶具有纵倾浮态下的排水体积和浮心位置 $B(x_B、z_B)$？

15. 如何应用符拉索夫曲线计算船舶同时具有纵倾和横倾浮态下的排水体积以及浮心位置 $B(x_B、y_B、z_B)$？

16. 当船舶从淡水驶进海水(或从海水驶进淡水)时，吃水有何变化？其相应的浮心和浮态又有何变化？

17. 储备浮力的含义是什么？描述储备浮力的特征值是什么？

18. 船舶产生纵倾是何原因？若是首倾，则浮心和重心的船舶纵向坐标值哪个数值大？

习 题 3

1. 计算如图1所示浮船坞水线面的有效面积及对倾斜轴 xx 和 yy 的惯性矩。已知坞长 $L=75.0$ m，坞宽 $B=21.0$ m，$b=2.20$ m。

2. 某挖泥船的水线面图2所示，该水线面的几何要素为 $L=30$ m，$B=8.2$ m，$l=12$ m，$b=1.5$ m，$l_1=2$ m，$l_2=1.5$ m，$b_1=1.2$ m，$b_2=1.5$ m。求：该水线面面积 A_W 及形心坐标 x_B、y_B。

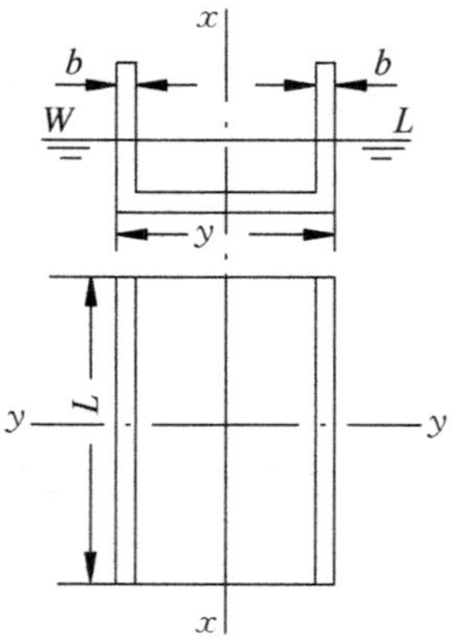

图1

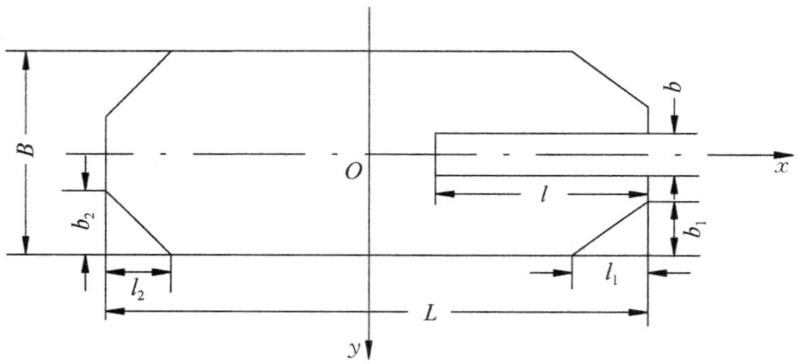

图2

3. 某船水线长 $L=100$ m，在正浮状态时，各站号的横剖面面积表1所列。

表1

站　号	0	1	2	3	4	5	6	7	8	9	10
横剖面面积/m²	0	13.3	30.4	44.4	53.8	57.3	54.3	44.7	30.1	13.5	0

(1) 以适当比例画出该船的横剖面面积曲线。

(2) 用梯形法和辛氏第一法按表格计算排水体积 ∇，用梯形法和辛氏第一法按表格计算浮心纵向坐标 x_B。

(3) 求纵向棱形系数 C_P。

4. 某海船中横剖面是长方形。各水线长均为128 m，最大宽度为15.2 m，每隔1.22 m自上而下各水线面面积系数是;0.80，0.78，0.72，0.62，0.24和0.04。试列表计算：

(1) 各水线的每厘米吃水吨数。

(2) 最高水线下的排水量和浮心垂向坐标。

(3) 自上而下第二水线下的排水量和浮心垂向坐标。

(4) 最高水线下的方形系数。

(5) 最高水线下的棱形系数。

5. 某船长为 60 m，其水线下横剖面为半圆形，其形心垂向的位置距基线高为 $r(1-1/3\pi)$，从尾垂线起其半宽坐标为：0.3，1.6，4.3，5.0，4.6，4.0，3.3(单位为 m)，试求① 水线面漂心位置 x_F；② 排水体积 ∇；③ 浮心位置 x_B、z_B；④ 方形系数 C_B。

6. 某船长为 60 m，其水线下横剖面均为等边三角形，从尾垂线起各站的宽度值为0.3，1.6，4.3，5.0，4.6，4.0，3.3(单位为 m)，试求：① 水线面漂心位置 x_F；② 排水体积 ∇；③ 浮心位置 x_B、z_B；④ 方形系数 C_B。同时与习题 5 的计算结果做比较。

7. 某船的一个煤舱长为 24 m，自尾至首各横剖面面积为 5.7，8.7，11.3，10.1，8.8(单位为 m^2)，这些剖面的形心在基线以上的高度分别为 3.7，3.5，3.3，3.5，3.6(单位为 m)。剖面之间的间距为 6 m。设煤舱的积载因数(每吨煤所占的体积)为 1.56 m^3/t。试列表计算：① 该舱载煤吨数；② 该舱的重心位置(基线以上距离以及距煤舱尾舱壁的距离)。

8. 某海船各水线的排水量为 10 804，8 612，6 511，4 550，2 810，1 331，263(单位为 t)，各水线间距为 1.22 m，求在吃水为 7.8 m 时船的浮心垂向坐标 z_B。

9. 某海船各水线面面积为 200，185，160，125，30(单位为 m^2)，试求该水线面的每厘米吃水吨数 TPC，并按一定的比例绘制 $TPC=f(d)$ 曲线。若设其水线间距为 0.5 m，试求船在各水线下的排水体积，并按比例绘制 $\nabla=f(d)$ 曲线(列表计算)。

10. 某海船具有下列数据：

水线号	0	1	2	3	4	5	6
水线面面积/m^2	630	810	936	1 024	1 104	1 164	1 220

水线间距 $\delta d=1.10$ m，按梯形法列表计算并绘制：① 排水量曲线；② 每厘米吃水吨数曲线。

11. 某货船在 A 港内吃水 $d=5.35$ m，要进入 B 港，其吃水不能超过 $d_1=4.60$ m，船在 $d_2=5.50$ m 时，$TPC_2=18.60$ t/cm，在吃水 $d_3=4.50$ m 时，$TPC_3=14.8$ t/cm，假定每厘米吃水吨数对于吃水的变化是一直线，求船进入 B 港前必须卸下的货物重量。

12. 某船船长 $L=164$ m，型宽 $B=19.7$ m，方形系数 $C_B=0.50$，水线面系数 $C_{WP}=0.73$，在海水中平均吃水 $d=8.20$ m，求船进入淡水中的平均吃水。

13. 某船由海水进入淡水，必须减少载荷 $p=175$ t，才能使其在海水中的吃水和淡水中的吃水相等。求减少载重后的排水量。

14. 某船在海水中的正常吃水 $d=2.20$ m，排水量 $\nabla=930$ t，水线面面积 $A_W=606$ m^2，型深 $D=3.35$ m，在甲板处的水线面面积 $A_W=658$ m^2，假定船的水上部分舷侧是直线形状，求储备浮力占排水量的百分数。

15. 某内河客货船的尺度和要素为吃水 $d=2.40$ m，方形系数 $C_B=0.654$，水线面系数 $C_{WP}=0.785$，假定卸下货物重量 $P=8\%$排水量，求船舶的平均吃水(设在吃水变化范围内船舷是垂直的)。

第4章　船舶初稳性

4.1　稳性概述

船舶在外力作用下偏离其平衡位置而倾斜，当外力消失后，能自行回复到原来平衡位置的能力称为船舶稳性。换句话说船舶稳性是船舶在外力作用并消失后保持其原有位置的能力，因此其理论基础和基本方程就是力矩平衡原理及力矩平衡方程，其研究对象与浮性相同，也是重力重心和浮力浮心以及它们之间的关系，涉及的主要矛盾是倾斜力矩和复原力矩。

如第3章中所述，船舶静止漂浮于水面某一位置时，受到重力和浮力两个作用力，其大小相等，但方向相反，而且两者的作用点在同一铅垂线上，这时船舶处于浮态平衡状态。但船舶在海上航行时，经常受到风浪等各种外力的干扰，使其产生倾斜，这样就破坏了原来正浮时的平衡状态。船舶在受到外力干扰产生倾斜后会不会倾覆？当外力消失后船舶能不能回复到原来的平衡位置？这就是船舶的稳性问题。

图4-1所示的是某船的横剖面，该船在外力（倾斜力矩）作用下而缓慢地倾斜一角度，水线由正浮时的 WL 变成倾斜后的 W_1L_1，船的重量在倾斜前后没有改变，船的重心保持在原来的位置，故船的排水体积的大小亦没有变化，其 W_1L_1 必定是等体积倾斜水线。但由于水线位置的变化，船体的排水（水下）体积的形状已经改变，故浮心自原来位置 B 点移到 B_1 点。此时，浮心和重心不再位于同一铅垂线上，因而浮力和重力形成一个力偶，促使船回复到原来的平衡位置，如图4-1(a)所示。

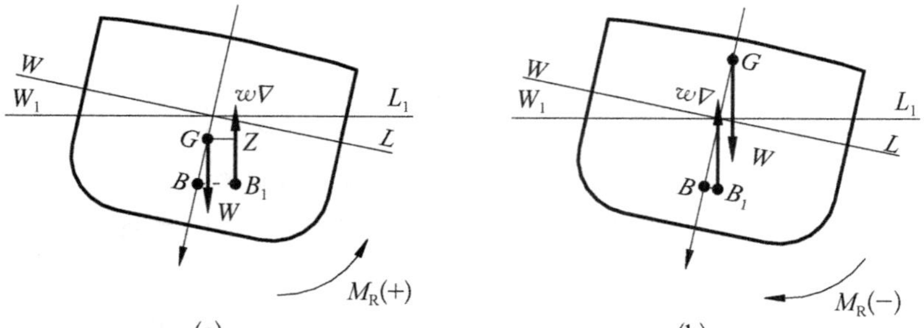

图4-1　横剖面复原力矩示意图

自重心 G 作直线 GZ 垂直于通过 B_1 的垂线（浮力作用线），则力偶的矩等于 $\Delta\times\overline{GZ}$，称为复原力矩，通常以 M_R 来表示，即

$$M_R=\Delta\,\overline{GZ} \tag{4-1}$$

式中，$\overline{GZ}$ 为复原力臂。

若复原力矩与倾斜力矩的方向相反，则它起着抵抗倾斜力矩的作用，M_R 定为正值。一旦外力消失，它就能使船舶回复到原来正浮的平衡位置。若复原力矩与倾斜力矩的方向相同，它不仅起不到抵抗倾斜的作用，反而促使船舶继续倾斜，此时M_R定为负值，如图4-1(b)所示。

船舶在任何方向的倾斜可分成如下两种基本浮态：船舶的横向倾斜，即向左舷或右舷一侧的倾斜(简称横倾)；船舶的纵向倾斜，即向船首或船尾的倾斜(简称纵倾)。倾斜力矩的作用平面平行于中横剖面时称为横倾力矩，它使船舶产生横倾。倾斜力矩的作用平面平行于中纵剖面时称为纵倾力矩，它使船舶产生纵倾。若倾斜力矩的作用是从零开始逐渐增加，使船舶倾斜时的角速度很小，可忽略不计，则这种倾斜下的稳性称为静稳性。若倾斜力矩是突然作用在船上，使船舶倾斜有明显的角速度变化，则这种倾斜下的稳性称为动稳性。船舶在横向和纵向抵抗倾斜的能力，分别称为横稳性和纵稳性。

造成船舶离开原来平衡位置的是倾斜力矩，它产生的原因有风和浪的作用、船上货物的移动、旅客集中于某一舷侧、拖船的急牵、火炮的发射以及船舶回转等，其大小取决于这些外界条件。促使船舶回复到原来平衡位置的是复原力矩，其大小取决于排水量和复原力臂$\overline{GZ}$，而$\overline{GZ}$取决于船体形状以及重心和浮心的相对位置等因素。因此，在倾斜力矩和复原力矩这一对矛盾中，前者是外因，后者是内因。

在本章及第5章中讨论船舶稳性问题时，着重研究船舶复原力矩的计算及其有关的影响因素，尤其是复原力臂$\overline{GZ}$的计算，而其计算关键就是求倾斜后的浮心位置$B_\varphi(y_\varphi,\ z_\varphi)$，求得了浮心位置就可根据式$\overline{GZ}=l=y_\varphi\cos\varphi+z_\varphi\sin\varphi-z_G\sin\varphi$计算出复原力臂，据$\overline{GZ}$可求得复原力矩$M_R$，继而研究稳性和计算校核稳性。

但求倾斜后的浮心位置$B_\varphi(y_\varphi,\ z_\varphi)$需要解决两个关键问题：① 如何求得等体积倾斜水线位置；② 如何求得该等体积倾斜水线下的浮力及浮心位置(可参照3.5节)。显然解决这两个关键问题都需要做大量复杂的计算。

而在工作应用中经常遇到的是小倾角情况的浮态及稳性计算(初稳性)，由此想到能否简化初稳性的计算？为此有必要做出合适的初稳性假定，进而使复杂的计算复原力臂$\overline{GZ}$简化为简便计算初稳性高$\overline{GM}$，即$\overline{GZ}=\overline{GM}\sin\varphi$，以解决因"确定等体积倾斜水线"太复杂和"计算倾斜后浮心位置"工作量太多而使复原力臂$\overline{GZ}$计算困难的关键问题。经初稳性假定和简化后，可直接确定等体积倾斜水线，快速计算倾斜后浮心位置和初稳性高$\overline{GM}$，后续有关的初稳性计算也大为简便。

因此可把船舶稳性问题分为两部分进行讨论：

(1) 初稳性(或称为小倾角稳性)。一般指倾斜角度小于10°～15°或上甲板边缘开始入水前(取其小者)的稳性。

(2) 大倾角稳性(见第5章内容)。一般指倾角大于10°～15°或上甲板边缘开始入水后的稳性。

把稳性划分为上述两部分的原因是在研究船舶小倾角稳性时可以引入某些假定(初稳性假定)，既能使稳性与浮态的计算简化，又能较明确地获得影响初稳性的各种因素之间的规律。此外，船舶的纵倾一般都属于小角度情况。大角度倾斜一般只在横向倾斜时产生，因此大倾角稳性通常也称为大倾角横稳性。本章将讨论初稳性问题。

4.2 浮心的移动、稳心及稳心半径

船舶在外力作用下产生倾斜以后，其水下部分体积的形状发生了变化，因此体积形心(浮

心)必然向倾斜的一侧移动,而新的浮心位置的计算确定,则是求出复原力矩的关键。在讨论稳性问题时,首先需要确定倾斜水线的位置,这样才能求出浮心位置和浮力作用线的位置,然后分析复原力矩的大小及方向。

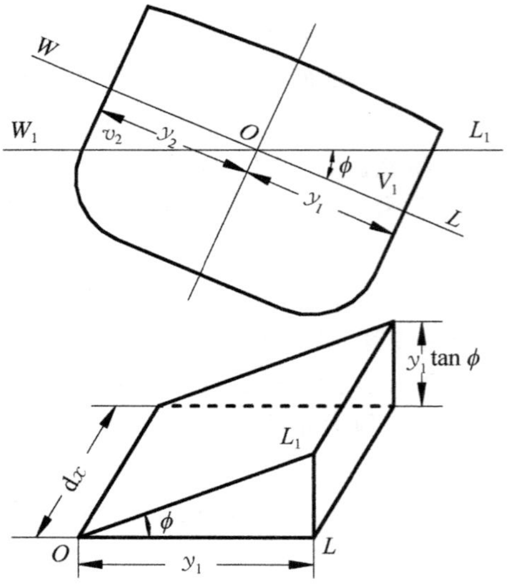

图 4-2　等体积倾斜水线

1. 等体积倾斜水线

如图 4-2 所示,设船舶平浮时的水线为 WL,在外力作用下横倾一小角度 ϕ 后的水线为 W_1L_1。由于船仅受倾斜力矩的作用,排水体积保持不变,故倾斜水线 W_1L_1 应是等体积倾斜水线。为了确定 W_1L_1 的位置,对入水楔形 LOL_1 和出水楔形 WOW_1 分别进行分析。

从图 4-2 中可以看出,三角形 LOL_1 的面积为 $=\frac{1}{2}y_1^2\tan\phi$

沿船长取 dx 一小段,其体积为

$$dV_1=\frac{1}{2}y_1^2\tan\phi\,dx$$

整个入水楔形的体积为

$$V_1=\int_{x_{wA}}^{x_{wF}}\frac{1}{2}y_1^2\tan\varphi\,dx=\tan\varphi\int_{x_{wA}}^{x_{wF}}\frac{1}{2}y_1^2\,dx$$

式中,x_{wF} 和 x_{wA} 分别为水线面 WL 的前端和后端的纵坐标值。

同理,可以求出整个出水楔形的体积为

$$V_2=\tan\varphi\int_{x_{wA}}^{x_{wF}}\frac{1}{2}y_2^2\,dx$$

在等体积倾斜的情况下,出水楔形的体积和入水楔形的体积必然相等,即 $V_1=V_2$。由此可得

$$\int_{x_{wA}}^{x_{wF}}\frac{1}{2}y_1^2\,dx=\int_{x_{wA}}^{x_{wF}}\frac{1}{2}y_2^2\,dx \tag{4-2}$$

积分 $\int_{x_{wA}}^{x_{wF}}\frac{1}{2}y_1^2\,dx$ 及 $\int_{x_{wA}}^{x_{wF}}\frac{1}{2}y_2^2\,dx$ 分别表示水线面 WL 在轴线 O—O 两侧的面积对于轴线 O—O 的静矩,如图 4-3 所示。因此,式(4-2)表示水线面 WL 对于轴线 O—O 的面积静矩等于零,即 O—O 通过水线面 WL 的形心(或称为漂心)。由此可以得出结论:两等体积水线面的交线 O—O 必然通过原水线面 WL 的漂心。这样,当已知船的倾角 ϕ(小角度)及原水线面 WL 的漂心位置后,立即可以确定倾斜 ϕ 角以后的等体积倾斜

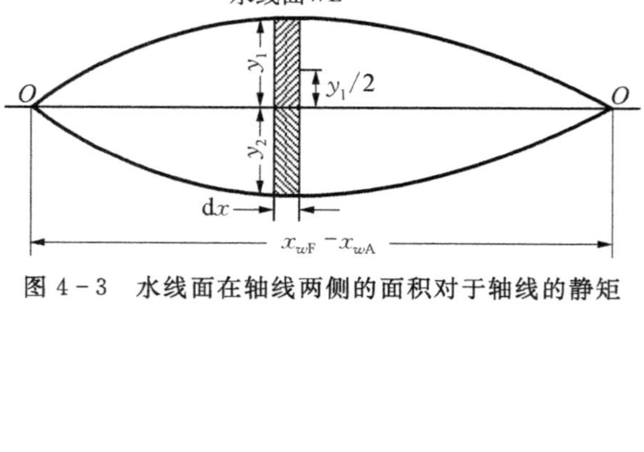

图 4-3　水线面在轴线两侧的面积对于轴线的静矩

水线 W_1L_1 的位置。

上述结论同样适用于船舶的小角度纵倾情况。

注意：在推导中，等体积倾斜和 $V_1=V_2$ 是自然满足的，但 V_1 和 V_2 计算式中的楔形是直角三角形，却是基于舷侧直壁的假定，即原水线舷侧(上下一段)是直壁，据此才能得出 $y_1=y_2$ 的结果，导出"等体积倾斜水线必通过原水线面的漂心"的结论，因此仅适用于初稳性。

2. 浮心的移动

为了便于研究船舶在倾斜后浮心的移动情况，先简要介绍一下重心移动的原理，如图 4-4 所示。该图表示了重量 W_1 及 W_2 两个物体所组成的系统，其总重量 $W=W_1+W_2$，重心在 G 点。若将其中重量为 W_1 的物体从重心 g_1 点移至 g_2 点，则总重量 W 的重心将自 G 点移至 G_1 点，且有

$$\overline{GG_1} \,/\!/\, \overline{g_1g_2},\quad \frac{\overline{GG_1}}{\overline{g_1g_2}}=\frac{W_1}{W}$$

或

$$\overline{GG_1}=\frac{W_1\,\overline{g_1g_2}}{W} \tag{4-3}$$

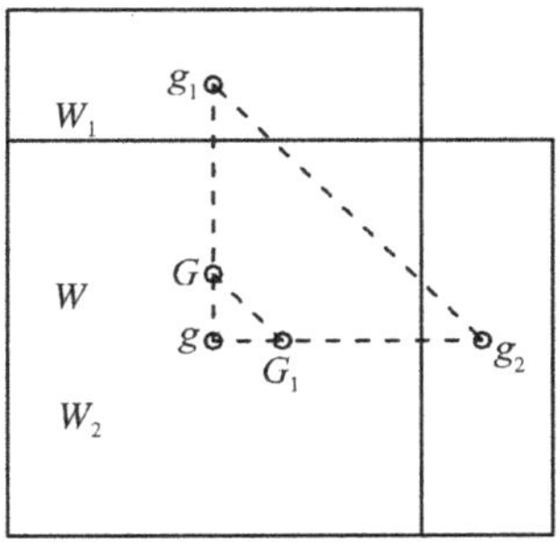

图 4-4　重心移动

式(4-3)表明，整个重心的移动方向平行于局部重心的移动方向，且重心移动的距离 $\overline{GG_1}$ 与总重量 W 成反比。

现根据上述重心移动的原理来分析船舶倾斜后浮心的移动距离。如图 4-5 所示，船在平浮时的水线为 WL，排水体积为 ∇，横倾小角度 ϕ 后的水线为 W_1L_1。设 V_1、V_2 表示入水及出水楔形的体积，g_1、g_2 表示入水及出水楔形的体积形心。由于 $V_1=V_2$，因此可以认为船在横倾至 W_1L_1 时的排水体积相当于把楔形 WOW_1 这部分体积移至楔形 LOL_1 处，其形心则自 g_2 移至 g_1。设船横倾后的浮心自原来的 B 点移至 B_1 点，利用重心移动原理，可以求得浮心的移动距离为

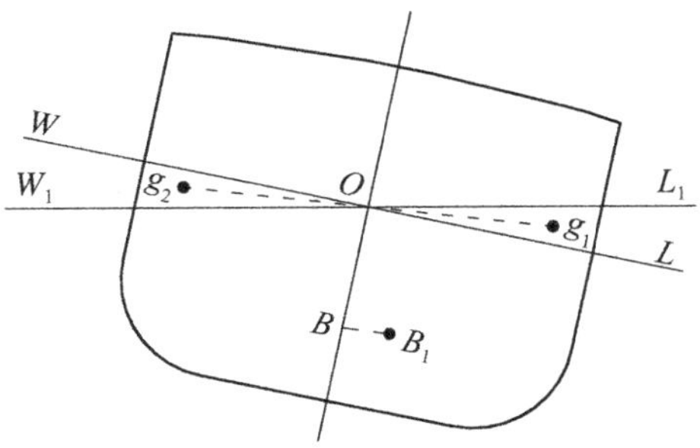

图 4-5　浮心移动

$$\overline{BB_1}=\overline{g_1g_2}\,\frac{V_2}{\nabla} \tag{4-4}$$

且

$$\overline{BB_1} \,/\!/\, \overline{g_1g_2}$$

由于 $V_1=V_2$，故 $\overline{g_1O}=\overline{g_2O}=\frac{1}{2}\overline{g_1g_2}$，代入式(4-4)，得

$$\overline{BB_1}=2\,\overline{g_1O}\,\frac{V_1}{\nabla} \tag{4-5}$$

式(4-5)右端 $V_1\,\overline{g_1O}$ 是入水楔形体积对于倾斜轴线 $O-O$ 的静矩。从图 4-6 中可以看出：

$$V_1\,\overline{g_1O}=\int_{x_{wA}}^{x_{wF}}\frac{1}{2}yy\tan\varphi\,\mathrm{d}x\,\frac{2}{3}y$$

$$=\frac{1}{3}\tan\varphi\int_{x_{wA}}^{x_{wF}}y^3\,\mathrm{d}x$$

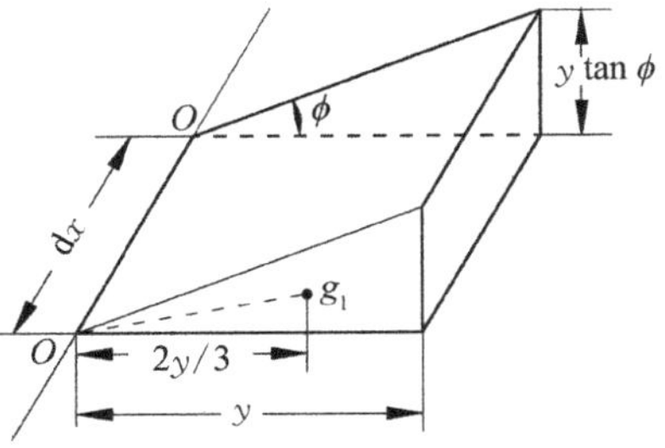

图 4-6　入水楔形

在 ϕ 为小角度时，$\tan\phi \approx \phi$，故

$$2V_1\ \overline{g_1O} = \frac{2}{3}\phi\int_{x_{wA}}^{x_{wF}} y^3\,\mathrm{d}x$$

积分式 $\frac{2}{3}\int_{-L/2}^{L/2} y^3\,\mathrm{d}x$ 为水线面 WL 的面积对于纵向中心轴线 $O-O$ 的横向惯性矩 I_T，因此

$$2V_1\ \overline{g_1O} = I_T\phi \tag{4-6}$$

将式(4-6)代入式(4-5)得

$$\overline{BB_1} = \frac{I_T}{\nabla}\phi \tag{4-7}$$

由式(4-7)可见，浮心移动的距离 $\overline{BB_1}$ 与横向惯性矩 I_T、横倾角 ϕ 成正比，而与排水体积 ∇ 成反比。

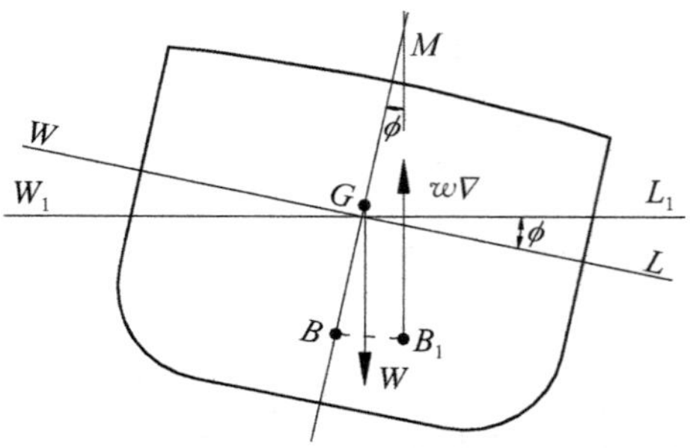

图 4-7 稳心与稳心半径

3. 稳心及稳心半径

船舶在横倾 ϕ 角后，浮心自原来的位置 B 沿某一曲线移至 B_1，这时浮力的作用线垂直于 W_1L_1，并与原正浮时的浮力作用线（中线）相交于 M 点（见图 4-7）。当 ϕ 为小角度时，曲线 BB_1 可看作是圆弧的一段，M 点为曲线 BB_1 的圆心，而 $\overline{BM}=\overline{B_1M}$ 为曲线 BB_1 的半径。船舶在小角度倾斜过程中，可假定倾斜前后的浮力作用线均通过 M 点，因此，M 点称为横稳心（或初稳心），$\overline{BM}$ 称为横稳心半径（或初稳心半径）。

当 ϕ 为小角度时，圆弧 $BB_1 \approx \overline{BB_1} = \overline{BM}\phi$，将它代入式(4-7)，则得横稳心半径

$$\overline{BM} = \frac{I_T}{\nabla} \tag{4-8}$$

式(4-8)的导出是在研究等体积小角度倾斜时所得到的。然而在实际解决初稳性问题时，可推广到倾斜角度小于 10°～15°的情况。这相当于假定船舶在等体积小角度倾斜过程中，浮心移动曲线是以横稳心半径为半径的圆弧，横稳心 M 点位置保持不变，浮力作用线均通过横稳心 M。根据这个假定既能使讨论问题简化，又能在实用中计算简便。

船舶在等体积纵倾时的情况，与上面所讨论的横倾情况相同，完全可以得出类似的结果，纵稳心（见图 4-8）半径为

$$\overline{BM}_L = \frac{I_{LF}}{\nabla} \tag{4-9}$$

I_{LF} 为水线面面积 A_W 对于通过该水线面漂心 F 的横轴的纵向惯性矩，表达式为

$$I_{LF} = I_L - A_W x_F^2 \tag{4-10}$$

x_F 为水线面 WL 的漂心 F 的纵向坐标。I_L 为水线面面积 A_W 对于通过该水线面中站处 Oy 横

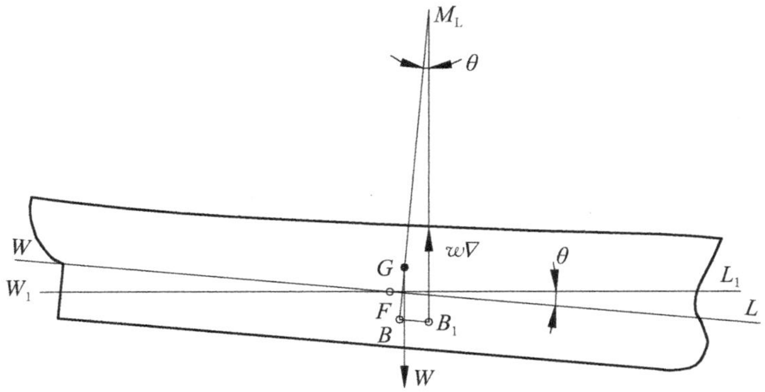

图 4-8　纵　稳　心

轴的纵向惯性矩，表达式为

$$I_L = 2\int_{x_{wA}}^{x_{wF}} x^2 y \, dx$$

4.3　初稳性公式与初稳性高

船舶横倾某一小角度 ϕ 时，若船上的货物并未移动，则重心位置 G 保持不变，而浮心则自 B 点移至 B_1 点，如图 4-9(a)所示。此时重力 W 的作用点 G 和浮力 Δ 的作用点 B_1 不在同一铅垂线上，因而产生了一个复原力矩 M_R，即

$$M_R = \Delta\,\overline{GZ} = \Delta\,\overline{GM}\sin\phi \tag{4-11}$$

式中，$\overline{GZ}$ 为复原力臂；$\overline{GM}$ 为初稳性高，亦称为横稳性高。

当横倾角度较小时，$\sin\phi \approx \phi$，故式(4-11)可写成

$$M_R = \Delta\,\overline{GM}\phi \tag{4-12}$$

式(4-11)或式(4-12)称为初稳性公式。

初稳性高 $\overline{GM}$ 的计算式为 $\overline{GM} = \overline{KB} + \overline{BM} - \overline{KG}$，参见图 4-9(a)。

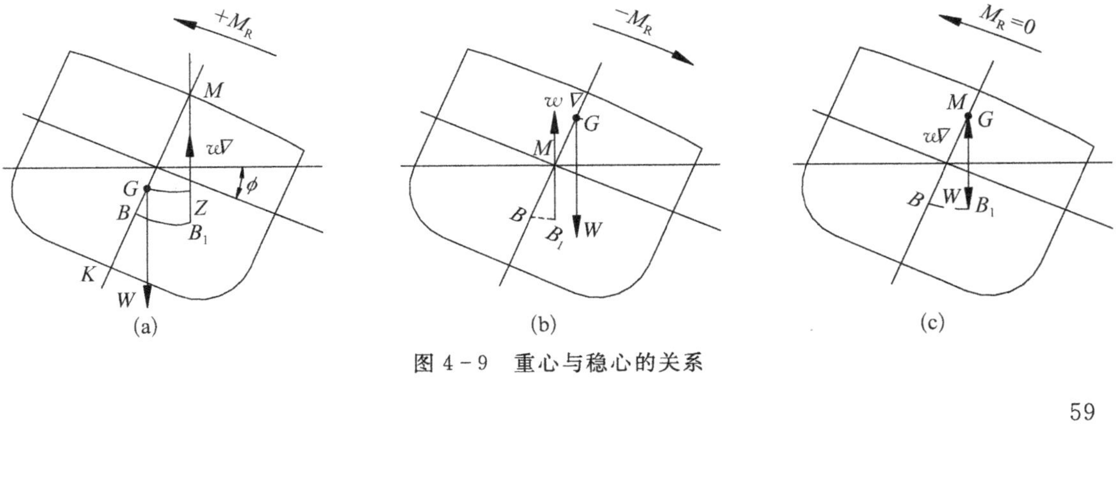

图 4-9　重心与稳心的关系

如前所述，初稳性公式是稳性公式的简化式，是基于以下初稳性假定得出的：

(1) 小角度(引出 $\sin\phi \approx \tan\phi \approx \phi$，圆弧的弧长≈弦长)。

(2) 船舶在原水线附近舷侧是直壁(引出假定，即等体积倾斜水线通过原水线面的漂心)。

(3) 浮心移动轨迹曲线是一段圆弧，圆弧圆心为初稳心 M(引出$\overline{BM}$计算式)。

从严格意义上说，根据初稳性假定得出的是$\overline{GM}$计算式中的横稳心半径$\overline{BM}$(或稳心 M 点)。

从复原力矩 M_R和横倾方向(或从稳心 M 和重心 G 的相对位置)之间的关系，可以判断船舶平衡状态的稳定性能：

(1) 重心 G 在稳心 M 之下，M_R的方向与横倾方向相反，当外力消失后，它能使船舶回复至原来的平衡状态，所以称为稳定平衡[见图 4-9(a)]。此时，$\overline{GM}$和 M_R都为正值。

(2) 重心 G 在稳心 M 之上，M_R的方向与横倾方向相同，它使船舶继续倾斜而不再回复至原来的平衡状态，所以称为不稳定平衡[见图 4-9(b)]。此时，$\overline{GM}$和 M_R都为负值。

(3) 重心 G 和稳心 M 重合，$\overline{GM}=0$，$M_R=0$，当外力消失后，船不会回复到原来位置，也不会继续倾斜，称为中性平衡或随遇平衡[见图 4-9(c)]。

船舶在水面上的平衡状态不外乎上述 3 种情况，其中(2)、(3)两种情况在造船过程中是不允许出现的，因为这种船舶在倾斜后不可能回复到原来的平衡位置，也就是说，这种船舶的稳性没有得到保证。

从式(4-11)或式(4-12)中可以看出：船舶在一定排水量下产生小横倾时，初稳性高$\overline{GM}$越大，复原力矩 M_R也越大，也就是抵抗倾斜力矩的能力越强。因此，初稳性高$\overline{GM}$是衡量船舶初稳性的主要指标。但是初稳性高过大的船，摇摆周期短，在海上遇到风浪时会产生急剧的摇摆，所以初稳性高的数值要适当选取。表 4-1 所列为各类船舶在设计排水量时初稳性高的大体范围，表 4-2 所列为我国建造的一些船舶的初稳性高数值。

表 4-1　各类船舶在设计排水量时初稳性高的范围

船舶类型	$\overline{GM}$/m	船舶类型	$\overline{GM}$/m
客　船	0.3～1.5	主力舰	2.0～3.0
干货船	0.3～1.0	巡洋舰	0.9～1.8
油　轮	1.5～2.5	驱逐舰	0.7～1.2
拖　轮	0.5～0.8	鱼雷快艇	0.5～0.8
渔　轮	0.5～1.0	潜水艇(水上)	0.3～0.8
航空母舰	2.7～3.5	潜水艇(水下)	0.2～0.4

表 4-2　我国建造的一些船舶的初稳性高数值

船舶类型	$\overline{GM}$/m	船舶类型	$\overline{GM}$/m
12 000 t 货船	0.97	4 500 m^3挖泥船	2.17
7 500 t 远洋客货船	0.74	24 000 t 油船	3.48
25 000 t 散装货船	1.30	1 080 hp 拖船	1.03

没入水中的浮体(例如完全潜入水中的潜艇)在倾斜某一角度 ϕ 后，其重量 W 和重心 G 的位置没有变化，排水体积的形状及浮心 B 的位置也没有变化。因此，它的稳定性能完全取决于浮心 B 和重心 G 的相对位置之间的关系：

(1) 重心 G 在浮心 B 之下，M_R的方向与横倾方向相反，因而可使浮体回复至原来的平衡状态，所以称为稳定平衡，如图 4-10(a)所示。

(2) 重心 G 在浮心 B 之上，M_R的方向与横倾方向相同，因而使浮体继续倾斜而不再回复至原来的平衡状态，所以称为不稳定平衡，如图 4-10(b)所示。

(3) 重心 G 和浮心 B 重合，$M_R=0$，浮体可平衡于任意位置，称为中性平衡，如图 4-10(c)所示。

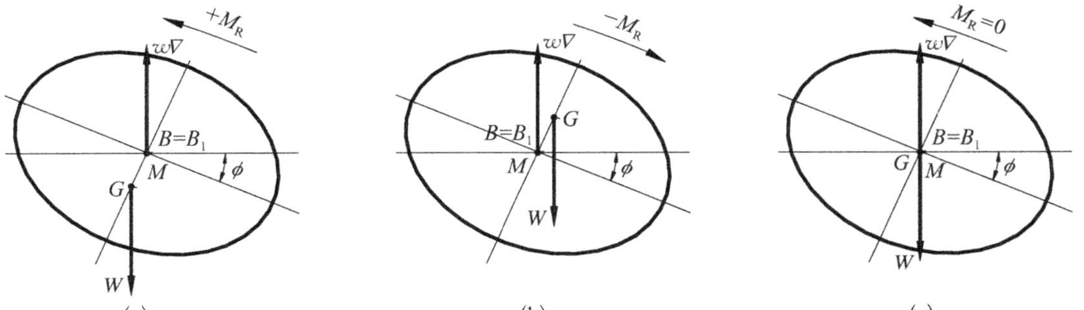

图 4-10　没入水中浮体的稳定性

由此可见，潜艇在水下状态时的重心 G 必须在浮心 B 之下，才能得到稳性的保证。至于潜艇在水面航行时的稳性问题，其基本原理与水面上的船舶相同。

根据初稳性公式，可以求得引起船舶横倾 1°所需的横倾力矩公式。以 M_0表示引起横倾 1°所需的横倾力矩，令 $\phi=1°=1/57.3$ rad，根据式(4-12)，这力矩和复原力矩相平衡，即

$$M_0=\frac{\Delta\,\overline{GM}}{57.3} \tag{4-13}$$

如有横倾力矩 M_H作用于船上，则由此引起的横倾角度为

$$\phi=\frac{M_H}{M_0}$$

船舶在纵倾时，浮心的移动情况、重力 W 与浮力 Δ 的作用点位置等如图 4-11 所示。依照上述推导方法，可以求得船舶在纵倾时的复原力矩 M_{RL}为

$$M_{RL}=\Delta\,\overline{GM_L}\sin\theta \tag{4-14}$$

式中，$\overline{GM_L}$ 为纵稳性高。

由于船舶的纵倾角度 θ 较小，故 $\sin\theta\approx\theta$，代入式(4-14)得

$$M_{RL}=\Delta\,\overline{GM_L}\theta \tag{4-15}$$

式(4-14)或式(4-15)称为纵稳性公式。纵稳心 M_L较重心 G 高得多。通常，纵稳性高 $\overline{GM_L}$ 与船长 L 为同一数量级，因此在设计船舶时，除浮吊等特种船舶外，一般不必考虑纵向稳

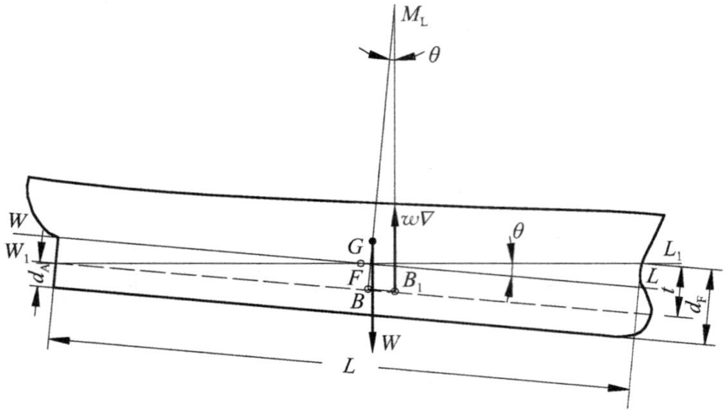

图 4-11　重心与浮力的作用点位置

性问题。

通常用首尾的吃水差来表达船舶的纵倾情况。若船长为 L，首尾吃水差为 t（首倾时 t 取正值，尾倾时 t 取负值），则纵倾角 θ 为

$$\theta \approx \tan\theta = t/L \tag{4-16}$$

将式(4-16)代入式(4-15)，得

$$M_{RL} = \Delta\,\overline{GM_L}\,\frac{t}{L} \tag{4-17}$$

根据式(4-17)可以求得引起船舶纵倾1厘米所需的纵倾力矩(每厘米纵倾力矩)公式。以 MTC 表示每厘米纵倾力矩，令 $t = 1\ \text{cm} = \frac{1}{100}\ \text{m}$，代入式(4-17)，则有

$$\text{MTC} = \frac{\Delta\,\overline{GM_L}}{100L} \tag{4-18}$$

由于浮心和重心之间的距离 $\overline{BG}$ 与纵稳心半径 $\overline{BM_L}$ 相比是一个小值，因此可以认为 $\overline{GM_L} \approx \overline{BM_L}$，式(4-18)可近似写成

$$\text{MTC} = \frac{\Delta\,\overline{BM_L}}{100L} \tag{4-19}$$

如有纵倾力矩 M_T 作用于船上，由此引起的纵倾值 t（以 cm 计）为

$$t = \frac{M_T}{\text{MTC}} \tag{4-20}$$

概括说来，船舶初稳性中最重要的问题是，弄清楚浮心 B、重心 G 和初稳心 M 的位置以及三者之间的关系，这里可做一简短的小结。

初稳性高 $\overline{GM}$ 是衡量船舶初稳性的重要指标，可写成初稳性高 $\overline{GM}$ 计算公式

$$\overline{GM} = \overline{KB} + \overline{BM} - \overline{KG} \tag{4-21}$$

式中，$\overline{KB}$ 为浮心高度（或以浮心垂向坐标 z_B 表示）；$\overline{BM}$ 为初稳心半径（或称横稳心半径）；$\overline{KG}$ 为重心高度（或以重心垂向坐标 z_G 表示）。

令 $\overline{KM}=\overline{KB}-\overline{BM}$ 为初稳心 M 距基线高度（或记为 $z_M=z_B+\overline{BM}$），则式(4-20)亦可写成

$$\overline{GM}=\overline{KM}-\overline{KG}=z_M-z_G$$

同样，纵稳性高 $\overline{GM_L}$ 可写成

$$\overline{GM_L}=\overline{KB}+\overline{BM_L}-\overline{KG} \tag{4-22}$$

式中，$\overline{BM_L}$ 为纵稳心半径。

式(4-22)又可写成

$$\overline{GM_L}=\overline{KM_L}-\overline{KG}=z_{ML}-z_G$$

例 1　某方形剖面的匀质矩形体正浮于液体中，如图 4-12 所示，液体重量密度为 w，试问该物体的密度 w_1 为多少时才能保持其稳定漂浮状态？

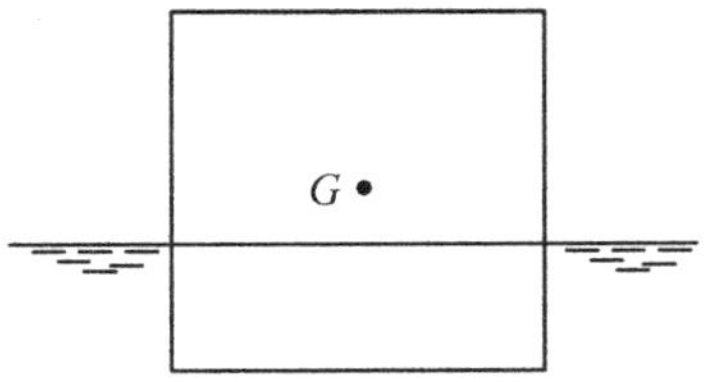

图 4-12　正浮于液体的匀质矩形体

解：保持稳定和漂浮状态的条件是 $\overline{GM}=z_B+\overline{BM}-z_G>0$ 和 $w_1>0$。

设矩形体长 L，方形剖面边长 a，吃水 $d=aw_1/w$，惯性矩 $I_x=La^3/12$，$z_B=d/2=aw_1/w/2$，

$z_G=a/2$，体积 $V=Lda=La^2w_1/w$，$\overline{BM}=I_x/V=(La^3/12)/(La^2w_1/w)=(aw/w_1)/12$，

稳定条件 $\overline{GM}=z_B+\overline{BM}-z_G=(aw_1/w/2)+(aw/w_1)/12-(a/2)=(a/2)[w_1^2+w^2/6-ww_1]/(ww_1)>0$，

因 $ww_1>0$ 和 $a/2>0$，故稳定条件 $\overline{GM}>0$ 可简化为不等式 $w_1^2+w^2/6-ww_1>0$，

解此方程得 $w_1=\dfrac{1}{2}\left(1\pm\sqrt{\dfrac{1}{3}}\right)w$，即 $w_1=0.789w$ 或 $w_1=0.211w$，

代入稳定条件并注意到 $\overline{GM}=0$ 是凹函数（因为 $\overline{GM}$ 二阶导数 >0），因此有稳性条件结果：$w_1>0.789w$ 或 $w_1<0.211w$。

故该物体的密度 w_1 要保持其稳定漂浮状态需满足以下条件：

稳定条件 $w_1>0.789w$ 或 $w_1<0.211w$，漂浮条件 $w_1<w$，基本条件 $w_1>0$。

4.4　船舶静水力曲线图

上述各节讨论了船舶在静止正浮状态下浮态和初稳性的基本原理及其计算问题。这些计算结果通常都要绘制成综合性的曲线图，即船舶静水力曲线图。图 4-13 为某货船的静水力曲线图。

静水力曲线图全面表达了船舶在静止正浮状态下浮性、初稳性和船型系数等要素随吃水而变化的规律。图中一般应包括下列曲线：

(1) 型排水体积 ∇ 曲线。

(2) 总排水体积 ∇_k 曲线。

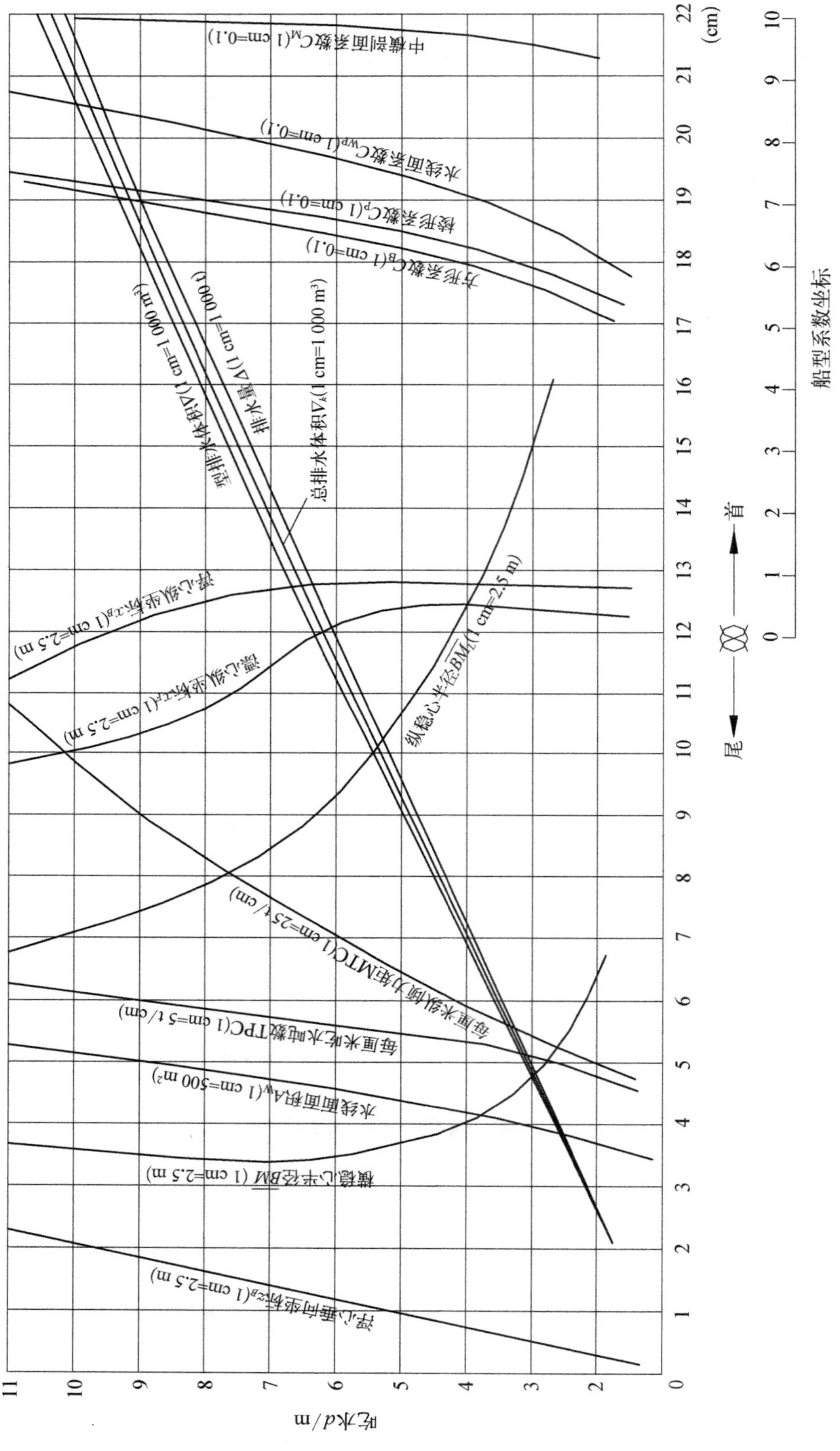

图 4-13　某货船的静水力曲线图

(3) 排水量 Δ 曲线。

(4) 浮心纵向坐标 x_B 曲线。

(5) 浮心垂向坐标 z_B(或 $\overline{KB}$) 曲线。

(6) 水线面面积 A_W 曲线。

(7) 漂心纵向坐标 x_F 曲线。

(8) 每厘米吃水吨数 TPC 曲线。

(9) 初稳心半径 $\overline{BM}$ 曲线(或横稳心垂向坐标 z_M 曲线)。

(10) 纵稳心半径 $\overline{BM_L}$ 曲线(或纵稳心垂向坐标 z_{ML} 曲线)。

(11) 每厘米纵倾力矩 MTC 曲线。

(12) 水线面系数 C_{WP} 曲线。

(13) 中横剖面系数 C_M 曲线。

(14) 方形系数 C_B 曲线。

(15) 棱形系数 C_P 曲线。

其中,(1)～(8)为浮性曲线,(9)～(11)为初稳性曲线,(12)～(15)为船型系数曲线。

各造船厂或设计部门目前都是用计算机进行船舶静水力曲线计算并绘制静水力曲线图,或者以加密水线间隔的静水力曲线表格形式呈现计算结果。在人工计算时一般都按表格进行。

4.5 重量移动对船舶浮态及初稳性的影响

船舶在使用过程中,其装载情况是经常变化的,例如客货装载情况的不同,航行中燃料、粮食、淡水等消耗物品的变化以及重量移动等,所有这些都会引起船的浮态和稳性的变化。

当船上的重量移动时,船的排水量虽然保持不变,但其浮态和初稳性是变化的。为简便计算,先分别讨论重量在垂向、横向及纵向的移动情况,然后再研究重量在任意方向的移动情况。

1. 重量的垂向移动

将船上某一重量为 p 的货物自 A 点(垂向坐标 z_1)沿垂直方向移至 A_1 点(垂向坐标 z_2),移动的距离为(z_2-z_1),如图 4-14 所示。由于船的排水量和浸水部分的形状都没有发生变化,故浮心 B 及稳心 M 的位置保持不变。至于船的重心,则由原来的 G 点垂向移动至 G_1 点,根据重心移动原理可得

$$\overline{GG_1}=\frac{p(z_2-z_1)}{\Delta}$$

从图 4-14 中可以看到,由于重心的移动引起了初稳性高的改变。设原来的初稳性高为 $\overline{GM}$,新的初稳性高为 $\overline{G_1M}$,则有

$$\overline{G_1M}=\overline{GM}-\overline{GG_1}$$

即

$$\overline{G_1M}=\overline{GM}-\frac{p(z_2-z_1)}{\Delta} \qquad (4-23)$$

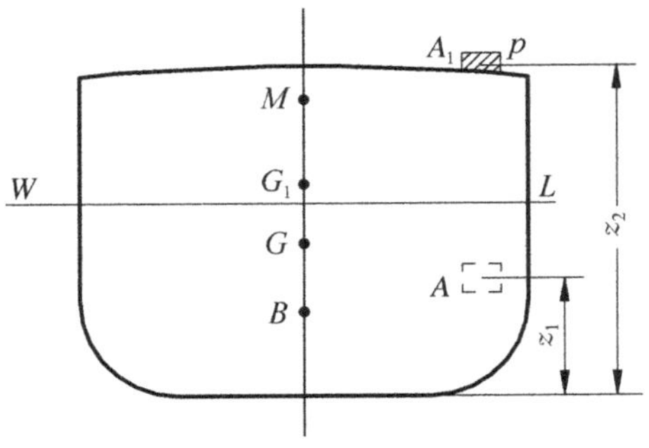

图 4-14 重量的垂向移动

同理，新的纵稳性高为

$$\overline{G_1M_L}=\overline{GM_L}-\frac{p(z_2-z_1)}{\Delta} \tag{4-24}$$

通常纵稳性高的数值很大，$\overline{GG_1}$ 相对于 $\overline{GM_L}$ 来说是一个小量，在实用上有时可认为 $\overline{G_1M_L}\approx\overline{GM_L}$。

从式(4-23)可见，如把重量垂直向上移动，则将提高船的重心，其结果使初稳性高减小。由此可见，提高船的重心对稳性不利。反之，如把重量向下移动，则将降低船的重心，其结果使初稳性高增加，故降低船的重心是提高船舶稳性的有效措施之一。

2. 重量的横向移动

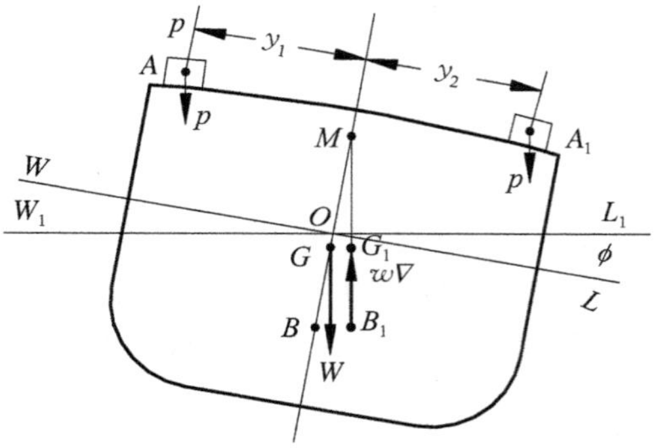

图 4-15　重量的横向移动

将船上重量为 p 的货物自 A 点(横向坐标 y_1)沿横向水平方向移至 A_1 点(横向坐标 y_2)，移动的距离为(y_2-y_1)，如图 4-15 所示。船的重心自原来的 G 点横向移动至 G_1 点，根据重心移动原理可得

$$\overline{GG_1}=\frac{p(y_2-y_1)}{\Delta}$$

这时，重力的作用线通过 G_1，不再与原来的浮心 B 在同一铅垂线上。因此，船舶将发生横倾，浮心自 B 点向横倾一侧移动。当倾斜到某一角度 ϕ 时，新的浮心 B_1 与 G_1 在同一铅垂线上，船就保持新的平衡状态，并浮于新的水线 W_1L_1。

重量的横向移动相当于形成一个横倾力矩 M_H 为

$$M_H=p(y_2-y_1)\cos\phi$$

船在横倾 ϕ 角后的复原力矩为

$$M_R=\Delta\,\overline{GM}\sin\phi$$

由于船横倾至 ϕ 角时已处于平衡状态，故 $M_R=M_H$，即

$$\Delta\,\overline{GM}\sin\phi=p(y_2-y_1)\cos\phi \tag{4-25}$$

根据式(4-25)，可以求得重量 p 横向移动后船的横倾角为

$$\tan\phi=\frac{p(y_2-y_1)}{\Delta\,\overline{GM}} \tag{4-26}$$

3. 重量的纵向移动

将船上重量为 p 的货物自 A 点(纵向坐标 x_1)沿纵向水平移至 A_1 点(纵向坐标 x_2)，移动的距离为(x_2-x_1)，如图 4-16 所示。船的重心由 G 点移至 G_1 点，因此船将产生纵倾，并浮于新的水线 W_1L_1，其纵倾角为 θ，应用上述重量横向移动的处理办法，完全可以得到类似的结果。参照式(4-26)可知，重量沿纵向移动后船的纵倾角可由式(4-27)求得

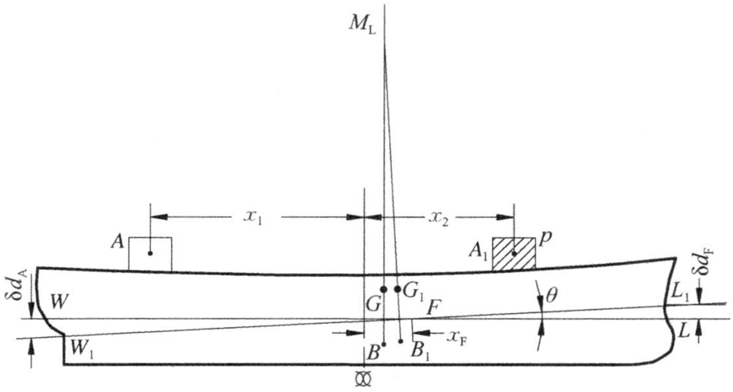

图 4-16　重量的纵向移动

$$\tan\theta=\frac{p(x_2-x_1)}{\Delta\,\overline{GM}_L} \tag{4-27}$$

船舶纵倾通常用首尾吃水差来表示，因此需要了解重量沿纵向移动后首尾吃水的变化情况。在 4.2 节中已经证明：等体积倾斜的水线面 W_1L_1 与原水线面 WL 的交线必然通过 WL 的漂心 F。这样，首尾吃水的变化可从图 4-16 中的三角形 LFL_1 及 WFW_1 中求得

$$\delta d_F=\left[\frac{L}{2}-x_F\right]\tan\theta=\left[\frac{L}{2}-x_F\right]\frac{p(x_2-x_1)}{\Delta\,\overline{GM_L}} \tag{4-28}$$

$$\delta d_A=-\left[\frac{L}{2}+x_F\right]\tan\theta=-\left[\frac{L}{2}+x_F\right]\frac{p(x_2-x_1)}{\Delta\,\overline{GM_L}} \tag{4-29}$$

若船原来的首吃水为 d_F，尾吃水为 d_A，则重量沿纵向移动后的首尾吃水分别为

$$\begin{aligned}d'_F&=d_F+\delta d_F=d_F+\left[\frac{L}{2}-x_F\right]\frac{p(x_2-x_1)}{\Delta\,\overline{GM_L}}\\ d'_A&=d_A+\delta d_A=d_A-\left[\frac{L}{2}+x_F\right]\frac{p(x_2-x_1)}{\Delta\,\overline{GM_L}}\end{aligned} \tag{4-30}$$

4. 重量沿任意方向的移动

将船上重量为 p 的货物自 A 点(坐标 x_1、y_1、z_1)移至 A_2 点(坐标 x_2、y_2、z_2)，如图 4-17 所示。

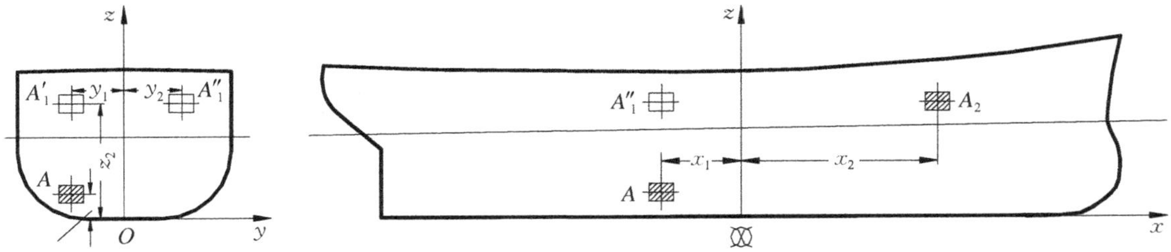

图 4-17　重量沿任意方向的移动

可以认为：重量沿任意方向的移动由下列3个方向的分位移所组成，即沿垂直方向的移动 $AA_1'=(z_2-z_1)$；沿水平横向的移动 $A_1'A_1''=(y_2-y_1)$；沿水平纵向的移动 $A_1''A_2=(x_2-x_1)$。

至于船的浮态及稳性所发生的变化，同样可以认为是由3个方向分位移的变化所产生的总结果，这样便可按照下列步骤，求得重量沿任意方向移动后船的浮态及稳性。首先考虑重量沿垂直方向移动，求出新的初稳性高 $\overline{G_1M}$ 及 $\overline{GM_L}$，再利用已求得的新的初稳性高，求出横倾角 ϕ、纵倾角 θ 及首尾吃水 d_F、d_A。

注意：重量沿任意方向移动第一步必定是垂向移动，然后可随意横移或纵移。

(1) 新的初稳性高为

$$\overline{G_1M}=\overline{GM}-\frac{p(z_2-z_1)}{\Delta}$$

$$\overline{G_1M_L}=\overline{GM_L}-\frac{p(z_2-z_1)}{\Delta}$$

(2) 横倾角为

$$\tan\phi=\frac{p(y_2-y_1)}{\Delta\,\overline{G_1M}}$$

(3) 纵倾角为

$$\tan\theta=\frac{p(x_2-x_1)}{\Delta\,\overline{G_1M_L}}$$

(4) 首尾吃水的变化为

$$\delta d_F=\left[\frac{L}{2}-x_F\right]\frac{p(x_2-x_1)}{\Delta\,\overline{G_1M_L}}$$

$$\delta d_A=-\left[\frac{L}{2}+x_F\right]\frac{p(x_2-x_1)}{\Delta\,\overline{G_1M_L}}$$

(5) 船的最后首尾吃水为

$$d'_F=d_F+\delta d_F$$

$$d'_A=d_A+\delta d_A$$

这里必须指出：在讨论上述问题时，是按船舶坐标系统来进行分析的，在应用有关公式计算船的浮态和稳性时，应该弄清正负号的关系，以免发生错误。这里再着重说明一下：x 值在船中前为正，在船中后为负；y 值在右舷为正，在左舷为负；z 值以基线以上为正，在基线以下为负；横倾角 ϕ 向右舷倾斜为正，向左舷倾斜为负；纵倾角 θ(或首尾吃水差 t)首倾为正，尾倾为负。在根据式(4-26)、式(4-27)计算 ϕ、θ 时，其绝对值表示它们的大小，符号(正或负)只是表示倾斜的方向。下面举一计算实例以供参考。

例2 某船的船长 $L=110$ m，型宽 $B=11.5$ m，船首吃水 $d_F=3.3$ m，船尾吃水 $d_A=3.2$ m，排水量 $\Delta=2\ 360$ t，初稳性高 $\overline{GM}=0.8$ m，纵稳性高 $\overline{GM_L}=115$ m，漂心纵向坐标 $x_F=-2.2$ m。现将船上重量为 $p=50$ t 的载荷自位置1处($x_1=25$ m，$y_1=3$ m，$z_1=2.5$ m)移到

位置2处($x_2=10$ m, $y_2=1.5$ m, $z_2=6$ m),求船的浮态和初稳性。

解:

(1) 先垂向从 z_1 移到 z_2,新的初稳性高为

$$\overline{G_1M}=\overline{GM}-\frac{p(z_2-z_1)}{\Delta}=0.8-\frac{50\times(6-2.5)}{2\,360}=0.726(\text{m})$$

(2) 新的纵稳性高为

$$\overline{G_1M_L}\approx\overline{GM_L}=115\ \text{m}$$

(3) 再横向从 y_1 移到 y_2,船的横倾角为

$$\tan\phi=\frac{p(y_2-y_1)}{\Delta\,\overline{G_1M}}=\frac{50\times(1.5-3)}{2\,360\times0.726}=-0.044$$

即 $\phi=2.5°$,向左舷倾斜。

(4) 再纵向从 x_1 移到 x_2,船的纵倾角为

$$\tan\theta=\frac{p(x_2-x_1)}{\Delta\,\overline{G_1M_L}}=\frac{50\times(10-25)}{2\,360\times115}=-0.002\,76$$

即 $\theta=0.16°$,表示尾倾。

(5) 船倾斜后的船首、尾吃水分别为

$$d'_F=d_F+\left(\frac{L}{2}-x_F\right)\tan\theta=3.3+(55+2.2)\times(-0.002\,76)=3.14(\text{m})$$

$$d'_A=d_A-\left(\frac{L}{2}+x_F\right)\tan\theta=3.2-(55-2.2)\times(-0.002\,76)=3.35(\text{m})$$

答: 重量移动后船的浮态为首吃水 $d_F=3.14$ m,尾吃水 $d_A=3.35$ m,横倾角 $\phi=-2.5°$。

4.6 装卸载荷对船舶浮态及初稳性的影响

装卸载荷会引起船舶排水量及重心发生变化,从而使船舶的浮态及初稳性也产生变化。在满足以下条件的前提下,可应用初稳性公式来计算装卸载荷对船舶浮态及初稳性的影响,否则可能产生超出预期的计算误差:

(1) 少量载荷,装卸载荷的绝对值为载况排水量的10%~15%以下。

(2) 小角度倾斜,产生的倾斜角度绝对值为10°~15°以下。

现对装卸载荷的大小,分别讨论如下。

1. 装卸小量载荷对船舶浮态及初稳性的影响

在船上任意位置处增加小量载荷,会使船的吃水增加,并产生横倾和纵倾。为了简便起见,分以下两个步骤进行讨论。

第1步:假定载荷装载的位置在水线面漂心 F 的垂直线上。这样,只改变船的平均吃水和稳性高,而不产生横倾和纵倾。

第2步:把载荷移到指定的位置,以确定船的横倾和纵倾。

1）在漂心垂直线上任意位置的装卸载荷对船舶浮态及稳性的影响。

设船原平浮于水线 WL，吃水为 d，排水量为 Δ，浮心 B、重心 G、稳心 M、漂心 F 的位置如图 4－18 所示。现将重量为 p 的载荷装在通过漂心 F 垂直线上的 A 处，其坐标为（x_F、y_F、z），因 y_F 常为 0，所以通常记为坐标（x_F、0、z）处。

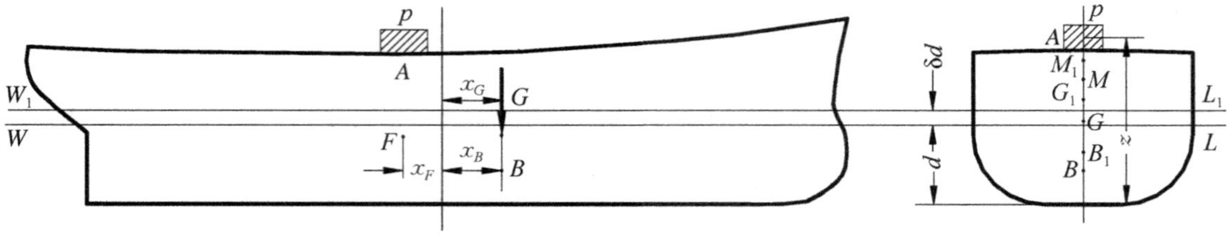

图 4－18　漂心垂直线上装卸载荷对船舶浮态及稳性的影响

船在增加载荷前平浮于水线 WL，这时有

$$\Delta = w\,\nabla$$
$$x_G = x_B$$

船在增加载荷 p 后浮于水线 W_1L_1，设平均吃水的增量是 δd，水线 WL 与 W_1L_1 之间所增加的一薄层排水体积为 δV，则

$$\Delta + p = w(\nabla + \delta V)$$
$$p = w\delta V \qquad (4-31)$$

式（4－31）表明，载荷 p 由浮力的增量 $w\delta v$ 所平衡。由于 p 是小量载荷，水线面 WL 与 W_1L_1 十分接近，可以认为 δV 的体积形心与水线面 WL 的漂心在同一垂直线上，因此载荷 p 与浮力增量 $w\delta V$ 的作用点在同一铅垂线上。这时船将不产生横倾和纵倾，而只是增加平均吃水，其增加数值为

$$\delta d = \frac{\delta V}{A_W} = \frac{p}{wA_W} \qquad (4-32)$$

式中，A_W 为 WL 的水线面积。

但是，这时船的浮心、重心及稳心分别由原来的 B、G、M 点移至 B_1、G_1、M_1 点，因而初稳性高也将由原来的 $\overline{GM}$ 变为 $\overline{G_1M_1}$。为了确定新的初稳性高，先讨论船在横倾某一小角度 ϕ 时复原力矩的情况。

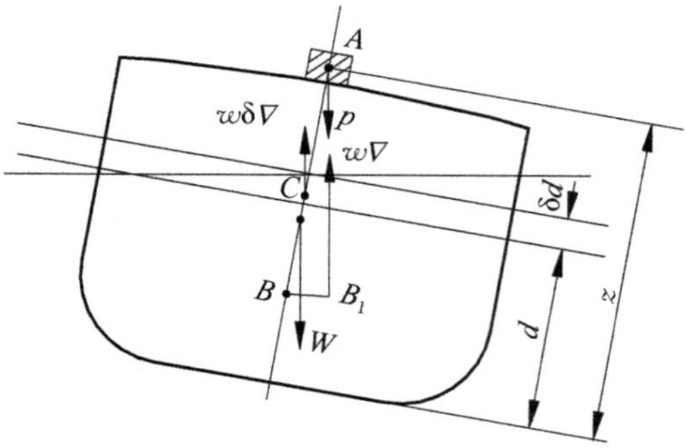

图 4－19　复原力矩图

设新的初稳性高为 $\overline{G_1M_1}$，则横倾 ϕ 角时的复原力矩为

$$M_R = (\Delta + p)\,\overline{G_1M_1}\sin\phi \qquad (4-33)$$

同时，复原力矩也可以从分析图 4－19 所示的情况中求得：

$$M_R = \Delta\,\overline{GM}\sin\phi - p\,\overline{CA}\sin\phi$$

式中，$\overline{CA}$ 为浮力增量 $w\delta V$ 的作用点至载荷 p 的

作用点之间的垂向距离,即

$$\overline{CA} = z - \left(d + \frac{\delta d}{2}\right)$$

故

$$M_{\mathrm{R}} = \Delta\, \overline{GM} \sin\phi - p\left[z - \left(d + \frac{\delta d}{2}\right)\right]\sin\phi \tag{4-34}$$

比较式(4-30)和式(4-31),可得

$$(\Delta + p)\,\overline{G_1M_1} = \Delta\,\overline{GM} - p\left[z - \left(d + \frac{\delta d}{2}\right)\right]$$

经整理后可得新的初稳性高

$$\overline{G_1M_1} = \overline{GM} + \frac{p}{\Delta + p}\left[d + \frac{\delta d}{2} - z - \overline{GM}\right] \tag{4-35}$$

根据式(4-35),可以判断载荷 p 的高度 z 对于初稳性高的影响:

(1) 若 $z = d + \delta d/2 - \overline{GM}$,则 $\overline{G_1M_1} = \overline{GM}$,即初稳性高不变。

(2) 若 $z > d + \delta d/2 - \overline{GM}$,则 $\overline{G_1M_1} < \overline{GM}$,即初稳性高减少。

(3) 若 $z < d + \delta d/2 - \overline{GM}$,则 $\overline{G_1M_1} > \overline{GM}$,即初稳性高增加。

由此可以设想,在船上有一高度为 $\left(d + \frac{\delta d}{2} - \overline{GM}\right)$ 的平面(称为中和面或极限平面),当载荷 p 的重心刚好位于此平面时,则对于初稳性高没有影响。若装载的货物高于此中和面,则减小初稳性高;反之,将增加初稳性高。

至于装载货物 p 后对于纵稳性的影响与上述情况相似,参照式(4-35)可得新的纵稳性高为

$$\overline{G_1M_{\mathrm{L1}}} = \overline{GM_{\mathrm{L}}} + \frac{p}{\Delta + p}\left[d + \frac{\delta d}{2} - z - \overline{GM_{\mathrm{L}}}\right] \tag{4-36}$$

由于 $\left[d + \frac{\delta d}{2} - z\right]$ 的数值和 $\overline{GM_{\mathrm{L}}}$ 相比是小量,因此新的纵稳性高有时可将其忽略,近似写成

$$\overline{G_1M_{\mathrm{L1}}} \approx \overline{GM_{\mathrm{L}}} - \frac{p}{\Delta + p}\overline{GM_{\mathrm{L}}} \approx \frac{\Delta}{\Delta + p}\overline{GM_{\mathrm{L}}} \tag{4-37}$$

在卸除小量载荷的情况下,同样可以应用上述有关公式分析计算船舶的浮态及初稳性,只需把载荷重量 p 改为 $-p$,并应注意到平均吃水的增量 δd 是负值。

2) 在任意位置上的装卸载荷对船舶浮态及稳性的影响

设重量为 p 的载荷装在船上 A 处,其坐标为(x, y, z),如图 4-20 所示。

重量 p 加在船上任意位置 A 处而引起浮态及稳性的变化,可按以下步骤求得。

(1) 先假定重量 p 装在 A_1(坐标 x_F, y_F, z)处,则得

平均吃水增量　$\delta d = \dfrac{p}{wA_{\mathrm{W}}}$

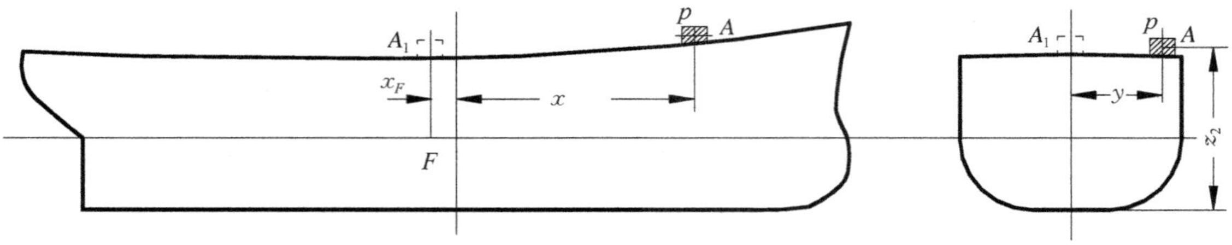

图 4-20　任意位置上装卸载荷的影响

新的初稳性高　$\overline{G_1M_1}=\overline{GM}+\dfrac{p}{\Delta+p}\left[d+\dfrac{\delta d}{2}-z-\overline{GM}\right]$

新的纵稳性高　$\overline{G_1M_{L1}}=\overline{GM_L}+\dfrac{p}{\Delta+p}\left[d+\dfrac{\delta d}{2}-z-\overline{GM_L}\right]$

$$\approx\frac{\Delta}{\Delta+p}\overline{GM_L}$$

(2) 将重量 p 自 A_1(坐标 x_F，y_F，z)移至 A(坐标 x，y，z)处,则得

$\tan\phi=\dfrac{p(y-y_F)}{(\Delta+p)\overline{G_1M_1}}$，通常 $y_F=0$,则有 $\tan\phi=\dfrac{py}{(\Delta+p)\overline{G_1M_1}}$

$$\tan\theta=\frac{p(x-x_F)}{(\Delta+p)\overline{G_1M_{L1}}}$$

首尾吃水的变化为

$$\delta d_F=\left[\frac{L}{2}-x_F\right]\frac{p(x-x_F)}{(\Delta+p)\overline{G_1M_{L1}}}$$

$$\delta d_A=-\left[\frac{L}{2}+x_F\right]\frac{p(x-x_F)}{(\Delta+p)\overline{G_1M_{L1}}}$$

(3) 船的最后首尾吃水为

$$d'_F=d_F+\delta d+\delta d_F$$

$$d'_A=d_A+\delta d+\delta d_A$$

在卸除小量载荷的情况下,也可应用上述各式,只需将重量 p 改为 $-p$。为了便于掌握本节的主要内容,举一计算实例以供参考。

例 3　某海船 $L=91.5$ m，$B=14.0$ m，$d_F=3.75$ m，$d_A=4.45$ m,平均吃水 $d_M=4.1$ m，$w=1.025$ t/m^3，$\Delta=3\,340$ t，$A_W=936.6$ m^2，$x_F=-3.66$ m,$\overline{GM}=0.76$ m，$\overline{GM_L}=101$ m。现将重量为 $p=150$ t 的载荷装在船上坐标为 $x=6$ m，$y_1=1$ m，$z_1=7$ m 处，求装上载荷后船的浮态和初稳性。

解: (1) 装载 p t 后的平均吃水增量为

$$\delta d=\frac{p}{wA_W}=\frac{150}{1.025\times936.6}=0.156(\text{m})$$

(2) 新的初稳性高

$$\overline{G_1M_1}=\overline{GM}+\frac{p}{\Delta+p}\left[d+\frac{\delta d}{2}-z-\overline{GM}\right]$$

$$=0.76+\frac{150}{3\ 340+150}\left[4.1+\frac{0.156}{2}-7-0.76\right]=0.61(\mathrm{m})$$

$$\overline{G_1M_{L1}}\approx\frac{\Delta}{\Delta+p}\overline{GM_L}=\frac{3\ 340}{3\ 340+150}\times 101=96.66(\mathrm{m})$$

验算：装载 7 m，估计高于中和面，GM 应该降低，数值差不多。

(3) 横倾角正切(因 $y_F=0$)为

$$\tan\phi=\frac{py}{(\Delta+p)\ \overline{G_1M_1}}=\frac{150\times 1}{(3\ 340+150)\times 0.61}=0.035\ 2$$

即 $\phi\approx 2°$，向右舷倾斜。验算：装载右舷，应该右倾，数值差不多。

(4) 纵倾角正切为

$$\tan\theta=\frac{p(x-x_F)}{(\Delta+p)\ \overline{G_1M_{L1}}}=\frac{150\times(6+3.66)}{(3\ 340+150)\times 96.66}=0.004\ 3$$

即 $\theta\approx 0.25°$，表示首倾。验算：装载漂心前面，应该首倾，数值差不多。

(5) 首尾吃水的变化分别为

$$\delta d_F=\left(\frac{L}{2}-x_F\right)\tan\theta=\left(\frac{91.5}{2}+3.66\right)\times 0.004\ 3=0.212(\mathrm{m})$$

$$\delta d_A=-\left(\frac{L}{2}+x_F\right)\tan\theta=-\left(\frac{91.5}{2}-3.66\right)\times 0.004\ 3=-0.181(\mathrm{m})$$

(6) 最后船的首尾吃水分别为

$$d'_F=d_F+\delta d+\delta d_F=3.75+0.156+0.212=4.12(\mathrm{m})$$

$$d'_A=d_A+\delta d+\delta d_A=4.45+0.156-0.181=4.43(\mathrm{m})$$

验算：装载首倾，应该 d_F 增加，d_A 减少，数值差不多。

2. 装卸大量载荷对船舶浮态及初稳性的影响

当船上增加或卸除大量的载荷(超过排水量的 10%～15%)时，应用上面有关公式来计算船舶的浮态和稳性就不够准确了。这是因为在装卸大量载荷时，船的吃水变化较大，因此新水线与原水线的水线面面积、漂心位置等差别较大。在这种情况下，应根据静水力曲线图中的有关资料进行计算，才能得到比较正确的结果。当然前提是小角度倾斜，否则需应用第 5 章中的大倾角稳性计算方法计算。

这里需要应用的静水力曲线资料如下：

(1) 排水量 Δ 曲线。

(2) 浮心坐标 x_B 及 z_B 曲线。

(3) 漂心纵向坐标 x_F 曲线。

(4) 横稳心半径 $\overline{BM}$ 曲线。

(5) 每厘米纵倾力矩 MTC 曲线。

设船舶原来的排水量为 Δ，重心纵向坐标为 x_G，重心垂向坐标为 z_G。当船上装大量载荷 P（其重心在坐标 x，y，z 处）后，排水量变为

$$\Delta_1 = \Delta + P$$

此时，船的重心位置为

$$x_{G1} = \frac{\Delta x_G + Px}{\Delta + P}$$

$$z_{G1} = \frac{\Delta z_G + Pz}{\Delta + P}$$

在静水力曲线图横坐标上按比例量取排水量 $\Delta + P$，从这点作垂线与排水量曲线相交，再从交点引水平线与纵坐标轴相交，即得相应的正浮吃水 d_1，如图 4－21 所示，根据吃水 d_1 可从有关曲线上量取 x_{B1}，$z_{B1}(\overline{KB_1})$，$\overline{B_1M_1}$，x_{F1} 及 $\mathrm{MTC_1}$ 等数值。

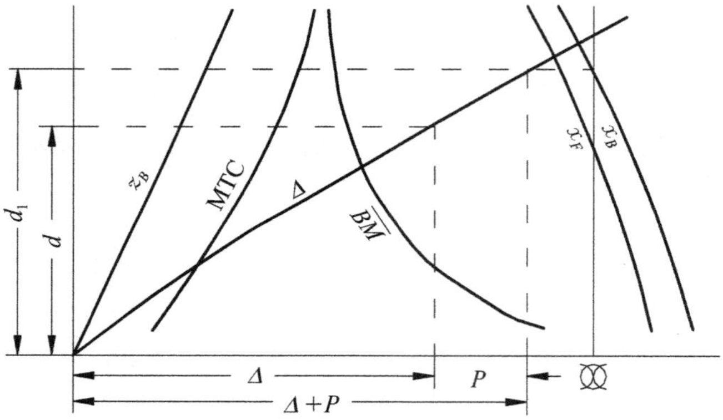

图 4－21　静水力曲线图

因此，排水量为 $\Delta + P$ 时的初稳性高

$$\overline{G_1M_1} = \overline{KB_1} + \overline{B_1M_1} - z_{G1}$$

进而可得横倾角正切为

$$\tan\phi = \frac{Py}{(\Delta + P)\,\overline{G_1M_1}}$$

船的重心 G_1 和浮心 B_1 不一定在同一铅垂线上，由此所引起的纵倾力矩为

$$M_\mathrm{T} = (\Delta + P)(x_{G1} - x_{B1})$$

此时，船的纵倾为

$$t = \frac{M_\mathrm{T}}{100\mathrm{MTC_1}}$$

船的首尾吃水为

$$d_F = d_1 + \left(\frac{L}{2} - x_{F1}\right)\frac{t}{L}$$

$$d_A = d_1 - \left(\frac{L}{2} + x_{F1}\right)\frac{t}{L}$$

对于卸除载荷的情况，也可用同样的方法进行计算，不过这时在静水力曲线图的横坐标上应截取的排水量为 Δ 和 $\Delta - P$，在应用有关公式时需把载荷重量 P 改为 $-P$。

4.7　自由液面对船舶初稳性的影响

船上通常设有淡水舱、燃油舱、压载水舱等液体舱柜，如果舱内液体没有装满，则船舶在倾斜时，舱内的液体也将流向倾斜一侧，且液面保持与水面平行，这种可以自由流动的液面称为自由液面。当液体流动后，液体体积的形状发生变化，它的重心向倾斜一侧移动，因而产生一个额外的倾斜力矩，其结果是降低船的稳性。

如图4-22所示，设船的排水量为 Δ，自由液体的体积为 V，液体的重量密度为 w_1。当船处于正浮状态时，其重心在 G 点，舱内的自由液面 CD 平行于水线 WL，其重心在 a 点。当船横倾一小角度 ϕ 后，舱内液体的自由表面也发生倾斜而变为 $C'D'$，且平行于新水线 W_1L_1，其重心由 a 点移至 a_1 点。设在 a 点加上一对大小相等、方向相反的共线力 w_1V，则可以看作船的重心不变，但增加了一个横倾力矩，其数值为

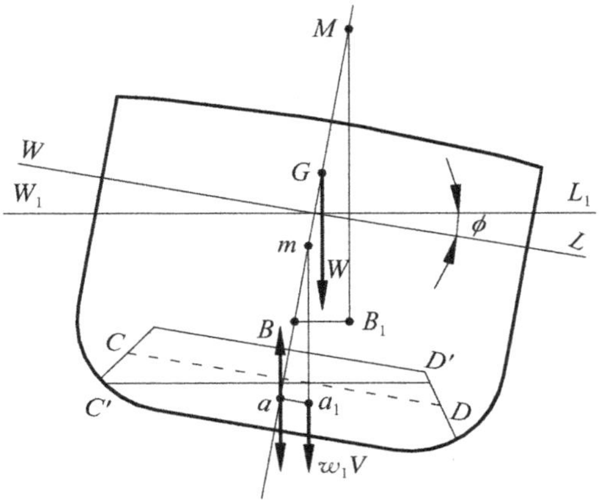

图4-22　自由液面对船舶初稳性的影响

$$M_H = w_1 V \times \overline{aa_1} = w_1 V \times \overline{am}\sin\phi \tag{4-38}$$

式中，m 为自由液体倾斜后重量作用线和正浮时重量作用线的交点；$\overline{am}$ 为液体重心移动曲线 aa 在 a 处的曲率半径。这种情况与4.2节中讨论船舶等体积倾斜时浮心移动的情况相类似。在小倾角范围内，aa 可看作圆弧，m 为其圆心，$\overline{am}$ 为其半径。参照式(4-6)可知

$$\overline{am} = \frac{i_x}{V}$$

式中，i_x 为自由液面的面积对其倾斜轴线的横向惯性矩；V 为舱内液体的体积。

这样，自由液面产生的横倾力矩可写成

$$M_H = w_1 V \frac{i_x}{V}\sin\phi = w_1 i_x \sin\phi$$

因此，在船横倾 ϕ 角后，除了船本身的复原力矩 $M_R = \Delta\overline{GM}\sin\phi$ 外，还有一个自由液面所产生的横倾力矩。在这种情况下，船的实际复原力矩为

$$M_{R1} = \Delta\overline{GM}\sin\phi - w_1 i_x \sin\phi = \Delta\left(\overline{GM} - \frac{w_1 i_x}{\Delta}\right)\sin\phi \tag{4-39}$$

或船的实际初稳性高为

$$\overline{G_1M}=\overline{GM}-\frac{w_1 i_x}{\Delta} \tag{4-40}$$

式中，$-\dfrac{w_1 i_x}{\Delta}$ 称为自由液面对初稳性高的修正值。其数值只与自由液面的大小、船的排水量有关，而与自由液体的体积无关。

由式(4-39)可见，自由液面的影响使初稳性高减少了 $\dfrac{w_1 i_x}{\Delta}=\dfrac{(w_1 V\overline{am})}{\Delta}$。参照式(4-23)可知，这个影响相当于把液体的重心由 a 点提高到 m 点，因此 m 点亦称为自由液体的虚重心。

用类似方法可以求得自由液面对于纵稳性高的影响为

$$\overline{G_1M_L}=\overline{GM_L}-\frac{w_1 i_y}{\Delta} \tag{4-41}$$

式中，i_y 为自由液面的面积对其倾斜轴线的纵向惯性矩。

如果船上有几个自由液面的舱柜，则可先算出各自的 $w_1 i_x$，然后把它们加起来除以船的排水量，即得所有自由液面对初稳性高的修正值 $-\dfrac{\sum w_1 i_x}{\Delta}$，即

$$\overline{G_1M}=\overline{GM}-\frac{\sum w_1 i_x}{\Delta} \tag{4-42}$$

同理，对于纵倾情况有

$$\overline{G_1M_L}=\overline{GM_L}-\frac{\sum w_1 i_y}{\Delta} \tag{4-43}$$

从式(4-40)可以看出，自由液面的影响是减小船的初稳性高，也就是降低了船的初稳性。如果自由液面的面积很大，可能使船失掉初稳性。为了减小自由液面对初稳性的不利影响，最有效的办法是在船内设置纵向舱壁。下面举一个简单的例子，说明设置纵向舱壁对减小自由液面影响的效果。

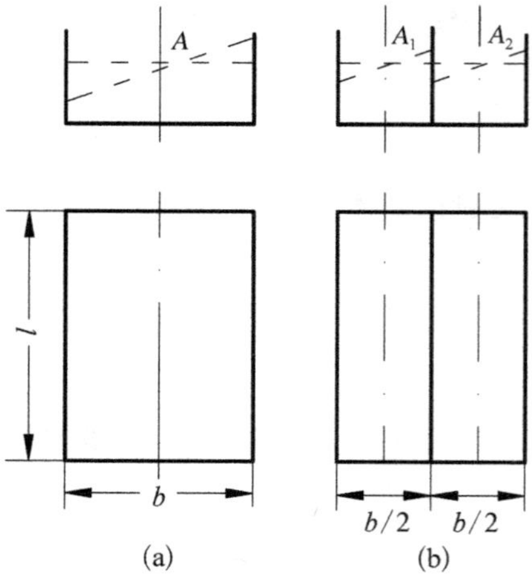

图 4-23　自由液面等分后对初稳性的影响

设有一个长为 l，宽为 b 的矩形自由液面，如图 4-23(a)所示。在横倾时，该自由液面对于其倾斜轴的惯性矩

$$i_x=\frac{1}{12}lb^3$$

若采用纵向舱壁将其分成两个相同的部分，如图 4-23(b)所示，则自由液面 A_1 及 A_2 对于其倾斜轴的面积惯性矩的总和为

$$\sum_{j=1}^{2} i_{xj}=2\times\frac{1}{12}l\left(\frac{b}{2}\right)^3=\frac{1}{4}\times\frac{lb^3}{12}$$

由此可见，用纵向舱壁将自由液面等分后，自由液面对稳性的不利影响可减小至1/4。

同样可以证明：如果用两道纵向舱壁将自由液面分成3等分，则其影响可减小至1/9。进一步推论可得：将舱室进行 n 等分后，自由液面的影响可减少到未分舱前的 $\frac{1}{n^2}$。

因此，船上宽度较大的油舱、水舱等通常都要设置纵向舱壁，以减小自由液面对稳性的不利影响。

例4　某海船正浮，排水量 $\Delta = 15\ 000$ t，船长 $L = 154$ m，吃水 $d = 6$ m，水线面积 $A_W = 2\ 381\ \mathrm{m}^2$，漂心 $x_F = -2$ m，初稳性高 $\overline{GM} = 0.6$ m，纵向初稳性高 $\overline{GM}_L = 170$ m，海水密度 $w = 1.025$，船内某矩形燃油舱装满，其要素为舱长10 m，宽16 m，高4 m，舱形心坐标 $x = 40, y = 2, z = 3$，燃油比重 $w_1 = 0.9$。求该船在此燃油舱消耗掉一半燃油时的浮态和初稳性。

解：此题相当于求卸载后的浮态和初稳性问题，但需考虑自由液面影响。

卸载量：重量 $p = -0.5 \times 10 \times 16 \times 4 \times 0.9 = -288(\mathrm{t})$

形心位置：$x = 40$ m，$y = 2$ m，$z = 3$ m

吃水增量 $\mathrm{d}d = p/(wA_W) = -288/(1.025 \times 2\ 381) = -0.118(\mathrm{m})$

新排水量 $\Delta_1 = \Delta + p = 15\ 000 - 288 = 14\ 712(\mathrm{t})$

卸载后 $\overline{GM}_1 = \overline{GM} + p/\Delta_1(d + 0.5\mathrm{d}d - z - \overline{GM})$

$= 0.6 - 288/14\ 712 \times (6 - 0.059 - 3 - 0.6) = 0.6 - 0.046 = 0.554(\mathrm{m})$

卸载后 $\overline{GM}_{L1} = \overline{GM}_L + p/\Delta_1(d + 0.5\mathrm{d}d - z - \overline{GM}_L)$

$= 170 - 288/14\ 712 \times (6 - 0.059 - 3 - 170) = 173.270(\mathrm{m})$

自由液面：横向惯性矩 $ix = lb^3/12 = 10 \times 16^3/12 = 3\ 413.33(\mathrm{m})$，

横向修正值 $\mathrm{d}\overline{GM} = -w_1 ix/\Delta_1 = -0.9 \times 3\ 413.33/14\ 712 = -0.209(\mathrm{m})$

纵向惯性矩 $iy = bl^3/12 = 10^3 \times 16/12 = 1\ 333.33(\mathrm{m})$

纵向修正值 $\mathrm{d}\overline{GM}_L = -w_1 iy/\Delta_1 = -0.9 \times 1\ 333.33/14\ 712 = -0.082(\mathrm{m})$

计及自由液面影响后 $\overline{GM}_2 = \overline{GM}_1 + \mathrm{d}\overline{GM} = 0.554 - 0.209 = 0.345(\mathrm{m})$

计及自由液面影响后 $\overline{GM}_{L2} = \overline{GM}_{L1} + \mathrm{d}\overline{GM}_L = 173.27 - 0.082 = 173.188(\mathrm{m})$

横倾：$\tan\phi = py/(\Delta_1\overline{GM}_2) = -288 \times 2/(14\ 712 \times 0.345) = -0.113\ 48$

横倾角 $\phi = -6.475°$（左倾）

纵倾：$\tan\theta = p(x - x_F)/(\Delta_1\overline{GM}_{L2}) = -288 \times (40 + 2)/(14\ 712 \times 173.188) = -0.004\ 75$

纵倾角 $\theta = -0.272°$（尾倾）

浮态：首吃水 $d_F = d + \mathrm{d}d + (L/2 - x_F)\tan\theta$

$= 6 - 0.118 + (154/2 + 2) \times (-0.004\ 75) = 5.507(\mathrm{m})$

尾吃水 $d_A = d + \mathrm{d}d - (L/2 + x_F)\tan\theta$

$= 6 - 0.118 - (154/2 - 2) \times (-0.004\ 75) = 6.238(\mathrm{m})$

答：最终浮态：首吃水 $d_F = 5.507$ m，尾吃水 $d_A = 6.238$ m，横倾角 $\phi = -6.475°$。

初稳性：初稳性高 $\overline{GM}_2 = 0.345$ m，纵向初稳性高 $\overline{GM}_{L2} = 173.188$ m。

4.8 悬挂重量及其他因素对船舶初稳性的影响

船舶的悬挂重量有悬挂货物、未固定的救生艇、用吊杆起货以及未加固定的悬挂重量等。在船舶发生倾斜时，它们对稳性均会产生不利影响。

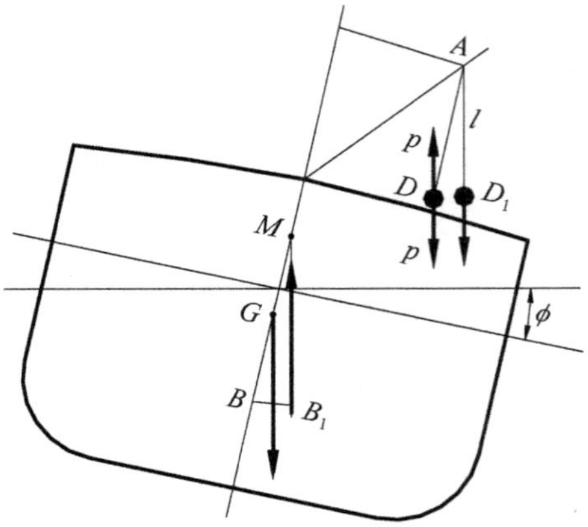

图 4-24 悬挂重物对初稳性的影响

设船上有一悬挂于 A 点的重物 p，其重心位于 D 点，悬挂长度 l，如图 4-24 所示。当船横倾一小角度 ϕ 后，重物 p 自 D 移至 D_1 点。若在 D 点加上一对大小相等、方向相反的共线力 p，则可以看作船的重心不变，但增加了一个横倾力矩，即

$$M_{\mathrm{H}} = pl\sin\phi$$

故船在横倾 ϕ 角时的实际复原力矩为

$$\begin{aligned} M_{\mathrm{R1}} &= \Delta\,\overline{GM}\sin\phi - pl\sin\phi \\ &= \Delta\left(\overline{GM} - \frac{pl}{\Delta}\right)\sin\phi \end{aligned} \tag{4-44}$$

或船的实际初稳性高为

$$\overline{G_1M} = \overline{GM} - \frac{pl}{\Delta} \tag{4-45}$$

由式(4-45)可见，悬挂重量的影响使初稳性高减小了 pl/Δ。参照式(4-23)可知，这个影响相当于把重量 p 自 D 点垂向移至悬挂点 A，故 A 点称为悬挂重量的虚重心。

用同样方法，可以求得悬挂重量情况下船的纵稳性高为

$$\overline{G_1M_{\mathrm{L}}} = \overline{GM_{\mathrm{L}}} - \frac{pl}{\Delta} \tag{4-46}$$

最后，简要介绍一下装卸液体载荷或悬挂重量对船舶浮态和稳性的影响，对于这类问题，在计算稳性高时必须考虑下列两种影响：

(1) 首先根据式(4-35)和式(4-36)算出装卸载荷后的稳性高。

(2) 再考虑自由液面或悬挂载荷对稳性高的影响，这可根据式(4-42)、式(4-43)或式(4-44)和式(4-45)求得其最后的稳性高，并据此进行船舶浮态的计算。

另外还有一些其他因素也会对船舶初稳性产生以下类似自由液面和悬挂载荷的影响。

(1) 散装货物。如煤、矿石和谷物等易流动化的货物(原形心位置 y_0)，在船舶倾斜时，它们也会在超过其静止角(摩擦角)后沿倾斜方向随之倾斜(或有迟滞)，产生与自由液面类似的倾斜力矩，因此装载这些货物的船舶需要进行附加倾斜力矩计算和稳性修正(包括大倾角稳性)，主要是求出倾斜后的自由表面位置(等体积倾斜水线)、体积(重量 W)和形心位置(y_φ, z_φ)，即可计算附加倾斜力矩：$M = W(y_\varphi - y_0)$。计算原理可参照第 2 章中有关任意倾斜水线下的排水体积及浮心位置计算原理和方法。

(2) 移动物体。如车辆和易滚动货物等，当船舶倾斜后这些货物容易沿倾斜方向发生移动(滚动或滑动)，或者因人为原因(如人员聚集一侧，货物操作搬运偏离原有位置等)，也会产

生附加倾斜力矩。倾斜力矩 M 通常根据货物重量 W 和移动(偏离)距离 R 来计算：$M=WR$。

(3) 离心力。船舶高速回转时引起的离心力也会产生倾斜力矩 M，倾斜力矩 M 与船舶排水量 Δ、航速 v、高速回转半径 R、重心高度 z_G 和吃水 d 有关，即 $M=\Delta v^2/R(z_G-d/2)$。

例5 证明装卸载荷与悬挂载荷对初稳性高 $\overline{GM}$ 的修正与两者的计算修正顺序无关。

先给出结论：装卸载荷和悬挂载荷的计算顺序与 $\overline{GM}$ 的修正结果无关。此结论也适用于装卸载荷与自由液面的计算修正顺序以及悬挂载荷与自由液面的计算修正顺序，均无关。

证明：

(1) 先进行装卸载荷计算修正，再进行悬挂载荷计算修正：

装卸载荷修正 $\overline{GM}_1=\overline{GM}+\dfrac{p}{\Delta+p}\left[d+\dfrac{\delta d}{2}-z-\overline{GM}\right]$

悬挂载荷修正 $\mathrm{d}\,\overline{GM}=-\dfrac{pl}{\Delta+p}$，$\overline{GM}_2=\overline{GM}_1+\mathrm{d}\,\overline{GM}$

两者修正后 $\overline{GM}_2=\overline{GM}_1+\mathrm{d}\,\overline{GM}=\overline{GM}+\dfrac{p}{\Delta+p}\left[d+\dfrac{\delta d}{2}-z-\overline{GM}\right]-\dfrac{pl}{\Delta+p}$

(2) 先进行悬挂载荷计算修正，再进行装卸载荷计算修正：

悬挂载荷修正 $\mathrm{d}\,\overline{GM}=-\dfrac{pl}{\Delta}$，$\overline{GM}_1=\overline{GM}+\mathrm{d}\,\overline{GM}=\overline{GM}-\dfrac{pl}{\Delta}$

装卸载荷修正 $\overline{GM}_2=\overline{GM}_1+\dfrac{p}{\Delta+p}\left[d+\dfrac{\delta d}{2}-z-\overline{GM}_1\right]$

两者修正后 $\overline{GM}_2=\left(\overline{GM}-\dfrac{pl}{\Delta}\right)+\dfrac{p}{\Delta+p}\left[d+\dfrac{\delta d}{2}-z-\left(\overline{GM}-\dfrac{pl}{\Delta}\right)\right]$

$$=\overline{GM}-\frac{pl}{\Delta}+\frac{p}{\Delta+p}\left[d+\frac{\delta d}{2}-z-\overline{GM}\right]+\frac{p}{\Delta+p}\frac{pl}{\Delta}$$

$$\overline{GM}_2=\overline{GM}+\frac{p}{\Delta+p}\left[d+\frac{\delta d}{2}-z-\overline{GM}\right]-\frac{pl}{\Delta+p}$$

对比两种计算顺序中的"两者修正后"结果，完全一致，证毕。

同样的证法，将悬挂载荷修正力矩 pl 换为自由液面修正力矩 $w_i i_x$，即可证明装卸载荷与自由液面对初稳性高 $\overline{GM}$ 的修正与两者的计算修正顺序无关。根据悬挂载荷和自由液面对 $\overline{GM}$ 的修正公式，显然与两者的计算修正顺序无关。

4.9 船舶进坞及搁浅时的稳性

船舶在进坞及搁浅时，由于浮态的变化，浮力减小，稳性降低，这就可能使船处于危险状态。现应用前面介绍过的原理分析如下。

1. 进坞时船舶承受的最大反作用力和稳性

船舶进坞时一般是空载状态，并具有一定的纵倾，以便确定中心位置并逐渐坐落在全部龙骨墩上。如果龙骨墩是水平的，设船舶具有尾倾，并浮在龙骨墩以上的水面。如图 4-25 所示，当坞内的水逐渐往外抽出时，水面下降，船体渐渐地与龙骨墩接近，当船的尾柱底部坐落在龙骨墩上的 K 点处，使该处承受压力，随着水面继续下降，船绕 K 点转动，纵倾减小，直到船的整个船底坐落在龙骨墩上。在整个船底坐落在龙骨墩上前一瞬间(水线为 W_1L_1,船的位置如虚线所示),K 点的压力达到最大值 p,即船舶尾柱底部受到的反作用力 p 为最大值。这时船舶的稳性高丧失最大,如果船舶略有横倾就更危险。出坞与进坞时的情况类似。

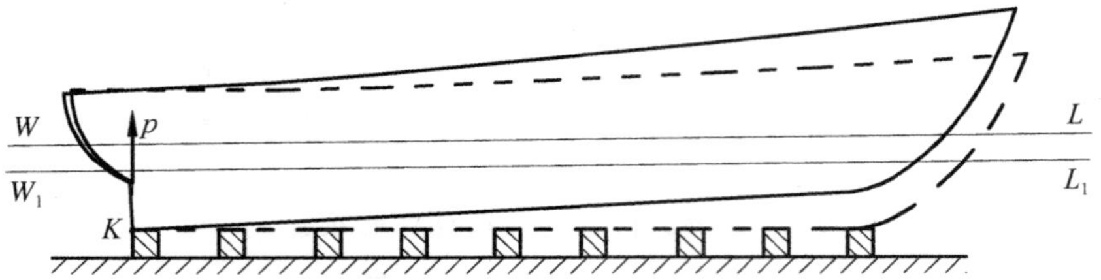

图 4-25　进坞时尾柱底部承受的反作用力

设船舶进坞时的水线为 WL,船的重量为 W,排水重量为 Δ,首尾吃水分别为 d_F 及 d_A。当坞内向外抽水,尾柱底部刚接触龙骨墩上的 K 点时,该处几乎未承受任何压力,船的首尾吃水没有变化。当坞内继续抽水,船的整个船底坐落在龙骨墩的前一瞬间,船的纵倾减小至 0,首尾吃水均为 d_F,船的水线为 W_1L_1。船的排水重量(浮力)为 Δ_1,这时船的重量 W 为龙骨墩上 K 处作用于船尾柱底部的最大反力 p 和浮力 Δ_1 所支持,即

$$W = \Delta_1 + p$$

或

$$p = W - \Delta_1 \tag{4-47}$$

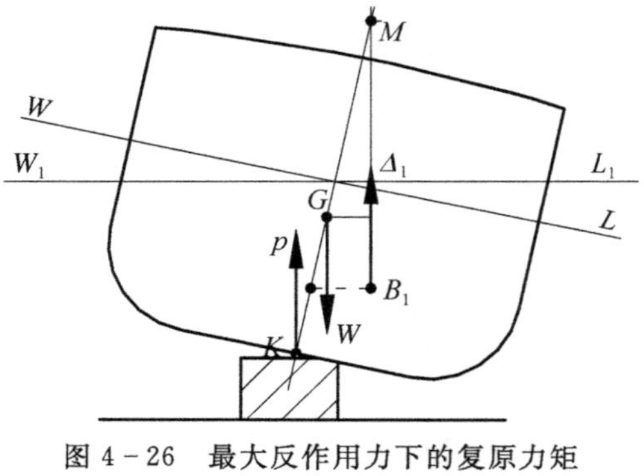

图 4-26　最大反作用力下的复原力矩

根据该船的静水力曲线,可查得在水线 W_1L_1 时(平均吃水为 d_F)的 Δ_1,因而可十分简便地求得船舶进坞时作用在尾柱底部的最大反力 p。从式(4-47)中可知,如要减小 p 值对船体强度的影响,必须减小船在进坞时的重量 W 及纵倾。从原则上讲,如果船舶平浮进坞,则尾柱底部将不会遭受集中的反作用力。

船在最大反作用力 p 的作用下,如果横倾某一小角度 ϕ(见图 4-26),对于绕 K 点的复原力矩为

$$\begin{aligned} M_R &= (\Delta_1\,\overline{KM} - W\,\overline{KG})\sin\phi = [(W-p)\,\overline{KM} - W\,\overline{KG}]\sin\phi \\ &= [W\,\overline{GM} - p\,\overline{KM}]\sin\phi = W\left[\overline{GM} - \frac{p}{W}\overline{KM}\right]\sin\phi \end{aligned} \tag{4-48}$$

船在水线 W_1L_1 时的横稳心 M 点的高度可从静水力曲线中查得,因此可以计算船舶在进坞搁底时的横稳性问题。从式(4-48)中可见,在最大反作用力 p 的作用下,初稳性高减小了 $\frac{p}{W}\overline{KM}$,造成稳性的恶化。为了改善这种不利情况,船舶在进坞前应尽可能减小尾纵倾及自身的重量,以减小船尾底部所受的最大反作用力 p,并保证有足够的稳性。

例 6　某船长 $L=108$ m,进坞时排水量 $\Delta=2\,034$ t,首吃水 $d_F=2.9$ m,尾吃水 $d_A=3.5$ m,水线面面积 $A_W=843.6\ \text{m}^2$,漂心纵向坐标 $x_F=-1.5$ m,重心高 $\overline{KM}=3.10$ m,初稳性高 $\overline{GM}=$

0.70 m，纵稳性高$\overline{GM_L}=132$ m，坞内水的密度 $w=1.000\ t/m^3$，龙骨墩表面是水平的。试求船进坞时尾柱底部所受的最大压力 p 和初稳性高$\overline{G_1M_1}$。

解：

（1）平均吃水

$$d_M=\frac{d_F+d_A}{2}=\frac{2.9+3.5}{2}=3.2(\mathrm{m})$$

（2）首吃水时的排水量 Δ_1

$$\Delta_1=\Delta+(d_F-d_M)A_W w=2\,034+(2.9-3.2)\times 843.6\times 1.0=1\,780.9(\mathrm{t})$$

（3）船所受到的最大反作用力

$$p=\Delta-\Delta_1=250.1(\mathrm{t})$$

（4）初稳性高的变化

$$\delta\,\overline{GM}=-\frac{p}{\Delta}\overline{KM}=-\frac{250.1}{2\,034}\times 3.8=-0.467(\mathrm{m})$$

（5）船底全部坐落在龙骨墩前瞬间时的初稳性高

$$\overline{G_1M_1}=\overline{GM}+\delta\,\overline{GM}=0.70-0.467=0.233(\mathrm{m})$$

2. 搁浅时船舶承受的反作用力及稳性

船舶在航行中搁浅，船底没有破裂。这时搁浅处有反作用力 p 作用在船体上，船可能发生横倾和纵倾，稳性降低，有可能使船舶处于危险状态。搁浅船舶所受反作用力 p 的大小以及稳性丧失的程度与出事地点的潮水高低密切相关。如果潮水上涨，则“水涨船高”，使船浮起而自动脱离险境。如果潮水下落，则船舶继续搁浅，船体上所受的反作用力 p 及稳性的丧失随潮水的下降而变大，对船带来更为不利的影响。

为了对搁浅船舶采取措施使之脱险，必须求得作用在船体上的反作用力及其作用点（搁浅接触点）的位置。

参阅图 4－27，船在搁浅前浮于水线 WL，其相关数据诸如船舶重量 W，排水量 Δ，重心 G，浮心 B 及稳心 M 的位置均为已知。搁浅后浮于水线 W_1L_1，其首尾吃水 d_F、d_A 及横倾角 ϕ（顺时针旋转为负）均可在搁浅后直接实测而得。根据搁浅后船舶的平衡情况，可以求出作用在船体上的反作用力 p 及其作用点 A 的位置$(x,\ y,\ 0)$。

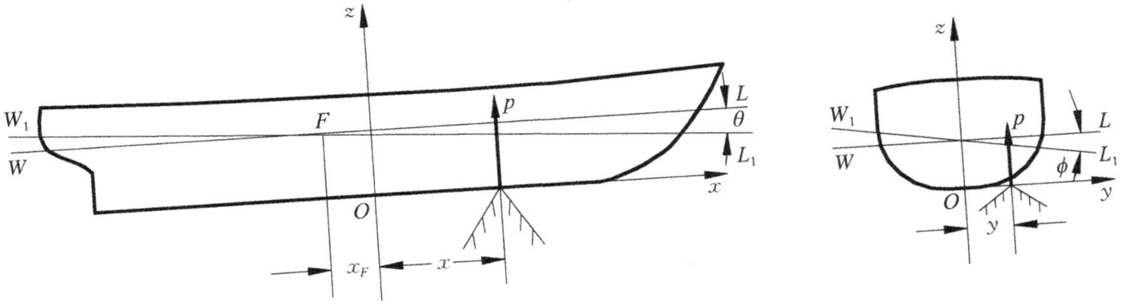

图 4－27　搁浅时的反作用力

以下介绍搁浅后船舶的相关数据。

Δ_1、x_B及$\overline{BM}$为船舶在搁浅后水线W_1L_1时的排水重量(浮力)、浮心的纵向位置及横稳心半径,都可根据d_F、d_A及横倾角ϕ在静水力曲线图或邦戎曲线图中查得。

按重量平衡条件有

$$W = \Delta_1 + p$$

或

$$p = W - \Delta_1 \tag{4-49}$$

在船长方向对船中取矩有

$$px + \Delta_1 x_B - Wx_G = 0$$

$$x = \frac{W}{p}x_G - \frac{\Delta_1}{p}x_B \tag{4-50}$$

在船宽方向对通过船底部中点K的垂直线取矩有

$$py - W\,\overline{KG}\tan\phi + \Delta_1\,\overline{BM}\tan\phi = 0$$

$$y = \frac{W\,\overline{KG} - \Delta_1\,\overline{BM}}{p}\tan\phi \tag{4-51}$$

关于船舶搁浅后的横稳性高度的损失,如果搁浅接触点位于船底部中点K处,则初稳性高度的减小与进坞情况相同,即

$$\delta\,\overline{GM} = -\frac{p}{W}\,\overline{KM}$$

如果搁浅接触点位于船底A点(离中点的距离为y),则初稳性高度的减小为

$$\delta\,\overline{GM} = -\frac{p}{W}(\overline{KM} - yc\tan\phi)$$

以上所讨论船舶搁浅后的横稳性问题仅限于小倾角情形,它的实际意义有限。如图(4-27)中所讨论的船舶搁浅情况是极其危险的(理论上是单点接触)。假使潮水下降,则作用在船体上的反力p增大,可能使船体产生局部变形或破损。另外,如搁浅的接触点横向位置接近舭部(y值大致为船的半宽),则船舶在潮水低至某一水位将横向倾覆,如果接触点的位置在船的首部或尾部(大致为船长的一半),则船舶将因严重纵倾而沉没。

4.10 船舶在各种装载情况下浮态及初稳性的计算

以上各节讨论了装卸载荷对船舶浮态和稳性的影响。应用这些原理就可以计算船舶在各种装载情况下的浮态和初稳性。

船舶的装载情况千变万化,不可能一一加以计算,故在设计阶段,只对几种典型的装载情况进行浮态和初稳性的计算,其中应包括浮态或初稳性最恶劣时的装载情况。我国海事局颁发的《船舶与海上设施法定检验规则》中,对各类船舶(如客船、货船、油船、拖船、渔船等)所需计算的基本装载情况有明确的规定,并对各类船舶的最小初稳性高也做了规定。如果计算结

果能符合有关规则的要求，则表示所设计的船舶具有足够的初稳性。

对于普通货船来说，所需计算的典型装载情况有满载出港、满载到港、空载(或压载)出港和空载(或压载)到港 4 种状态。

船舶在各种装载情况下浮态和初稳性的计算，通常包括以下 3 部分：

(1) 各种装载情况下重量和重心位置的计算——每种典型载况单独列一张计算表。

(2) 各种装载情况下浮态及初稳性的计算——每种典型载况单独列一张计算表。

(3) 各种装载情况下浮态及稳性计算综合表——主要将各种载况下算得的船舶浮态和稳性进行汇总，便于全面了解船舶的浮态和稳性情况。

表 4-3、表 4-4、表 4-5 列举了某船的计算实例，以供参考。

表 4-3　载况重量和重心位置计算(满载出港)

项　目	重量 W_i/t	重心距船中 x_{Gi}/m	重心距中线 y_{Gi}/m	重心距基线 z_{Gi}/m
空船	859.00	−4.03	0	3.80
固定重量	10.80	−12.84	0	4.41
供给品	0.30	−29.00	0	2.40
燃油	89.66	−0.60	0	0.72
柴油	21.56	−21.70	0	1.45
淡水	17.02	−31.73	0	3.51
滑油	2.83	−24.60	0	0.30
压载水	0.00	4.22	0	0.73
货物	1 604.83	4.24	0	4.11
其他	67.05	4.24	0	4.11
总计 $\sum$	$\Delta=2\,673.05$	$x_G=0.879$	$y_G=0.000$	$z_G=3.868$

注：此类型表格还有另外 3 种情况：满载到港、压载出港、压载到港，此处从略。

表 4-4　各载况的浮态及初稳性计算

项　目	单位	符号及公式	满载出港	满载到港	压载出港	压载到港
排水量	t	Δ	2 673.05	2 557.37	1 469.89	1 354.21
平均吃水	m	d	4.400	4.237	2.618	2.437
重心纵向坐标	m	x_G	0.879	1.295	−1.879	−1.329
浮心纵向坐标	m	x_B	0.994	1.077	1.653	1.701
重心竖向坐标	m	z_G	3.868	3.985	2.593	2.705
纵稳心距基线高	m	z_{ML}	84.249	85.489	117.271	126.181
纵向初稳性高	m	$\overline{GM}_L=z_{ML}-z_G$	80.381	81.504	114.678	123.476
每厘米纵倾力矩	t·m	$MTC=\Delta\overline{GM}_L/(100L)$	31.597	30.652	24.789	24.590

（续表）

项　　目	单位	符号及公式	满载出港	满载到港	压载出港	压载到港
漂心纵向坐标	m	x_F	−0.978	−0.782	1.082	1.186
纵倾力臂	m	$x_G - x_B$	−0.115	0.218	−3.532	−3.030
纵倾力矩	t·m	$Mt = \Delta \times (x_G - x_B)$	−306.84	557.949	−5 191.68	−4 102.71
纵倾值	m	$dd = Mt/(100 \times \mathrm{MTC})$	−0.097	0.182	−2.094	−1.668
首吃水增量	m	$dd_F = (L/2 - x_F) \times (dd/L)$	−0.05	0.093	−1.014	−0.805
尾吃水增量	m	$dd_A = -(L/2 + x_F) \times (dd/L)$	0.047	−0.089	1.081	0.863
首吃水	m	$d_F = d + dd_F$	4.35	4.33	1.604	1.631
尾吃水	m	$d_A = d + dd_A$	4.447	4.148	3.698	3.300
横稳心距基线高	m	z_M	5.125	5.121	6.040	6.330
未修正初稳性高	m	$\overline{GM}_0 = z_M - z_G$	1.257	1.136	3.447	3.625
自由液面修正值	m	$\mathrm{d}\,\overline{GM}$	0.047	0.049	0.086	0.093
实际初稳性高	m	$\overline{GM} = \overline{GM}_0 - \mathrm{d}\,\overline{GM}$	1.210	1.087	3.361	3.532

表 4-5　各载况的浮态及稳性计算综合表

项　　目	单位	符号	满载出港	满载到港	压载出港	压载到港	要　求
排水量	t	Δ	2 673.05	2 557.37	1 469.89	1 354.21	
平均吃水	m	d	4.400	4.237	2.618	2.437	
首吃水	m	d_F	4.350	4.330	1.604	1.631	
尾吃水	m	d_A	4.447	4.148	3.698	3.300	
重心纵向坐标	m	x_G	0.879	1.295	−1.879	−1.329	
重心竖向坐标	m	z_G	3.868	3.985	2.593	2.705	
进水角	(°)	θ_j	29.044	30.417	44.738	46.642	
横摇周期	s	T_θ	7.488	7.996	4.676	4.673	
实际初稳性高	m	$\overline{GM}$	1.210	1.087	3.361	3.532	≥0.15
30°处复原力臂	m	L_M	0.728	0.724	1.680	1.653	≥0.2
最大复原力臂对应角	(°)	θ_M	41.785	41.160	55.515	55.874	≥30
消失角	(°)	θ_V	≥80	84.417	≥80	≥80	
稳性衡准数		K	6.885	6.971	11.194	9.933	≥1
稳性校核结果			满足要求	满足要求	满足要求	满足要求	

当某船有纵倾时，若要调整到正浮状态（浮态调平），其正浮吃水 d 是多少呢？注意并不是等于平均吃水 d_M，而是等于未调平前漂心所在处的吃水，即正浮吃水 d。

平均吃水相当于船中吃水 $d_M = (d_F + d_A)/2$，而正浮吃水相当于倾斜水线漂心处 x_F 吃水 $d = d_M + t/Lx_F$。正浮吃水和平均吃水之间有一差值 t/Lx_F，仅当 $x_F = 0$ 时两者才相等。

4.11 船舶倾斜试验

初稳性高$\overline{GM}$是衡量船舶稳性的重要指标，其数值可由式(4-52)确定，即

$$\overline{GM} = \overline{KB} + \overline{BM} - \overline{KG} \text{ 或 } \overline{GM} = (z_B + \overline{BM}) - z_G$$

或

$$z_G = (z_B + \overline{BM}) - \overline{GM} = z_M - \overline{GM} \tag{4-52}$$

式中，浮心垂向坐标 z_B 和横稳心半径 $\overline{BM}$ 可根据型线图及型值表经过计算相当精确地求得。因而问题的关键在于重心垂向坐标 z_G 值是否精确。

而在船舶设计阶段计算所得的空船重量和重心位置，与船舶建成后的实际空船重量和重心位置往往有一定差异，故在船舶建成以后都要进行倾斜试验，以便准确地求得空船重量及重心位置。这不仅可以用来准确计算该船的稳性，还能为以后设计同类型船舶提供可靠的参考资料。因此，倾斜试验的目的是确定空船的重量和重心位置。试验的结果要求精确可靠。

1. 倾斜试验的原理

当船正浮于水线 WL 时，其排水量为 Δ。若将船上 A 点处的重物 p 横向移动某一距离 l 至 A_1 点，则船将产生横倾并浮于新水线 W_1L_1，如图 4-28 所示。

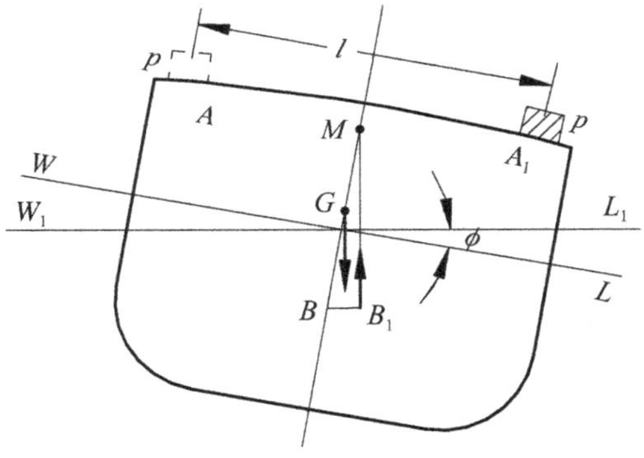

图 4-28　横向移动重量时船的横倾

从船上载荷移动的计算公式可知，此时船的横倾角 ϕ 为

$$\tan\phi = \frac{pl}{\Delta\,\overline{GM}} \tag{4-53}$$

式(4-53)也可改写为

$$\overline{GM} = \frac{pl}{\Delta\tan\phi} \tag{4-54}$$

将式(4-54)代入式(4-53)，即可得到船重心垂向坐标 z_G 的计算式

$$z_G = (z_B + \overline{BM}) - \frac{pl}{\Delta\tan\phi} \tag{4-55}$$

若已测得船的首吃水、尾吃水和船中吃水，即可根据静水力曲线或邦戎曲线求得船的排水量 Δ、浮心垂向坐标 z_B 和横稳心半径 $\overline{BM}$ 以及浮心纵向坐标 x_B，另外已知移动重量 p、横向移动距离 l，并测量出横倾角 ϕ，将它们分别代入式(4-51)后，即可得到船的重心垂向坐标 z_G，然后再根据式(4-52)即可求得重心纵向坐标 x_G。

$$x_G = x_B + (z_G - z_B)\tan\phi \tag{4-56}$$

2. 倾斜试验方法

试验前，应先测量船首、尾吃水和船中吃水以及水的重量密度，以便精确地求出排水量。倾斜试验所用的移动重物一般是生铁块，将它们分成 p_1、p_2、p_3、p_4 四组，堆放于甲板上指定的位置(见图 4-29)，每组重物的重量相等，即 $p_1=p_2=p_3=p_4$。

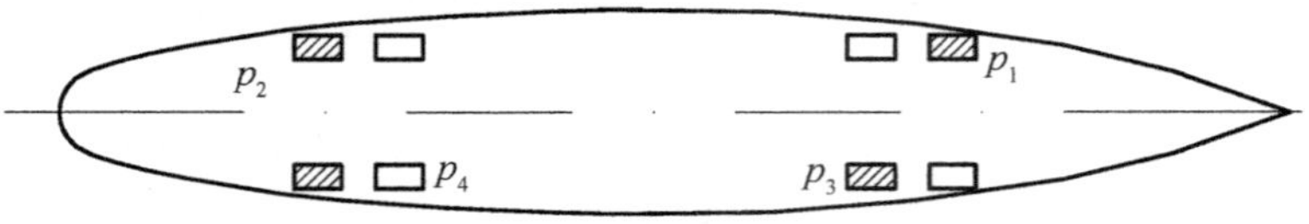

图 4-29 倾斜试验中移动重物的布置

为了形成足够的倾斜力矩，使船能产生 2°～4°的横倾角，移动重物的总重量约为船舶排水量的 1%～2%，移动的距离 l 约为船宽的 3/4。

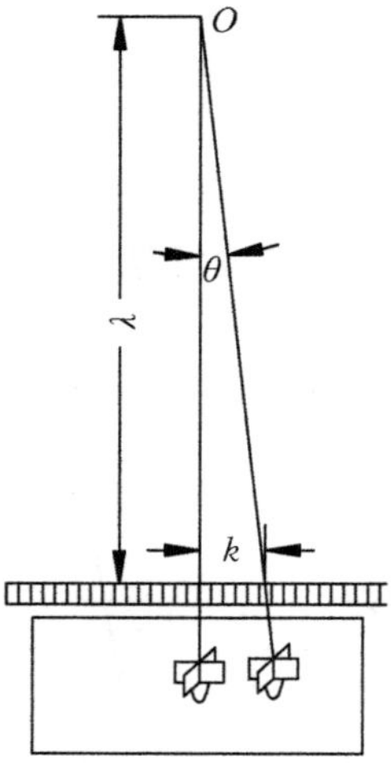

图 4-30 横倾角与摆锤

横倾角 ϕ 一般用图 4-30 所示的摆锤进行测量。摆锤用细绳挂在船上的 O 点处，下端装有水平标尺。当船横倾时，可在标尺上读出摆锤移动的横向距离 k，则船的横倾角正切为

$$\tan\phi = k/\lambda$$

式中，λ 为悬挂点 O 至标尺的垂直距离。为了减小测量误差，λ 应尽可能取得大些。

摆锤下端装有翼板并浸在油槽或水槽内，其目的是使摆锤能迅速停止摆动，便于读取精确的 k 值。通常在船上设置 2～3 个摆锤，分别装在首部、中部和尾部。横倾角 ϕ 取几个摆锤所得数据的平均值。

此外，横倾角也可用 U 形玻璃水管测量。设 U 形管中两侧玻璃水管中心的横向水平距离为 λ，在横倾后 U 形管中两侧玻璃水管的水位高度相差 b，则船的横倾角正切为

$$\tan\phi = b/\lambda$$

为了提高试验结果的精确程度，应使被试验的船舶重复倾斜几次，即在试验时需按一定的次序将船上各组重量重复移动多次，每次将重物作横向移动后，应计算其倾斜力矩 M 及测量相应的横倾角 ϕ。设整个试验共倾斜 n 次，每次相应的力矩为 M_1、M_2、…、M_n，横倾角为 ϕ_1、ϕ_2、…、ϕ_n，则可根据式(4-57)

$$\overline{GM} = \frac{M}{\Delta\tan\phi} \tag{4-57}$$

算出各次的 $\overline{GM}$ 值，然后取其算术平均值，即得船的初稳性高。

但在实际计算中，常用最小二乘法原理以求得更准确的 $\overline{GM}$ 数值，即

$$\overline{GM} = \frac{1}{\Delta}\cdot\frac{\sum_{i=1}^{n} M_i\tan\phi_i}{\sum_{i=1}^{n}\tan^2\phi_i}$$

3. 倾斜试验注意事项

为了保证试验的正确性，在试验时应注意以下几点：

(1) 应选风力不大于2级的晴天进行试验，试验地点应选在静水的遮蔽处所。试验时应注意风和水流的影响，尽可能使船首正对风向和水流方向。最好在坞内进行倾斜试验。

(2) 为了不妨碍船的横倾，应将系泊缆绳全部松开。

(3) 凡船上能自行移动或晃动的物体都应设法固定，机器停止运转。与试验无关的人员均应离船，留在船上的人员都应有固定位置，不能随意走动。

(4) 船上的各类液体舱柜都应抽空或注满，以消除自由液面的影响。如有自由液面则应查明其大小，以便进行修正。

(5) 试验时，将船上的装载情况(包括试验时在船上的人员重量和位置)以及船上缺少或多余的物资都应做详细记录，以便将试验结果修正到空载状态。

(6) 试验时各项工作应有统一的指挥，观察记录工作务必认真仔细。

4. 倾斜试验实例

为了帮助读者进一步了解倾斜试验的情况，将某货船的倾斜试验结果介绍如下：

1) 船的主尺度

船舶总长 $L_{OA}=112.80$ m

垂线间长 $L_{PP}=107.95$ m

型　　宽 $B=17.20$ m

型　　深 $D=9.90$ m

2) 试验情况

日期时间：1998年7月27日14时07分至15时10分

地点：某造船厂1号船坞

天气情况：晴，东南风、风力为2级，风速2 m/s

参加者：主持人、验船师及工作人员等18人

系泊情况：首尾缆绳松开，船舶呈自由状态

水比重：在船中部距离水表面0.5 m深处测得水比重 $\gamma=0.99$ t/m^3，水温30°

3) 试验时吃水测量情况

船首：右舷1.18 m，左舷1.19 m，平均1.185 m

船中：右舷2.70 m，左舷2.70 m，平均2.700 m

船尾：右舷4.23 m，左舷4.21 m，平均4.220 m

4) 计算吃水

平板龙骨厚度 $tk=0.016\,5$ m，原始纵倾值=0

首吃水 $d_F=1.185$ m，中吃水 $d_M=2.700$ m，尾吃水 $d_A=4.220$ m

型首吃水 $d_{F'}=1.168\,5$ m，型中吃水 $d_{M'}=2.683\,5$ m，型尾吃水 $d_{A'}=4.203\,5$ m

计算平均型吃水 $d_p=(d_{F'}+6\times d_{M'}+d_{A'})/8=21.473/8=2.684$(m)

纵倾角 $\phi=\arctan[(d_{A'}-d_{F'})/L_{PP}]=\arctan[(4.203\,5-1.168\,5)/107.95]=1.610\,4(°)$

$d_t=(d_{F'}+d_{A'})/2-dp=(1.168\,5+4.203\,5)/2-2.684=0.001\,9$(m)

计算型首吃水 $d_{F'}=d_{F'}-d_t=1.168\,5-0.001\,9=1.166\,6$(m)

计算型尾吃水 $d_{A'}=d_{A'}-d_t=4.203\,5-0.001\,9=4.201\,6$(m)

5）移动重量及测试设备布置

（1）试验移动重物（压铁）分 4 堆，左右舷各两堆，原始布置如表 4－6 所示。

表 4－6　试验移动重物布置

名　　称	重量/t	重心距船中/m	重心距中心线/m	重心距基线/m
1 号堆压铁（# 118 右）	7	22.175	7.20	15.10
2 号堆压铁（# 118 左）	7	22.175	−7.20	15.10
3 号堆压铁（# 42 右）	7	−27.225	6.50	14.85
4 号堆压铁（# 42 左）	7	−27.225	−6.50	14.85

（2）试验移动重量顺序如表 4－7 所示。

表 4－7　试验移动重量顺序

编　号	左　舷	右　舷	移动力矩/(t・m)	总移动力矩/(t・m)
初始位置 0	尾□　　□　首	尾　■　　■首	0	0
1	□	■　□■	100.8	100.8
2		□■　□■	91	191.8
3	□	■　□■	−91	100.8
4	□　□	■　■	−100.8	0
5	□　□■	■	−100.8	−100.8
6	□■　□■		−91	−191.8
7	□　□■	■	91	−100.8
8	□　□	■　■	100.8	0

（3）U 形玻璃管布置情况。No.1 U 形管位于尾部# 119 左右舷，两玻璃管中心距 $\lambda_1 =$ 16.24 m；No.2 U 形管位于首部# 39 左右舷，两玻璃管中心距 $\lambda_2 = 15.45$ m。

6）多余重量（见表 4－8）

表 4－8　多 余 重 量 表

序号	项　目	位　置	重　量 W/t	重心位置			
				纵向（距船中）		竖向（距基线）	
				距离 x/m	力矩 M_x/(t・m)	距离 z/m	力矩 M_z/(t・m)
1	油漆	# 120	1.694	23.475	39.77	12.6	21.344
2	重油	No.6 舱	20.000	−17.875	−357.50	0.09	1.800
3	混合油	No.7 舱（左）	12.000	−36.435	−437.22	0.255	3.060
4	轻油	No.18 舱（左）	10.000	−45.305	−453.05	5.90	59.000

（续表）

序号	项 目	位 置	重 量 W/t	重 心 位 置			
				纵向（距船中）		竖向（距基线）	
				距离 x/m	力矩 M_x/(t·m)	距离 z/m	力矩 M_z/(t·m)
5	重油	No.7 舱（右）	8.000	−35.235	−281.88	0.39	3.120
6	压载水	No.1 舱（左，右）	327.800	30.015	9 838.92	0.95	311.410
7	调平压铁	上甲板 # 130	5.000	29.975	149.88	12.65	63.250
8	试验压铁	上甲板 # 118	14.000	22.175	310.45	15.10	211.400
9	试验压铁	上甲板 # 42	14.000	−27.225	−381.15	14.85	207.900
10	试验人员 12 人	上甲板	0.780	−3.825	−2.98	10.75	8.385
11	试验人员 6 人	上甲板	0.390	−3.825	−1.49	15.35	5.987
12	人员行李等	尾楼	5.000	−37.975	−189.88	14.50	72.500
13	备品和供应品		4.000	−49.975	−199.90	9.00	36.000
14	总计		422.664	19.008	8 033.97	2.378	1 005.16

7）不足重量（见表 4－9）

表 4－9 不足重量表

序号	项 目	位 置	重 量 W/t	重 心 位 置			
				纵向（距船中）		竖向（距基线）	
				距离 x/m	力矩 M_x/(t·m)	距离 z/m	力矩 M_z/(t·m)
1					0.00		0.000
	不足重量总计		0	0.000	0.0	0.000	0.0

8）U 形管测量装置液位测量记录

由于 U 形管中的液面高度上下波动，在读数时应记录上下液面高度各 5 次，然后取其平均值。表 4－10 和表 4－11 给出了 No.1 U 形管左右侧玻璃管的液面高度测量记录表，表内 b_0 为重量未移动时的初始读数。

表 4－10 No.1 U 形管左侧玻璃管液面高度测量记录表

测量员姓名：

序号	重量移动序号 i	0	1	2	3	4	5	6	7	8
1	上 1	680	610	460	570	670	760	830	770	680
2	下 1	630	440	390	460	580	690	800	670	560

（续表）

序号	重量移动序号 i	0	1	2	3	4	5	6	7	8
3	上 2	630	640	480	570	680	770	840	790	680
4	下 2	600	540	380	470	570	680	790	650	560
5	上 3	620	620	440	570	680	760	840	790	680
6	下 3	610	520	390	480	580	700	790	670	560
7	上 4	640	600	470	550	660	750	840	770	670
8	下 4	620	540	390	480	590	700	800	700	580
9	上 5	640	610	460	550	670	760	820	760	660
10	下 5	630	440	410	490	580	690	800	690	580
11	读数平均值 b_i	630	556.1	427.2	519.3	626.4	726.5	815.6	726.7	621.8
12	相对值 $b_{左}=b_i-b_0$	0	−73.9	−202.8	−110.7	−3.6	96.5	185.6	96.7	−8.2

注：No.2 U 形管测量装置液位测量记录表形式相同，故省略。

表 4-11　No.1 U 形管右侧玻璃管液面高度测量记录表

测量员姓名：

序号	重量移动序号 i	0	1	2	3	4	5	6	7	8
1	上 1	760	890	970	885	775	650	550	680	795
2	下 1	670	760	890	785	670	590	540	550	675
3	上 2	755	890	955	895	780	655	550	695	785
4	下 2	690	765	860	785	675	595	505	555	665
5	上 3	755	880	970	870	768	670	555	680	790
6	下 3	685	785	865	780	690	585	510	580	668
7	上 4	745	870	745	860	760	655	540	650	885
8	下 4	699	775	900	795	690	560	525	590	680
9	上 5	750	865	945	855	765	645	538	655	765
10	下 5	700	790	875	795	690	595	515	575	690
11	读数平均值 b_i	720.9	827.1	897.7	830.8	726.7	620.5	533.4	621.7	740.6
12	相对值 $b_{右}=b_i-b_0$	0.0	106.2	176.8	109.9	5.8	−100.4	−187.5	−99.2	19.7
13	$\tan\theta=(b_{右}-b_{左})/\lambda_1$	0	0.011 09	0.023 37	0.013 58	0.000 58	0.012 12	0.022 97	0.012 06	0.001 72

注：No.2 U 形管测量装置液位测量记录表形式相同，故省略。

9）试验状态下排水量、浮心坐标及横稳心坐标的确定

已知水比重 $\gamma=0.99$，根据计算平均型吃水 $d_p=2.684$ m，从静水力曲线中求得如表 4-12 所示的数据。

表 4-12 试验状态下几个相关指标

序号	项目	数值	单位
1	排水量 Δ_1	3 162.56	t
2	横稳心垂向坐标 $\overline{KM}$	9.351	m
3	浮心垂向坐标 z_B	1.436	m
4	浮心纵向坐标 x_{B1}	0.240	m
5	每厘米纵倾力矩 MTC	66.475	t·m或t·cm
6	修正后排水量 $\Delta=\Delta_1\gamma/1.025$	3 054.57	t
7	修正后浮心纵向坐标 $x_B=x_{B1}+100(d_F-d_A)\mathrm{MTC}/\Delta_1$	−6.139	m

10）液舱装载及自由液面表（见表 4-13）

表 4-13 液舱装载及自由液面

序号	舱名	位置	液体容积/m^3	装载量/t	横向惯性矩/m^4	液体密度/(t/m^3)	自由液面惯量矩 $I\cdot\gamma/(t\cdot m)$
1	No.6 舱重油			20	90	0.9	81
2	No.7 舱(左)混合油			12	80	0.9	72
3	No.7 舱(右)重油			8	80	0.9	72
4	No.18 舱(左)轻油			10	70	0.84	59
5	自由液面修正量 $\mathrm{d}\,\overline{GM}=\sum I\gamma/\Delta$						0.093

11）倾角和初稳性计算表（见表 4-14）

表 4-14 倾角和初稳性计算

序号	重量移动序号 i	0	1	2	3	4	5	6	7	8	$\sum$
1	第一测点 $\tan\theta=b/s$	0	0.011 1	0.023 4	0.013 6	0.000 6	0.012 1	0.023 0	0.012 1	0.001 8	
2	第二测点 $\tan\theta=b/s$	0	0.013 6	0.024 0	0.013 0	0.000 7	0.012 0	0.022 9	0.011 9	0.001 5	
3	前二项算术平均 Y	0	0.012 4	0.023 7	0.013 3	0.000 7	0.012 1	0.022 9	0.012 0	0.001 6	0.098 48
4	Y^2	0	0.000 2	0.000 6	0.000 2	0.0	0.000 1	0.000 5	0.000 1	0.000	0.001 71
5	倾斜力矩 $M/(t\cdot m)$	0	100.8	191.8	100.8	0	100.8	191.8	100.8	0	786.8
6	YM	0	1.245 7	4.542 6	1.339 0	0.0	1.215 2	4.396 8	1.205 7	0.0	13.945 0
7	$A=\sum Y-(\sum Y)^2/9$										0.000 63

（续表）

序号	重量移动序号 i	0	1	2	3	4	5	6	7	8	$\sum$
8	$B=\sum(YM)-(\sum Y\sum M)/9$										5.335 35
9	$\overline{GM}_0=B/(A\Delta)$										2.776 9

12）试验状态船舶有关参数表（见表 4－15）

表 4－15　试验状态船舶有关参数

序　号	项　　　目	数　值	单　位
1	计算型首吃水　$d_{F'}$	1.168 5	m
2	计算型尾吃水　$d_{A'}$	4.203 5	m
3	计算平均型吃水　d_p	2.684	m
4	纵倾角　ϕ	1.610 4	(°)
5	排水量　Δ	3 054.57	t
6	横稳心垂向坐标　$\overline{KM}$	9.351	m
7	浮心垂向坐标　z_B	1.436	m
8	浮心纵向坐标　x_B	−6.139	m
9	实测初稳性高　$\overline{GM}_0$	2.777	m
10	自由液面修正值　$d\overline{GM}$	0.093	m
11	经自由液面修正后初稳性高　$\overline{GM}=\overline{GM}_0+\mathrm{d}\overline{GM}$	2.684	m
12	重心垂向坐标　$z_G=\overline{KM}-\overline{GM}\times\cos\phi$	6.668	m
13	重心纵向坐标　$x_G=x_B+(z_G-z_B)\tan\phi$	−5.992	m

13）空船重量及重心位置计算（见表 4－16）

表 4－16　空船重量及重心位置计算

项　　目	重量/t	重心距船中/m	重心距中心线/m	重心距基线/m
试验状态	3 054.57	−5.992	0	6.668
多余重量	−442.664	19.008	0	2.378
不足重量	＋0			
空船重量 $\sum$	2 611.91	−10.229	0	7.395

思　考　题　4

1. 何谓船舶的初稳性（作图说明）、静稳性和动稳性？在研究船舶稳性时为何将稳性分成初稳性和大倾角稳性，它们之间有何关系？

2. “等体积倾斜”的原理是什么？有何假定？初稳性的假定有哪些？

3. 船舶浮心移动的轨迹，即浮心曲面、浮心轨迹和浮心曲线的含义是什么？

4. 在横剖面图上绘出浮心 B、重心 G 和横稳心 M 的位置，并说明什么是稳心、稳心半径？横稳心半径$\overline{BM}$是怎样推导出来的？有何假定？

5. 初稳性公式是如何推导的？其适用范围是什么？

6. 为什么船一般总是横向倾覆而不是纵向翻倒？

7. 什么是初稳性高？为什么说它是衡量船舶初稳性好坏的主要指标？如何应用它来判断船舶的稳定性？初稳性高$\overline{GM}$为负值，是否意味着该船将倾覆？

8. 如已知船的长度 L，平均吃水 d，水线面面积漂心位置 x_F 和纵倾值 t，通过作图写出船舶首倾 θ 角后的首尾吃水公式。

9. 横倾 $1°$ 的力矩 M_t 和每厘米纵倾力矩 MTC 是如何推导出来的？它们各有什么用途？试举例说明。

10. 已知船舶的 L、Δ、平均吃水 d，x_B、x_G 和 x_F，试根据纵稳性高(或纵稳心半径)列出船的首尾吃水公式。

11. 什么是船舶静水力曲线？它包括哪几种性质的曲线？它们各自又包括哪些曲线？各曲线走向如何？静水力曲线有什么用途？能否根据某一吃水查出船舶的有关静水力性能。

12. 船上重量移动(包括垂向、横向、纵向移动)对稳性和浮态的影响如何？请导出它们的计算公式。

13. 船舶装上或卸下少量重量，对稳性和浮态的影响如何？请导出它们的计算公式。

14. 要使船舶在装卸重量后不产生倾斜，该重量应装卸在什么地方？为什么？若还想要船舶的初稳性高$\overline{GM}$也不变，那么重量又应该装卸在什么地方？为什么？

15. 请说明装卸大量重量对船浮态和初稳性的影响。为什么要利用静水力曲线来计算？叙述其计算步骤。

16. 悬挂重量和滚动重量对初稳性高有什么影响？

17. 自由液面对船舶稳性的影响如何？减小自由液面影响的办法有哪些？

18. 提高(或改善)船舶初稳性的措施有哪些？最有效的措施是什么？为什么？

19. 叙述船舶倾斜试验的目的和基本原理以及试验方法、步骤和注意事项。

习 题 4

1. 某内河船的排水量 $\Delta=820$ t，水线面面积对 x 轴的惯性矩 $I_T=2\,380$ m^4，初稳性高$\overline{GM}=1.70$ m，求重心在浮心以上的高度。

2. 某长方形起重船的主要尺度：船长 $L=15$ m，型宽 $B=9.0$ m，型深 $D=2.0$ m，起重船主体重 $p_1=56$ t，其重心高度 $z_{G1}=0.85$ m，船的上层建筑重 $p_2=78$ m，重心高度 $z_{G2}=7.5$ m，水的密度为 $w=1.025$ t/m^3，试计算① 初稳性高$\overline{GM}$；② 纵稳性高$\overline{GM}_L$。

3. 某巡洋舰的排水泵 $\Delta=10\,200$ t，船长 $L=200$ m，当尾倾为 1.3 m 时，水线面面积的纵向惯性矩 $I_L=420\times104$ m^4，重心的纵向坐标 $x_G=-4.23$ m，浮心的纵向坐标 $x_B=-4.25$ m，水

的密度 $w=1.025\ \mathrm{t/m^3}$。试求纵稳性高 $\overline{GM}_L$。

4. 长为 4 m 的矩形木材，其边长为 0.2 m，密度 $w_1=0.5\ \mathrm{t/m^3}$，如图 1 所示浮于淡水上，试问其稳心 M 距水线的高度为多少？

5. 求圆锥形的 $\overline{BM}$ 值，其要素如图 2 所示。

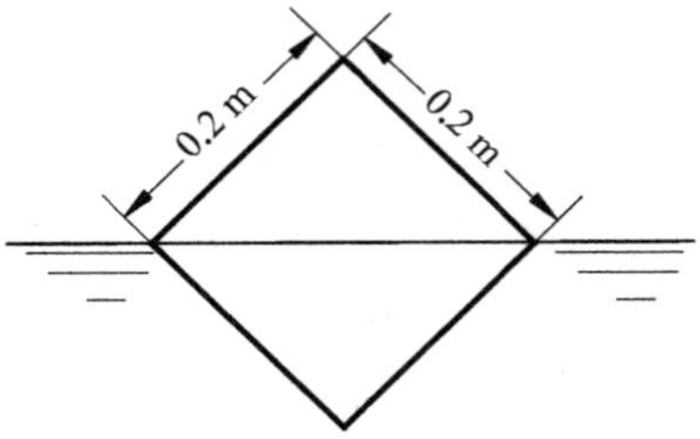

图 1

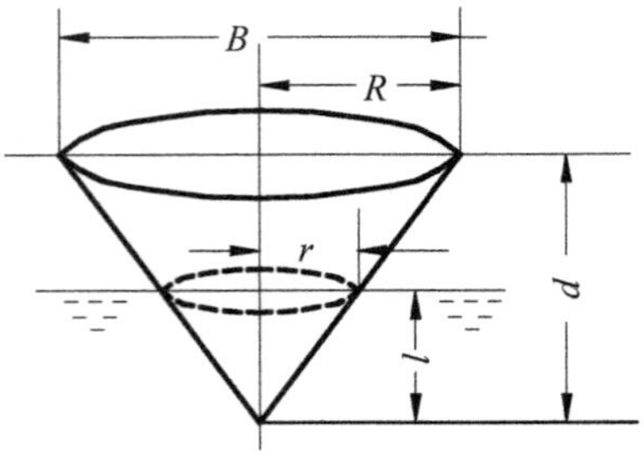

图 2

6. 某一为方形剖面的匀质物体正浮于淡水中(见图 3)，水的密度为 $1.000\ \mathrm{t/m^3}$，试问该物体的密度 w_1 为多少时才能保持其稳定漂浮状态？

7. 某箱形双体船横剖面如图 4 所示，其重心在基线以上 3.875 m 处，吃水 $d=2.0$ m，如果要求初稳性高 $\overline{GM}$ 不小于 2 m，试问两单体中心线相隔的间距 d 的最小值为多少？

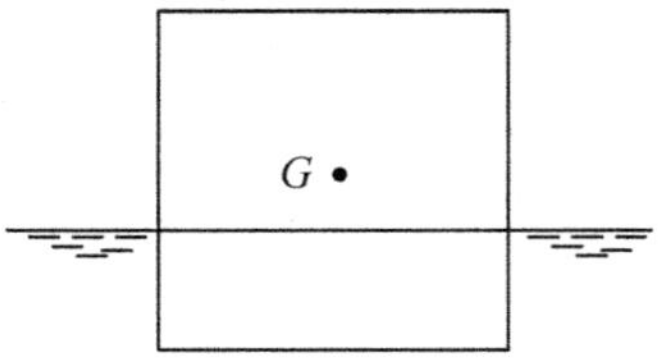

图 3

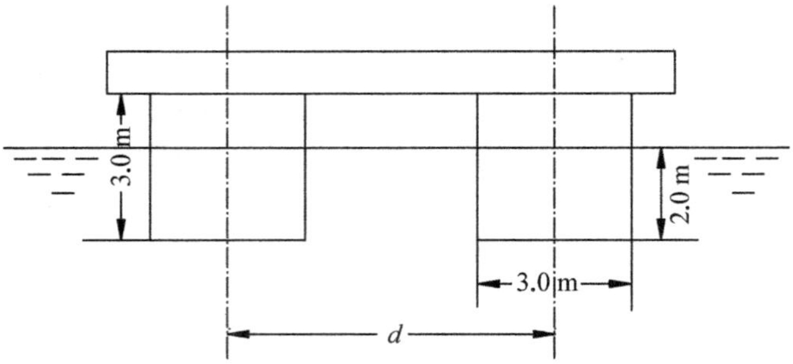

图 4

8. 已知某内河船的数据：船长 $L=48$ m，型宽 $B=8.2$ m，吃水 $d=1.2$ m，方形系数 $C_B=0.68$，初稳性高 $\overline{GM}=1.8$ m，纵稳性高 $\overline{GM}_L=92.0$ m，试求① 横倾 1°力矩；② 每厘米纵倾力矩；③ 如果把船上 10 t 重物往右舷横向移动 2 m，往船尾方向纵向移动 5 m，求重物移动后的横倾角、纵倾角及首尾吃水。假定水线面漂心 x_F 的位置在船中。

9. 某船正浮时初稳性高 $\overline{GM}=0.6$ m，排水量 $\Delta=10\,000$ t，把船内 100 t 货物向上移动 3 m，再横向移动 10 m，求货物移动后船的横倾角 ϕ。

10. 某船有初始横倾角 $\phi=2°36'$，现将重量为 3% 排水量的货物横向移动，使船复原到正浮位置。已知船的初稳性高 $\overline{GM}=1.30$ m，求货物移动的距离。

11. 某巡洋舰的首吃水 $d_F=5.65$ m，尾吃水 $d_A=5.97$ m，每厘米纵倾力矩 MTC = 272 t · m，试问要从后舱抽出多少吨油到前舱方可使船平浮。两舱之间的距离 $l=156$ m。

12. 某船主要数据：船长 $L=135$ m，型宽 $B=14.2$ m，首吃水 $d_F=5.2$ m，尾吃水 $d_A=4.8$ m，排水量 $\Delta=5\,200$ t，初稳性高 $\overline{GM}=0.95$ m，纵稳性高 $\overline{GM}_L=150$ m，每厘米吃水吨

数 TPC=13.8 t/cm,漂心纵向坐标 x_F =3.5 m,试求在 x =−35 m, y =1.0 m, z =9.0 m 处装载 200 t 货物后船的浮态。

13. 某船长 L =100 m,首吃水 d_F =4.2 m,尾吃水 d_A =4.8 m,每厘米吃水吨数 TPC=80 t/cm,每厘米纵倾力矩 MTC=75 t • m,漂心纵向坐标 x_F =4.0 m。现在船上载 120 t 的货物。问货物装在何处才能使船的首吃水和尾吃水相等。

14. 已知某长方形船的船长 L=100 m,型宽 B=12 m,吃水 d=6 m,重心垂向坐标 z_G=3.6 m,该船的中纵剖面两边各有一淡水舱,其尺度:长 l=10 m、宽 b=6 m、深 a=4 m。在初始状态两舱都装满了淡水。试求① 在右舷一个舱内的水耗去一半时船的横倾角;② 如要消除横倾,那么船上 x=8 m, y=−4 m 处的 60 t 货物应移至何处?

15. 已知某内河船的主要尺度和要素:船长 L=58 m,型宽 B=9.6 m。首吃水 d_F=1.0 m,尾吃水 d_A=1.3 m,方形系数 C_B=0.72,纵稳性高 $\overline{GM_L}$=65 m。为了通过浅水航道,必须移动船内的某些货物,使船处于平浮状态,假定货物从尾至首最大的移动距离为 l=28.0 m,求必须移动的货物重量。

16. 内河客船的一舷受到风的作用,受风面积 A_F=410 m^2,受风面积的中心在基线以上的高度为 z_F=4.7 m,风压为 p=490 Pa,已知船的要素:船长 L=75.0 m,型宽 B=8.1 m,吃水 d=2.2 m,方形系数 C_B=0.645,初稳性高 $\overline{GM}$=1.4 m,假定水阻力中心在其水线处,求该船受风力作用时的横倾角。

17. 若船靠岸时有 80 名乘客集中到一舷侧,已知乘客移动到舷边的距离 l=4.0 m,每个乘客重量为 60 kg,船舶每横倾 1°的力矩 M_0=8.2 t • m。求此时该船的横倾角。

18. 某内河驳船 Δ=1 100 t,平均吃水 d=2.0 m,每厘米吃水吨数 TPC=6.50 t/cm,在 6 个同样的舱内装石油(石油的密度 w_1=0.93 t/m^3),每个舱内都有自由液面,油舱为长方形,其尺度为 l=15.0 m, b=6.0 m,这时船的初稳性高为 $\overline{GM}$=1.86 m,若把右舷中间的一个舱中重量为 p=120 t 的油完全抽出,其重心垂向坐标 z_G=0.80 m,求船的横倾角。

19. 某长方形船在港内进行倾斜试验,其主尺度和主要数据:船长 L = 32 m,型宽 B =9.15 m,首吃水 d_F=1.83 m,尾吃水 d_A=3.66 m,移动重量 p=3 t,横移距离 l=4.6 m,摆锤长 λ=4.6 m,摆动距离 k=0.1 m,试验后尚需从船上 x =−8.2 m, z=2.4 m 处卸去 50 t 的重量。求该重量卸去后的重心高度和首尾吃水。

20. 某内河船做倾斜试验时的排水量 Δ = 7 200 t,吃水 d = 6.0 m,水线面面积 A_W = 1.320 m^2。全部移动载荷的总重量是 50 t,移动距离 l=9.25 m,摆锤长 λ=3.96 m,最大摆动距离 k=0.214 m。试验后还需加装 850 t 重的燃油。重心在基线之上 5.18 m 处,油的密度 w_1=0.86 t/m^3,自由液面惯性矩 i_x=490 m^4,求最后的初稳性高 $\overline{G_1M_1}$。

第 5 章　船舶大倾角稳性

在第 4 章中，我们讨论了船舶的初稳性问题，所得的结论只适用于小倾角情况，即横倾角 ϕ 不超过 $10°\sim15°$。但是，船舶在遇到恶劣的风浪时，其横倾角将大大超过上述范围，这时便不能用初稳性来判断船舶是否具有足够的稳性。例如：船舶在航行中遇到较大的风浪时稳性是否足够？是否会丧失稳性而倾覆？船舶在航行中究竟能抵抗多大的风浪？这就需要研究船舶的大倾角稳性，以便全面考察船舶在各种装载情况下是否具有足够的稳性。

船舶稳性的实际应用意义在于它对船舶安全性的校核，包括船舶的抗倾覆(抗风浪)能力，在大风浪中的安全裕度等。

本章主要讨论静稳性曲线的计算原理和方法，船舶在静力作用下的静稳性和在动力作用下的动稳性问题以及稳性的衡准，进而校核船舶在各种装载情况下的稳性。此外，还将简要地讨论船体几何要素对稳性的影响。

本章的重点是稳性的定义、概念和理论，如何求取浮心位置，稳性计算方法，稳性校核理论(安全判别或规范要求)。

大倾角稳性的基本计算校核思路如下：

(1) 求取所需倾角时的等体积倾斜水线位置。

(2) 求取该等体积倾斜水线下的排水体积及形心位置，即浮力及浮心位置。

(3) 根据浮力及浮心位置，计算复原力矩，生成静稳性曲线等。

(4) 计算倾斜力矩。

(5) 根据稳性安全要求或规范要求，计算校核船舶稳性或其指标。

5.1　稳性计算的原理及思路

在讨论大倾角稳性问题时，仍然需要研究船舶倾斜后产生复原力矩以阻止其倾覆的能力，而且要着重研究复原力矩随横倾角变化的规律。为了使研究的问题简化起见，假定船舶处于静水之中，它受静水力作用，水线面为一水平面，并且忽略船舶在横倾时由于船体首尾不对称所引起的纵倾影响，即不考虑它们之间的耦合作用。

如图 5-1 所示，船舶原浮于水线 W_0L_0，排水量 Δ，重心在 G 点，浮心在 B_0 点。设该船在外力矩作用下横倾于某一较大的角度 ϕ，浮于水线 $W_\phi L_\phi$。这时，船的重心位置保持不变，由于排水体积的形状发生了变化，浮心位置由 B_0 点沿某一曲线移动到 B_ϕ 点。于是重力 W 和浮力 $\Delta=w\nabla$ 就形成了一个复原力矩

$$M_R=\Delta\,\overline{GZ}=\Delta l$$

式中，$l=\overline{GZ}$ 为重力作用线与浮力作用线之间的垂直距离，称为复原力臂或静稳性臂。对于一定的船，静稳性臂 l 随排水量 Δ、重心高度 $\overline{KG}$ 及横倾角 ϕ 而变。在排水量 Δ 及重心高度 $\overline{KG}$ 一定时，$\overline{GZ}$ 只随 ϕ 而变，如图 5-2 所示。

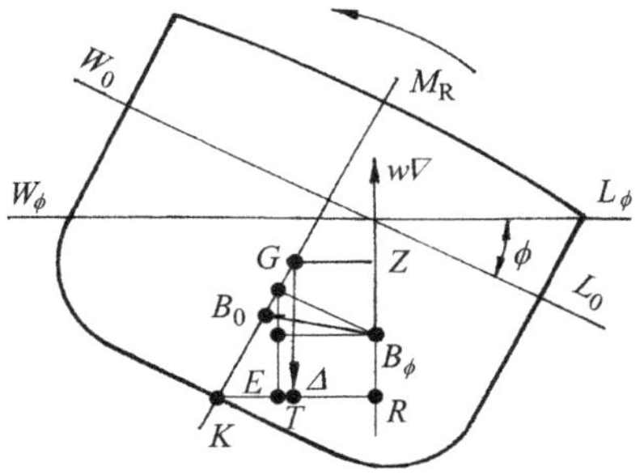

图 5-1　重力和浮力形成复原力矩

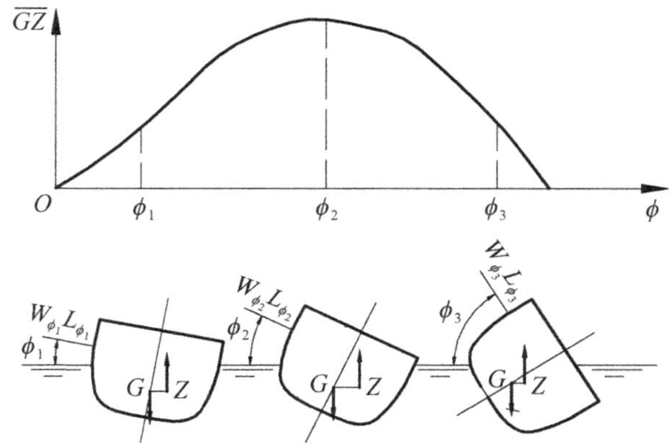

图 5-2　复原力臂随 ϕ 的变化

讨论大倾角稳性的关键是确定复原力矩 M_R(或复原力臂 l)，而求复原力臂的关键是确定船舶横倾 ϕ 后新的浮心位置 $B_\phi(y_\phi, z_\phi)$。因此计算复原力臂的途径一般是根据水线 $W_\phi L_\phi$ 计算倾斜后新的浮心位置 $B_\phi(y_\phi, z_\phi)$ 或利用重心移动原理计算倾斜后浮心位置的移动量 $\overline{B_o B_\phi}$。

根据下列初稳性假定：

(1) 小角度(引出 $\sin\phi \approx \tan\phi \approx \phi$，圆弧的弧长≈弦长)。

(2) 船舶在原水线附近舷侧是直壁(引出等体积倾斜水线通过原水线面的漂心)。

(3) 浮心移动轨迹曲线是一段圆弧，圆弧圆心为初稳心 M。

可导出船舶在小倾角时复原力臂的简化计算式(见第 4 章)为

$$\overline{GZ} = \overline{GM}\sin\phi \approx \overline{GM}\phi$$

这些假定和简化使得初稳性研究大为简便。但当横倾角 ϕ 超过 $10°\sim15°$后，上述假定就不再适用。这是因为在大倾角情况下，由于入水和出水楔形形状的不对称性，等体积倾斜水线不再通过正浮水线面的漂心，浮心的移动曲线也不能再假定是圆弧。倾斜前后的浮力作用线的交点 M 将随倾角而变动。因此，大倾角时的静稳性臂(见图 5-1)只能为

$$\overline{GZ} = \overline{KR} - \overline{KT} = (\overline{ER} + \overline{KE}) - \overline{KT}$$

或写作

$$l = l_s - l_g = (y_\phi - y_k)\cos\phi + (z_\phi - z_k)\sin\phi - z_G\sin\phi \tag{5-1}$$

式中，$l_S = \overline{KR}$ 为浮心位置 $B_\phi(y_\phi, z_\phi)$ 与基点 $K(y_k, z_k)$ 之间的水平横向距离，即

$$l_S = (y_\phi - y_k)\cos\phi + (z_\phi - z_k)\sin\phi = y_\phi\cos\phi + z_\phi\sin\phi \tag{5-2}$$

其数值完全由排水体积的形状所决定，因此称为形状稳性臂或形状力臂。

$l_g = \overline{KT} = z_G\sin\phi$，其数值主要由重心位置所决定，因此称为重量稳性臂或重量力臂。

静稳性臂计算式(5-1)也可写为浮心与重心间水平横向距离，即

$$l = (y_\phi - y_G)\cos\phi + (z_\phi - z_G)\sin\phi \tag{5-3}$$

因 y_G 通常为 0，可简化为 $l = y_\phi \cos\phi + z_\phi \sin\phi - z_G \sin\phi$。

当 $l = 0$ 时表明在横向投影面中重力与浮力作用在同一铅垂线上，式(5－3)就化为浮态平衡方程中第二式 $(y_B - y_G) = (z_G - z_B)\tan\phi$。

静稳性臂 l 随横倾角 ϕ 的变化比较复杂，难以用简单的公式来表示。通常根据计算结果绘制成如图 5－3 所示的 $l = f(\phi)$ 曲线，称为静稳性曲线(或复原力臂曲线)。它表示船舶在不同倾角时复原力矩 M_R(或复原力臂 $\overline{GZ} = M_R/\Delta$)的大小。

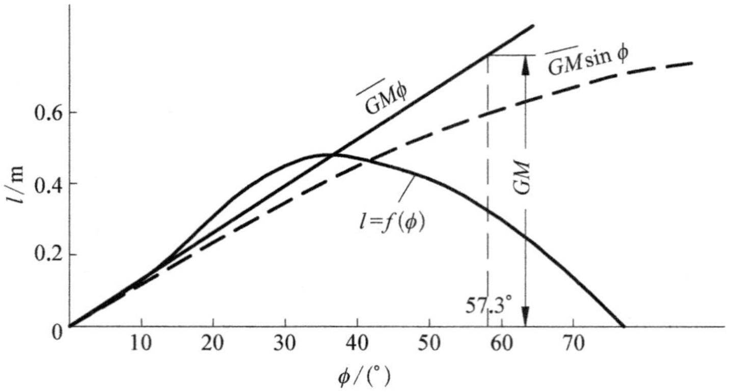

图 5－3　静稳性曲线图

如把初稳性公式 $l = \overline{GM}\sin\phi \approx \overline{GM}\phi$ 也画在图 5－3 中，从图中可以看到，在小倾角时，3 条曲线基本上是重合的。但是，随着横倾角 ϕ 的增加，初稳性公式就不符合实际情况了。因此船舶的大倾角稳性应进行专门的讨论。

正如前面所述，船舶稳性研究的关键就是求倾斜后浮心位置 $B_\phi(y_\phi,\ z_\phi)$，据此可计算复原力臂 $\overline{GZ} = l = y_\phi \cos\phi + z_\phi \sin\phi - z_G \sin\phi$ 和复原力矩 $M_R = \Delta\overline{GZ}$，并获得静稳性曲线，就可进行稳性研究和计算校核。

但在大倾角稳性中求倾斜后的浮心位置 $B_\phi(y_\phi,\ z_\phi)$ 并非易事，计算倾斜后浮心位置可按第 3 章中“任意倾斜水线下排水体积及浮心位置计算”的原理方法进行，但前提是已知该倾斜水线，即首先需要确定等体积倾斜水线。

而如何确定等体积倾斜水线位置是难点，它不能按初稳性中“等体积倾斜水线通过原水线面漂心”的假定快速确定，而需按满足等体积倾斜水线下的计算排水量 Δ_ϕ 与船排水量 Δ 相同的要求来确定，显然在确定等体积倾斜水线位置的过程中需多次计算校核该水线下排水体积(和浮心位置)，计算工作量很大。

为此大倾角稳性中通常有两种确定等体积倾斜水线位置再计算静稳性曲线的方法。

(1) 直接法：先通过反复试算迭代获取所求的等体积倾斜水线，再求该水线下的排水体积和浮心位置以及复原力臂。因仅计算所求排水量，故称为等排水量计算法(见 5.2 节)。

(2) 间接法：假定若干倾角，分别预先计算许多条平行倾斜水线下的排水体积和浮心位置，某倾角的等体积倾斜水线必然在该倾角的这些平行倾斜水线之间(如果需要可通过插值法求出，但通常并不直接求出)，实际应用中是将各倾角各倾斜水线下的计算结果生成稳性横截曲线，以后计算时根据欲计算的排水体积仅从稳性横截曲线中通过插值法直接得到所求的复原力臂。因需计算大量不同排水量，故称为变排水量计算法(见 5.3 节)。

需要说明的是，静稳性曲线（复原力臂曲线）是对应于某个装载情况（载况）及排水量 Δ 的，载况及载况排水量 Δ 不同，就会有不同的静稳性曲线，因此船舶的静稳性曲线实际上是一簇参数曲线 $l=f(\phi,\ \Delta)$，其中 ϕ 是自变量，排水量 Δ 是参数。但通常静稳性曲线仍记为 $l=f(\phi)$。

有了静稳性曲线后再进行稳性计算校核的基本方程：

(1) 力矩平衡方程是倾斜力矩 $M=$复原力矩 M_R，即 $M=M_R$。

(2) 能量平衡方程是倾斜力矩所做功 $T=$复原力矩所做功 T_R，即 $T=T_R$。

5.2　静稳性曲线的等排水量计算法

1. *基本原理*

船舶静稳性曲线的等排水量计算法的基本原理是，对应某载况（排水量 Δ）时，首先确定各倾角的等体积倾斜水线，然后分别计算这些水线下的浮心位置 $B_\phi(y_\phi,\ z_\phi)$，再按公式 $l_S=y_\phi\cos\phi+z_\phi\sin\phi$ 计算假定重心高度 z_S 为零的复原力臂 l_S，最后根据重心高度 z_G 按式 $l=l_s-(z_G-z_S)\sin\phi$ 计算各倾角下的复原力臂 l 并绘制该排水量 Δ 时的静稳性曲线 $l=f(\phi)$，也可按公式 $l=y_\phi\cos\phi+z_\phi\sin\phi-z_G\sin\phi$ 直接计算各倾角下的复原力臂 l 并绘制该排水量 Δ 时的静稳性曲线 $l=f(\phi)$。

2. *计算步骤*

用等排水量法进行大倾角稳性计算的难点在于事先无法确定等体积倾斜水线的位置，因此只能进行试算和反复迭代计算法求出该等体积倾斜水线的位置。采用计算机程序计算时，固定某倾角 ϕ，假定计算倾斜水线与中线（z 轴）交点的初始位置 z_i，计算该倾斜水线下的排水量并与要求排水量比较，若两者不符合，则调整 z_i 后再次计算新的排水量，直至计算排水量和要求排水量之差小于预定的误差范围，此时的计算倾斜水线就是该倾角下的等体积倾斜水线。类似可求出所有倾角时的等体积倾斜水线。

以后的计算可参照上述基本原理中所介绍的内容依次进行，以下是具体步骤。

已知（或准备）：载况排水量 Δ 和重心高度 z_G、倾角 ϕ、水密度 w、计算精度 ε（取合适值，通常取 0.1%Δ）和倾角 ϕ 数值序列（可根据需要取个数和值，原则是有足够多的 $\overline{Gz_i}$ 数值点来生成静稳性曲线，通常取 7～10 个和取值 10，20，30，40，50，60，70，80）。采用纵向计算法。

(1) 取倾角 ϕ（来自倾角 ϕ 数值序列第一个）。

(2) 取交点 z_i 初值＝对应 Δ 的吃水 d（来自静水力曲线）。

(3) 根据点（$y=0$，$z=z_i$）和倾角 ϕ 确定计算倾斜水线（对应于横剖面）。

(4) 根据任意倾斜水线下排水体积及浮心位置的计算原理，计算出此倾斜水线下的排水量 Δ_ϕ 及浮心位置 B_ϕ，还有倾斜水线面积 $A_{W\phi}$。

(5) $d\Delta=\Delta-\Delta_\phi$，若 $d\Delta\leqslant\varepsilon$，则停止迭代计算，跳到第(7)步，否则做下一步。

(6) z_i 修正式 $z_i=c\left(z_i+\dfrac{d\Delta}{wA_{W\phi}}\right)$，式中 c 为修正系数（可取 1）。z_i 修正式也可根据经验自定，然后返回第(3)步重新迭代计算。

(7) 确定此时倾斜水线为等体积倾斜水线，并获取此时的浮心位置 B_ϕ。

(8) 根据 z_G 和 B_ϕ 计算对应 ϕ 的复原力臂 $l=y_\phi\cos\phi+z_\phi\sin\phi-z_G\sin\phi$。

(9) 在倾角 ϕ 数值序列中取下一个倾角 ϕ，返回第(2)步再次计算，直至倾角 ϕ 数值序列中数值取尽为止。

(10) 根据计算结果，生成静稳性曲线 $l=f(\phi)$。

3. 计算工作量分析

假设有 k 个载况，每个载况需计算 m 个倾角，对应每个倾角，确定等体积倾斜水线平均需进行 n 次迭代计算，每次都需计算任意倾斜水线下的排水量及浮心位置(而这样的计算每次都需要很大的工作量)。1 个载况的静稳性曲线平均需要进行 $m\cdot n$ 次计算，全部载况则需 $k\cdot m\cdot n$ 次，计算工作量随载况数而激增。若取规范要求至少 4 种典型载况，静稳性曲线由 9 个数值点构成，迭代计算平均 5 次，即 $k=4$，$m=9$，$n=5$，则需要进行至少 180 次任意倾斜水线下排水量及浮心位置的计算，在无计算机软件的人工计算情况下，可见计算工作量之大，这迫使我们另辟蹊径，寻求良策。

5.3 静稳性曲线的变排水量计算法

1. 基本思路和原理

在计算静稳性曲线过程中，为了减轻直接确定等体积倾斜水线的困难程度和减少计算工作量，可以采用间接计算的方法思路：因为已知排水量 Δ(或排水体积 $\nabla=\Delta/w$)和倾角 ϕ，确定等体积倾斜水线只需再确定该倾斜水线与 z 轴的交点位置 z_ϕ 即可。于是在邻近足够大的范围(足够大的范围是指可能出现的各种载况排水量值将在这组平行倾斜水线下计算的各排水量的最大值和最小值之间)内构建一组 n 条倾角 ϕ 的平行倾斜水线，并分别计算这组平行倾斜水线下的排水体积 ∇_i 和浮心位置 $B_{\phi i}$ 以及假定重心 $z_S=0$ 的静稳性臂 l_{Si}，还有这 n 条倾斜水线与 z 轴的交点 z_i($i=1,\ 2,\ \cdots,\ n$)，据此可构建排水体积 ∇_i 与交点 z_i 的关系曲线 $\nabla_i=f(z_i)$。因为邻近范围足够大，所以排水体积 ∇(或 z_ϕ)必定在这些 ∇_i(或 z_i)的数值范围内，这样就可对曲线 $\nabla_i=f(z_i)$ 进行插值计算，由 ∇ 求出 z_ϕ 并确定等体积倾斜水线。实际上通过以上平行倾斜水线下的计算，可得到不同倾角 ϕ_i 时假定重心 $z_S=0$ 的静稳性臂 l_{Si} 与排水体积 ∇_i 的关系曲线，即稳性横截曲线，若将倾角 ϕ_i 作为参数，稳性横截曲线可表示为参数曲线 $l_S=f(\nabla,\phi)$。然后可根据载况要素(∇，z_G)从稳性交叉曲线中由 ∇ 插值求出各倾角时的 l_S，再按式 $l=l_S-z_G\sin\phi$ 求出该载况的静稳性曲线。

这种间接计算的方法称为变排水量法，应用变排水量法计算静稳性曲线需通过中间结果，即稳性横截曲线。

2. 计算工作量分析

变排水量法的计算工作量分析方法如下：假设有 m 个倾角，对应每个倾角有 n 条平行倾斜水线，每条平行倾斜水线下计算排水体积及浮心位置需做 1 次，则构建稳性横截曲线需计算 $m\cdot n\cdot 1$ 次，计算每个载况的静稳性曲线需要插值 m 次。若取载况数 $k=4$，倾角数 $m=9$，水线数 $n=7$，则构建稳性横截曲线需进行 63 次计算(任意倾斜水线下排水量及浮心位置的计算)，生成 1 个载况的静稳性曲线需进行 63 次计算+9 次插值，生成全部 4 个载况的静稳性曲线需进行 63 次计算+36 次插值。由于插值工作量大大小于(排水量及浮心)计算量，可见变排水量法的计算工作量随载况数增加而不变，仅是插值工作量与载况呈正比，因此计算载况数目越多，变排水量法与等排水量法相比较其计算工作量就越小。

3. 计算方法

变排水量法中最复杂烦琐的计算工作量是计算倾斜水线下的静稳性形状力臂 $l_S = y_\phi \cos\phi + z_\phi \sin\phi$，而 l_S 的计算方法通常有以下两种：

(1) 根据任意倾斜水线下排水体积及浮心位置的计算原理求出排水体积 ∇_ϕ 和浮心位置 $B_\phi(y_\phi, z_\phi)$，再根据 B_ϕ 求出 l_S。

(2) 通过力矩合成原理计算倾斜后各部分体积(原体积、入水体积和出水体积)对参考轴的静矩，直接计算静稳性形状力臂 l_S，该方法不需要重新计算倾斜水线下的体积及浮心，仅计算入水体积和出水体积以及它们各自对参考轴的静矩，相对比较简单。

等排水量法和变排水量法计算机程序计算通常采用方法(1)，变排水量法人工计算通常采用方法(2)。下面详细介绍方法(2)。

从图 5－1 中我们可以清楚地看到：只要知道横倾后的浮力 $w\nabla$ 作用线的位置(即浮心位置)，便可立刻得出静稳性臂 $\overline{GZ}$，因此静稳性曲线的计算便可归结为如何求得船舶在横倾后浮力作用线的位置。

1) 方法(2)的基本原理

如图 5－4 所示，船舶正浮于水线 W_0L_0，吃水为 d_0，排水体积为 ∇_0，浮心在 B_0 处，其高度为 $\overline{KB_0}$。当船舶横倾 ϕ 角，假定倾斜水线为 $W_\phi L_\phi$，并与 W_0L_0 相交于 O 点。V_1 为入水楔形的体积，V_2 为出水楔形的体积，NN 为通过 O 点的计算静矩的参考轴线，C 为旋转点 O 的 y 坐标值(偏离值，右舷为正，左舷为负)。水线 $W_\phi L_\phi$ 下的排水体积 ∇_ϕ 必然是

$$\nabla_\phi = \nabla_0 + V_1 - V_2$$

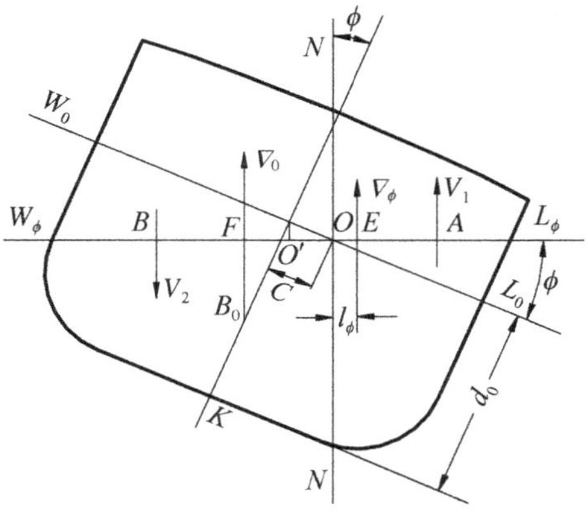

图 5－4　合力矩组成

根据合力矩原理，由图 5－4 可以看出：∇_ϕ 对于 NN 的体积静矩

$$M_\phi = \nabla_\phi \overline{OE} = V_1 \overline{OA} + V_2 \overline{OB} - \nabla_0 \overline{OF}$$

船舶浮于倾斜水线 $W_\phi L_\phi$ 时浮力作用线至轴线 NN 的距离为

$$l_\phi = \overline{OE} = \frac{M_\phi}{\nabla_\phi} = \frac{V_1 \overline{OA} + V_2 \overline{OB} - \nabla_0 \overline{OF}}{\nabla_0 + V_1 - V_2} \tag{5-4}$$

令

$$\delta\nabla_\phi = V_1 - V_2$$

$$M''_\phi = V_1 \overline{OA} + V_2 \overline{OB}$$

$$M'_\phi = -\nabla_0 \overline{OF}$$

则式(5－4)为

$$l_\phi = \frac{M''_\phi + M'_\phi}{\nabla_0 + \delta\nabla_\phi} \tag{5-5}$$

由式(5－5)可见，欲求得 l_ϕ 的关键在于，必须先求得入水楔形和出水楔形的体积差

$\delta\nabla_\phi = V_1 - V_2$，以及它们对 NN 轴线的体积静矩 $M''_\phi = V_1\overline{OA} + V_2\overline{OB}$。至于 $M'_\phi = -\nabla_0\overline{OF}$ 的数值是容易确定的，从图 5-4 中可以看出，$\overline{OF}$ 可写作

$$\overline{OF} = \overline{FO'} + \overline{O'O} = (d_0 - \overline{KB_0})\sin\phi + c\cos\phi$$

故

$$M'_\phi = -\nabla_0\overline{OF} = -\nabla_0[(d_0 - \overline{KB_0})\sin\phi + c\cos\phi] \tag{5-6}$$

求得 l_ϕ 后，很容易求出浮力作用线至重力作用线（通过假定重心 S）的水平距离 l_S

$$l_S = l_\phi + c\cos\theta + (d_0 - \overline{KS})\sin\phi \tag{5-7}$$

2) $\delta\Delta_\phi$ 和 M''_ϕ 计算公式

(1) $\delta\nabla_\phi$ 的计算式。

图 5-5 为船舶横倾 ϕ 角度后某一横剖面处的入水和出水楔形。先讨论入水楔形，我们可以把入水楔形 L_0OL_ϕ 分成无穷多的小楔形。在 φ 处取一夹角为 $d\varphi$ 的小三角形，设底边的距离为 a，则小三角形面积

$$dA = \frac{1}{2}a^2 d\varphi$$

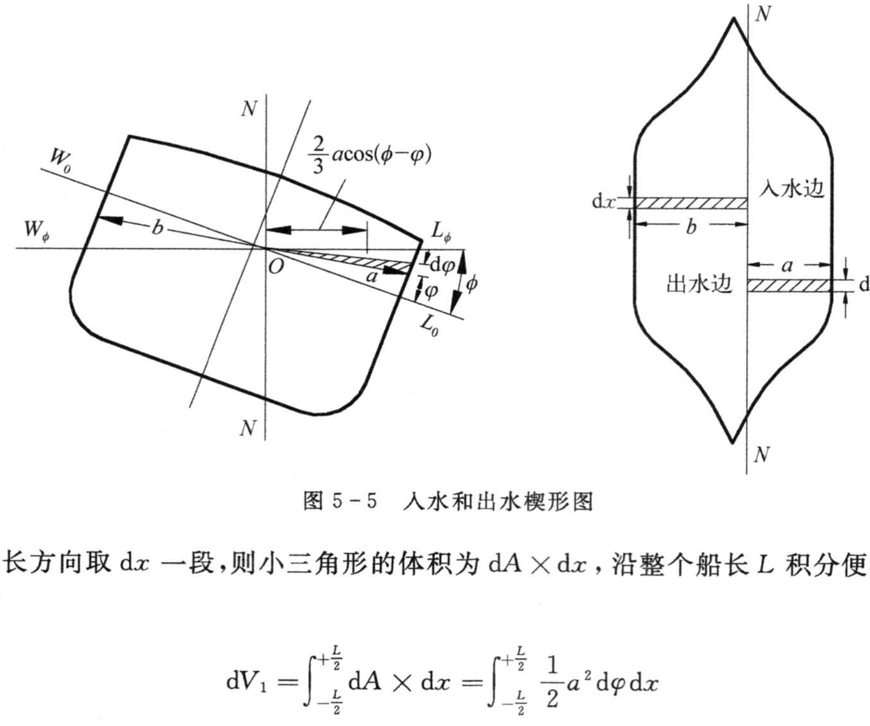

图 5-5 入水和出水楔形图

在船长方向取 dx 一段，则小三角形的体积为 $dA \times dx$，沿整个船长 L 积分便得到微楔形的体积为

$$dV_1 = \int_{-\frac{L}{2}}^{+\frac{L}{2}} dA \times dx = \int_{-\frac{L}{2}}^{+\frac{L}{2}} \frac{1}{2}a^2 d\varphi\, dx$$

于是在横倾角 ϕ 范围内的入水楔形的体积为

$$V_1 = \int_0^\phi dV_1 = \frac{1}{2}\int_{-\frac{L}{2}}^{+\frac{L}{2}}\int_0^\phi a^2 d\varphi\, dx$$

同理，可求得出水楔形体积

$$V_2=\frac{1}{2}\int_{-\frac{L}{2}}^{+\frac{L}{2}}\int_0^{\phi}b^2\mathrm{d}\varphi\mathrm{d}x$$

式中，b 为出水楔形的水线半宽。

所以，入水与出水楔形的体积差为

$$\delta\nabla_{\phi}=V_1-V_2=\frac{1}{2}\int_{-\frac{L}{2}}^{+\frac{L}{2}}\int_0^{\phi}(a^2-b^2)\mathrm{d}\varphi\mathrm{d}x \tag{5-8}$$

(2) M''_{ϕ} 的计算式。

同求 $\delta\nabla_{\phi}$ 相类似，入水小三角形面积对 NN 轴线的面积静矩为

$$\mathrm{d}m=\mathrm{d}A\times\frac{2}{3}a\cos(\phi-\varphi)=\frac{1}{2}a^2\mathrm{d}\varphi\times\frac{2}{3}a\cos(\phi-\varphi)$$

$$=\frac{1}{3}a^3\cos(\phi-\varphi)\mathrm{d}\varphi$$

沿整个船长 L 积分所得微楔形对 NN 轴线的体积静矩为

$$\mathrm{d}M_1=\int_{-\frac{L}{2}}^{+\frac{L}{2}}\mathrm{d}m\times\mathrm{d}x=\int_{-\frac{L}{2}}^{+\frac{L}{2}}\frac{1}{3}a^3\cos(\phi-\varphi)\mathrm{d}\varphi\mathrm{d}x$$

整个入水楔形对 NN 轴线的体积静矩为

$$M_1=\int_{-\frac{L}{2}}^{+\frac{L}{2}}\int_0^{\phi}\frac{1}{3}a^3\cos(\phi-\varphi)\mathrm{d}\varphi\mathrm{d}x$$

同理，出水楔形对 NN 轴线的体积静矩为

$$M_2=\int_{-\frac{L}{2}}^{+\frac{L}{2}}\int_0^{\phi}\frac{1}{3}b^3\cos(\phi-\varphi)\mathrm{d}\varphi\mathrm{d}x$$

则

$$M''_{\phi}=M_1+M_2=\int_{-\frac{L}{2}}^{+\frac{L}{2}}\int_0^{\phi}\frac{1}{3}(a^3+b^3)\cos(\phi-\varphi)\mathrm{d}\varphi\mathrm{d}x \tag{5-9}$$

由于水线面 $W_{\varphi}L_{\varphi}$ 对于 NN 轴线的面积惯性矩为

$$I_{\varphi}=\frac{1}{3}\int_{-\frac{L}{2}}^{+\frac{L}{2}}(a^3+b^3)\mathrm{d}x \tag{5-10}$$

故式(5-10)也可写作

$$M''_{\phi}=\int_0^{\phi}I_{\varphi}\cos(\phi-\varphi)\mathrm{d}\varphi \tag{5-11}$$

将式(5-6)、式(5-8)和式(5-11)代入式(5-5)，便可求得浮力作用线至 NN 轴线的距离 l_{ϕ}，再将此 l_{ϕ} 代入式(5-7)，即可求得浮力 $w\nabla_{\phi}$ 至假定重心 S 的距离 l_S。

4. 稳性横截曲线

计算结果中对应某横倾角 ϕ_i 时 n 条倾斜水线的排水体积 ∇_ϕ 和 l_S，将 ∇ 作为横坐标，l_S 为纵坐标，可绘制一条由 n 个离散点构成的曲线(见图 5-6 中的 $\phi_i=30°$曲线)，类似可绘制出如图 5-7 所示的对应不同横倾角 ϕ 的参数曲线图 $l_S=f(\nabla,\ \phi_i)$，其中 ϕ_i 为参数，该图称为稳性横截曲线图。若将某排水体积 ∇_1 代入稳性横截曲线可求得曲线 $l_S=f(\phi,\ \nabla_1)$，这就是排水体积为 ∇_1 的假定重心 $z_S=0$ 的静稳性曲线(形状稳性臂曲线)。图 5-7 则清楚地表达了稳性横截曲线和形状稳性臂曲线之间的关系，竖向为形状稳性臂 l_S，横向为横倾角 ϕ，纵向为排水体积 ∇。侧投影图为稳性横截曲线 $l_S=f(\nabla,\ \phi_i)$，正投影图为形状稳性臂曲线 $l_S=f(\phi,\ \nabla_i)$。

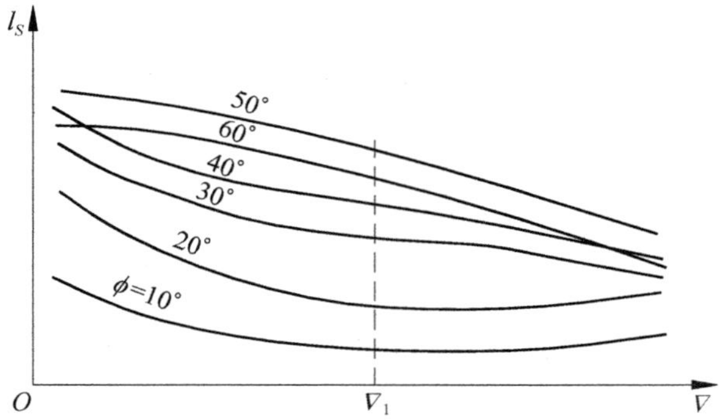

图 5-6　稳性横截曲线

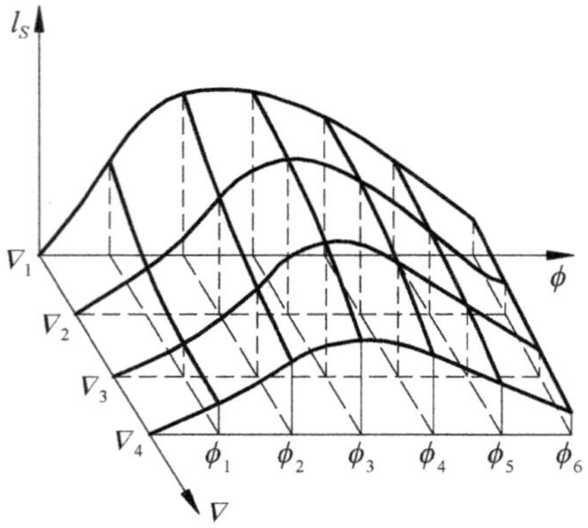

图 5-7　稳性横截曲线和形状稳性臂曲线的关系

有时为了方便，也可用排水量 Δ 代替排水体积 ∇ 构成稳性横截曲线 $l_S=f(\Delta,\ \phi_i)$。

有了上述稳性横截曲线图，可以根据船舶在各种装载情况下的排水量及其重心高度，按式(5-12)很方便地求出船舶的静稳性曲线。

$$l=l_S-(z_G-z_S)\sin\phi \tag{5-12}$$

式中，l_S 可以从稳性横截曲线图上查得。

按式(5-12)计算不同横倾角 ϕ 时的静稳性臂 l，据此即可绘制船舶在某一装载情况下的静稳性曲线。

变排水量法计算静稳性曲线的特点是，根据船舶在横倾后的浮心位置或体积矩求得不同排水体积、不同横倾角时浮力作用线至假定重心的距离 l_S，绘成稳性横截曲线，然后根据稳性横截曲线求出某一排水体积时的 l_S 随 ϕ 的变化曲线，最后根据式(5-12)对重心加以修正，绘出该装载情况下的静稳性曲线。这种方法不能越过绘制稳性横截曲线图而直接求取某一排水体积下的静稳性曲线。由于船舶在实际营运中排水量的变化范围很大(从空载到满载)，通常都采用变排水量法计算大倾角稳性，其优点是可以快捷方便地进行船舶在各种装载情况下的稳性校核计算，避免计算某一固定排水体积的静稳性曲线时必须先确定等体积倾斜水线。

5. 计算步骤

1) 人工计算的步骤

人工计算大倾角稳性的工作量很大且烦琐，现已几乎不使用。感兴趣的读者可参阅本书参考文献[4]引用的图书《船舶静力学》。

2）计算机程序的计算步骤

（1）准备型值表。应用计算机程序计算稳性横截曲线通常采用现成的型值表数据，取各站横剖面型值，利用纵向计算方法计算。

（2）选择计算倾斜水线、假定重心位置和横倾角间隔的大小。计算倾斜水线一般取 $n=7\sim9$ 条。最高倾斜水线一般与中横剖面的左上角相切，最低倾斜水线一般与中横剖面的右下角相切。各中间水线的位置在最高倾斜水线和最低倾斜水线之间，可以是等间距的，也可以是不等间距的，如图 5-8 所示（图中假定取 7 条计算倾斜水线，倾角为 ϕ），其目的是希望计算所得的稳性横截曲线基本包括船舶排水量的变化范围，使船舶在各种装载情况下的排水量都能包括在内。

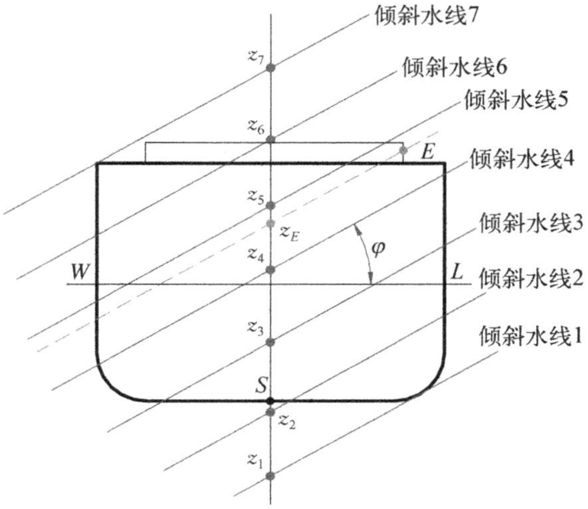

图 5-8　变排水量法计算倾斜水线示意图

假定重心 S 位置一般取在基线上，即 $\overline{KS}=0$。

计算倾角 ϕ 一般取 $m=8\sim10$ 个，倾角间隔一般海船取 $\delta\phi=10°$，算至 $\phi=80°$；江船取 $\delta\phi=5°$，算至 $\phi=40°\sim50°$，倾斜角度通常取为右倾。

（3）计算稳性横截曲线的形状力臂 l_S。分别计算各倾角各倾斜水线下的排水体积 ∇_ϕ 和浮心位置 $B_\phi(y_\phi, z_\phi)$，然后按下式计算此时假定重心高度 z_S 为零的复原力臂（形状力臂）l_S

$$l_S = y_\phi \cos\phi + z_\phi \sin\phi \tag{5-13}$$

可得到 $m\times n$ 个数据点（∇_φ，l_S）。

（4）根据数据点（∇_φ，l_S）绘制稳性横截曲线，即参数曲线 $l_S=f(\nabla, \phi)$。稳性横截曲线中参数为倾角 ϕ 的各曲线 $l_S=f(\phi)$ 的起点和终点分析。

参考图 5-8，在以上第(2)步中选取计算倾斜水线时，各倾角时的最高倾斜水线（倾斜水线 7）实际将整个船体都淹没在水下，此时排水体积 ∇_7＝整个船体体积，浮心位置 z_{B7} 是定值，即整个船体的形心，因此各倾角的 l_S 曲线的终点坐标分别是 $\nabla=\nabla_7$（各倾角相同）和 $l_S=z_{B7}\sin\phi$（各倾角不同）。各倾角的最低倾斜水线（倾斜水线 1）实际是船体外形的切线，此时排水体积 $\nabla_1=0$，浮心位置＝切点位置坐标（y_{B1}，z_{B1}），因此各倾角的 l_S 曲线的起点坐标分别是 $\nabla_1=0$（各倾角相同）和 $l_S=y_{B1}\cos\phi+z_{B1}\sin\phi$（各倾角不同）。起点和终点再加其余各点，形成完整的 l_S 曲线。

（5）绘制静稳性曲线。根据给定的排水量 Δ 和重心高度 z_G，求出排水体积 $\nabla_1=\Delta/w$，再从稳性横截曲线中根据 ∇_1 插值获得 $l_S=f(\phi)$ 曲线，按式(5-12) $l=l_S-(z_G-z_S)\sin\phi$ 可求得各倾角下的复原力臂 l，并绘制静稳性曲线 $l=f(\phi)$。

5.4 上层建筑及自由液面对静稳性曲线的影响

第5.3节中得到的静稳性曲线只是计算到船体主体部分(上甲板以下)为止。但对于具有风雨密的上层建筑等封闭空间体,如甲板室、舱口(盖)、固定于甲板的集装箱等,若满足规范要求,也可计入上层建筑等对静稳性曲线的影响。因为风雨密的上层建筑等在横摇入水后也产生相应的浮力和复原力矩。此外,船内设有一定数量的燃油舱、淡水舱和压载水舱等液体舱室,当它们具有自由液面时,舱内的液体重心将随着船舶倾斜而移动,形成一个倾斜力矩。因此,在船舶主体的静稳性曲线计算完毕后,有时还需计算上层建筑和自由液面对稳性的影响,并进行必要的修正。现分别讨论如下。

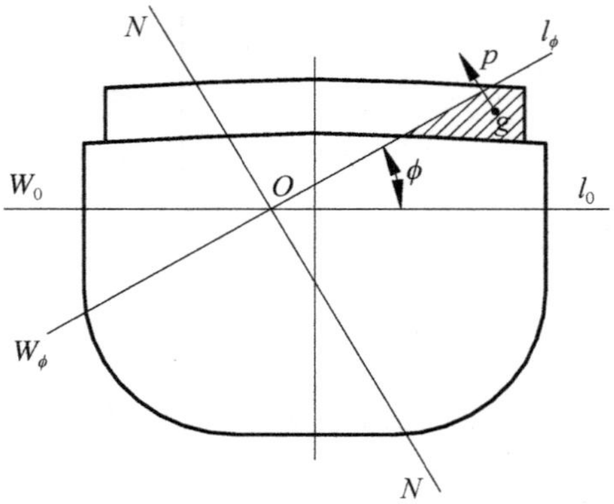

图5-9 上层建筑对静稳性曲线的影响

1. 上层建筑对静稳性曲线的影响

图5-9表示某一横剖面处考虑上层建筑的情况。船舶原正浮于水线 W_0l_0,横倾 ϕ 角而浮于水线 $W_\phi l_\phi$ 时,两水线交点在 O 处(c, d_0)(注意 c 是 y 坐标值,有正负),轴线 NN 通过 O 点,设上层建筑入水部分的横剖面积为 δA,面积形心在 g 处(y_g, z_g),对轴线 NN 的面积静矩为 $\delta m=\delta A\ \overline{Op}$,式中 $\overline{Op}=(y_g-c)\cos\phi+(z_g-d_0)\sin\phi$。沿长度方向进行积分,便可求得上层建筑入水部分的体积 $\delta V'_\phi$ 及其对轴线 NN 的静矩 δM_ϕ 为

$$\delta V'_\phi=\int_{-\frac{l_S}{2}}^{+\frac{l_S}{2}}\delta A\,\mathrm{d}x$$

$$\delta M_\phi=\int_{-\frac{l_S}{2}}^{+\frac{l_S}{2}}\delta m\,\mathrm{d}x$$

式中,l_S 为上层建筑的长度。

因此,考虑上层建筑以后的总排水体积及其对 NN 的静矩为

$$\nabla_{\phi S}=\nabla_\phi+\delta V'_\phi$$

$$M_{\phi S}=M_\phi+\delta M_\phi$$

式中,∇_ϕ 和 M_ϕ 分别为船舶主体在倾斜水线 $W_\phi l_\phi$ 时的排水体积和其对轴线 NN 的体积静矩,已在5.3节方法(2)中求得。或在5.3节方法(1)中已求得 ∇_ϕ 和浮心位置(y_ϕ, z_ϕ),再根据计算式 $M_\phi=\nabla_\phi l_\phi=\nabla_\phi[(y_\phi-c)\cos\phi+(z_\phi-d_0)\sin\phi]$ 求得(l_ϕ 为浮力 $w\nabla_\phi$ 作用线至轴线 NN 的力臂距离)。

因而,浮力 $w\nabla_{\phi S}$ 的作用线至轴线 NN 的力臂距离为

$$l_{\phi S}=M_{\phi S}/\nabla_{\phi S}$$

由式(5-7)可知,考虑上层建筑以后的浮力 $w\nabla_{\phi S}$ 的作用线至假定重心 S 点的距离

$$l'_S = l_{\phi S} + c\cos\phi + (d_0 - z_S)\sin\phi$$

由式(5-12)即可求得考虑上层建筑后的静稳性臂

$$l' = l'_S - (z_G - z_S)\sin\phi$$

图 5-10 是某船满载出港时考虑和不考虑上层建筑时的静稳性曲线。虚线是不考虑上层建筑的静稳性臂曲线，实线是计入上层建筑后的静稳性臂曲线。由图可见，两者具有一定的差别。

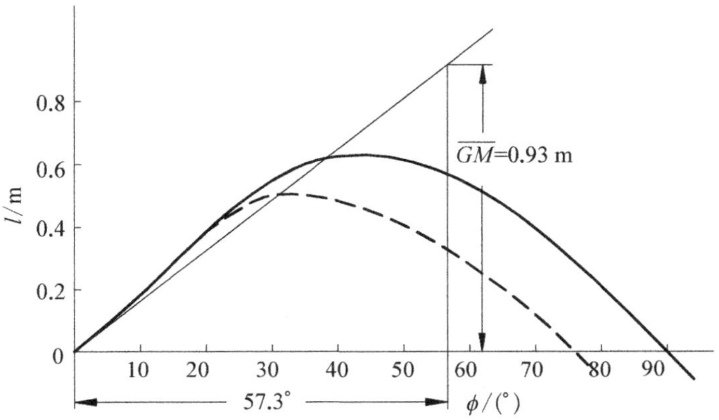

图 5-10　考虑和不考虑上层建筑时的静稳性曲线

上层建筑对静稳性曲线的影响来自入水体积增加引起的浮心横移增大，即复原力臂$\overline{GZ}$增大，因此总是有利的，但仅在上层建筑入水后才起作用。其计算原理也是力矩合成原理，类似还有按规定可计入影响的可封闭空间体，如甲板室，舱口(盖)等。

由于上层建筑的形状比较简单，其入水部分的横剖面可简化为三角形和四边形两种，因而用图解法计算最为方便，下面简要介绍这两种情况。

(1) 当上层建筑入水部分的形状为三角形时[见图 5-11(a)]，其面积为

$$\delta A = \frac{1}{2}\overline{ac} \times \overline{bd}$$

面积形心 g 的位置可用作图法求得：把三角形两边等分，得中点 e 和 f，则直线 ae 和 bf 的交点 g 即为三角形的面积形心。

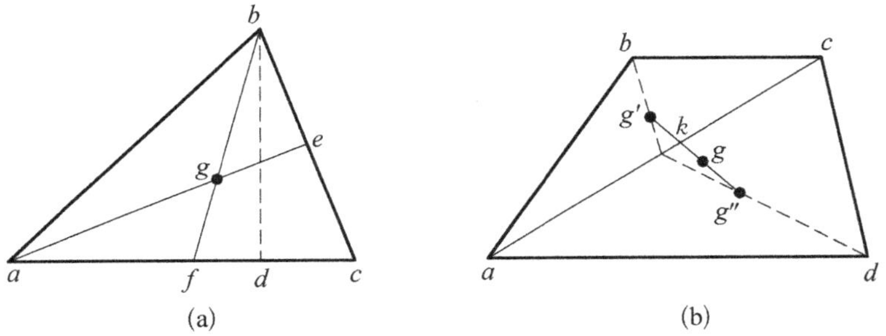

图 5-11　上层建筑入水部分的形状

(2) 当上层建筑入水部分的形状为四边形时[见图 5-11(b)]，则可以把它分成两个三角形。两个三角形的面积及其形心可用上述方法求得。而四边形 $abcd$ 的形心位置 g 可用下述作图法求得。设 g' 及 g'' 分别为△abc 及△adc 的形心，用直线连接 $\overline{g'g''}$，并与直线 ac 交于 k 点，令 $\overline{gg'}=\overline{kg''}$，则 g 点即为四边形的面积形心。

知道了面积 δA 和形心 g 的位置后，就可在图上量出 g 点至轴线 NN 的距离，进而算出面积静矩 δm，或由 g 点到轴线 NN 的最短距离计算式 $l_{gN}=(y_g-c)\cos\phi+(z_g-d_0)\sin\phi$ 求出。

上层建筑入水部分体积 $\delta V'_\phi$ 及其对 NN 轴线的静矩 δm_ϕ 可用数值积分法进行计算，并应按上层建筑的具体情况分段进行(如首楼、尾楼、桥楼等)。在用人工计算时常采用梯形法或辛氏法进行计算。

2. 自由液面对静稳性曲线的影响

当船内液体舱中存在自由液面时，舱内液体将随船舶的倾斜而移动，因而对于静稳性曲线有一定影响。

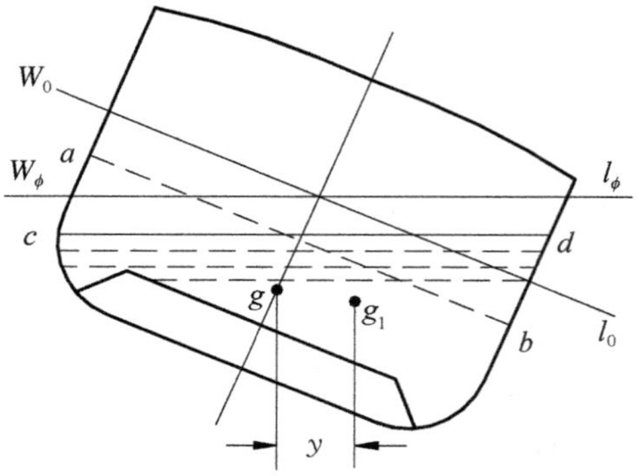

图 5-12 舱内自由液面对静稳性曲线的影响

如图 5-12 所示，船舶在正浮时舱内液体的表面为 ab，重心位于 g 点。当船舶横倾 ϕ 角后，舱内液体向倾斜一侧移动，液面为 cd，重心自 g 点移至 g_1 点，移动的横向距离为 y，因此产生了一个横倾力矩

$$M_H=w_1Vy$$

式中，V 为舱内液体的体积；w_1 为舱内液体的密度。

设船舶原来的复原力矩为 $M_R=\Delta l$，现在由于自由液面的影响，故船舶的实际复原力矩

$$M'_R=\Delta l-M_H=\Delta\left(l-\frac{M_H}{\Delta}\right)=\Delta(l-\delta l) \tag{5-14}$$

式中，$\delta l=\dfrac{M_H}{\Delta}=\dfrac{w_1Vy}{\Delta}$ 为自由液面对静稳性臂的影响。

当船舶的横倾角 ϕ 较大时，必须直接计算自由液体的横倾力矩 M_H，才能求得 $\delta l=M_H/\Delta$ 值，计算原理类似于大倾角稳性中等体积倾斜水线下求排水体积、浮心位置和复原力臂的计算原理，即等体积倾斜水线对应于等体积倾斜自由液面 cd，排水体积对应于液体体积 V，浮心位置对应于倾斜后的液体形心 g_1，复原力臂对应于形心移动的横向距离 y，水密度对应于液体密度 w_1，计算方法同样可采用类似的等排水量法(等体积法)或变排水量法(变体积法)。

当自由液面的影响较小时，故常用图解法进行计算，并把舱的横剖面简化成三角形或四边形，具体步骤如下：

(1) 将液体舱分成适当的站数，并画出各站处的横剖面形状。

(2) 画出各倾角的液面线。

(3) 用图解法求出液面线以下的横剖面积及其形心位置。

(4) 沿舱长方向近似积分，便可求得舱内液体的体积 V 及其重心 g 的位置，进而可以求出

M_H 及 δl。

为了简便起见，对某些不太规则的剖面形状可先简化为三角形或四边形。图5-13是某船的尾尖舱，在计算时我们先把它的剖面简化成$\triangle ABC$，然后画出各倾角的液面线，并把各液面线下的面积形心(0、1、2、…)也相应地标记在图上。

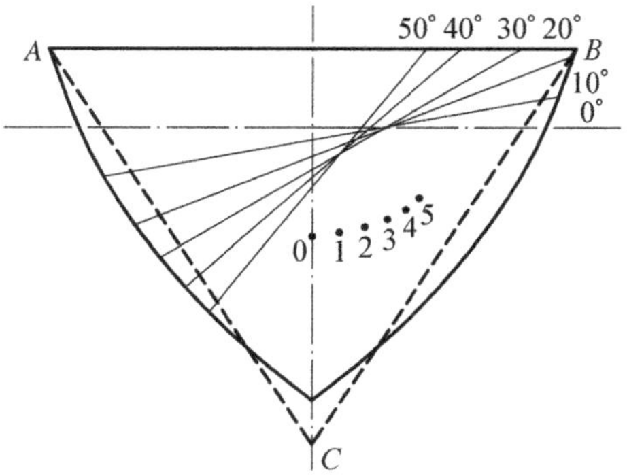

图5-13 某船尾尖舱

为了减少计算和制图工作，有时采用下面更为简便的办法：

(1) 只画出液体舱的某一平均剖面。

(2) 用作图法求出各等面积倾斜液面下的面积形心位置。

(3) 分别量出各倾斜液面线下面积形心的横向移动距离 y。

(4) 假定上述 y 值即为该舱液体在各倾角时体积形心的横向移动距离。若舱内的液体体积为 V，则可算出各倾角下的横倾力矩 $M_H = w_1 V y$ 及自由液面对静稳性臂的影响数值 $\delta l = M_H/\Delta$。

图5-14所示为自由液面修正前后的静稳性曲线。

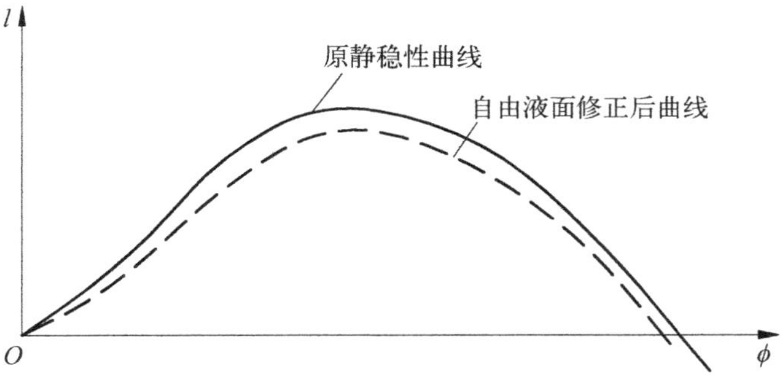

图5-14 自由液面修正前后的静稳性曲线

有些规范中还采用了比上述更简便的办法，即只算出倾角 $\phi=30°$时的 δl_{30}，$\phi>30°$的 δl 均取 δl_{30}，0°～30°的 δl 按线性变化选取，即 $\delta l_{10}=\delta l_{30}/3$，$\delta l_{20}=2\delta l_{30}/3$，这就使计算的工作量大大减少，而计算精度并不会受到太大的影响。

船舶在航行过程中，舱内的燃油或淡水数量是变化的，因而对静稳性臂曲线的影响也是变化的。在图5-15中，图(a)表示液体舱室接近装满的情况；图(b)表示接近空舱的情况；图(c)表示液体约为半舱的情况。

从图中可以看出，在接近满舱或空舱时，自由液面对稳性的影响很小，但在半舱时其影响较大。在稳性计算中，应该把影响最大的情况作为进行修正的依据。因此，我国《船舶与海上设施法定检验规则 国内航行海船法定检验技术规则》中规定：

(1) 在计算大倾角自由液面影响时，舱内液体一律取舱容的50%。

(2) 舱内液体在接近满舱(95%以上)或空舱(5%以下)时，可不计其自由液面对初稳性高及稳性曲线的影响(但对大型油轮货油舱等除外)，因为此时所产生的倾斜力矩很小。

(3) 舱内因存在自由液面而产生的倾斜力矩符合下列条件者，可不予计算，即

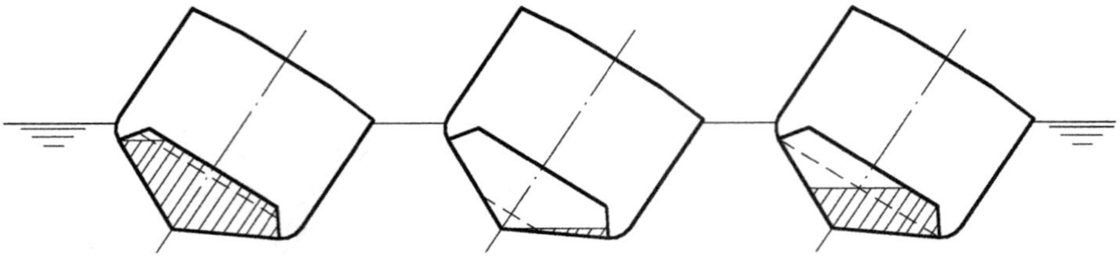

图 5-15　液体舱室满舱、空舱和半舱的情况

$$M_{30} < 0.01\Delta_{\min}$$

式中，M_{30} 为船舶倾斜 30°时液体的移动力矩(t·m)；$\Delta_{\min}$ 为空船带有 10%燃料及备品时的排水量(t)。

在计算自由液面对静稳性臂的影响时，一般只考虑燃油舱及淡水舱即可，而压载水舱在加压载水时通常都是装满的，若装满或空舱则可以不必考虑。为了减小自由液面的影响，船上在使用燃油和淡水时，都尽量地使存在自由液面的舱数最少。

5.5　静稳性曲线和动稳性曲线

上面我们着重讨论了船舶静稳性曲线的计算问题，下面对静稳性曲线的特征、形状和意义进行分析讨论。

如果静稳性曲线的纵坐标用不同的比尺标出复原力臂 l 和复原力矩 M_R，则可同时表示出复原力臂 l、复原力矩 M_R 和横倾角 ϕ 之间的关系，如图 5-16 所示。有了静稳性曲线以后，我们就可以分析它的特性。

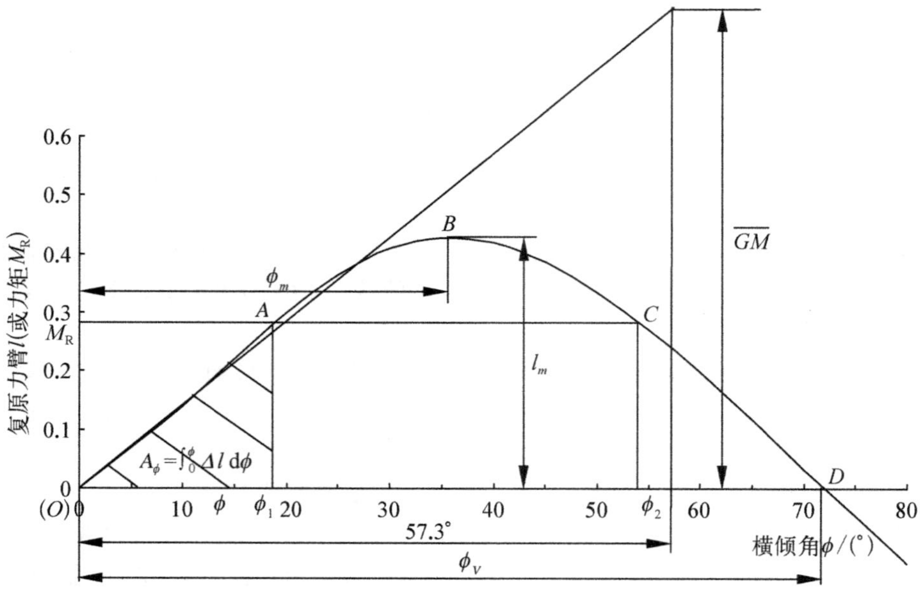

图 5-16　静稳性曲线图(l，M_R 和 ϕ 的关系)

1. 静稳性曲线的特征

船舶静稳性曲线的主要特征有以下几个。

1）在原点处的斜率

根据式(5－14)，复原力臂 l 计算式为

$$l=y_\phi\cos\phi+z_\phi\sin\phi-z_G\sin\phi \tag{5-15}$$

式(5－15)对 ϕ 求导，得

$$\frac{\mathrm{d}l}{\mathrm{d}\phi}=\frac{\mathrm{d}y_\phi}{\mathrm{d}\phi}\cos\phi-y_\phi\sin\phi+\frac{\mathrm{d}z_\phi}{\mathrm{d}\phi}\sin\phi+z_\phi\cos\phi-z_G\cos\phi \tag{5-16}$$

$$\frac{\mathrm{d}y_\phi}{\mathrm{d}\phi}=\overline{B_\phi M_\phi}\cos\phi \qquad \frac{\mathrm{d}z_\phi}{\mathrm{d}\phi}=\overline{B_\phi M_\phi}\sin\phi \tag{5-17}$$

将式(5－17)代入式(5－16)，可得

$$\frac{\mathrm{d}l}{\mathrm{d}\phi}=\overline{B_\phi M_\phi}\cos^2\phi-y_\phi\sin\phi+\overline{B_\phi M_\phi}\sin^2\phi+z_\phi\cos\phi-z_G\cos\phi$$

当 $\phi\to 0$ 时，$\overline{B_\phi M_\phi}\to\overline{BM}$，$z_\phi\to z_B$，$\sin\phi\to 0$，$\cos\phi\to 1$

$$\frac{\mathrm{d}l}{\mathrm{d}\phi}=\overline{BM}+z_B-z_G=\overline{GM} \tag{5-18}$$

由式(5－18)可知，静稳性曲线在原点处的斜率等于初稳性高 $\overline{GM}$，我们常用此特性来检验静稳性曲线起始段的正确性。

2）最大复原力臂 l_m 及其对应的横倾角 ϕ_m

静稳性曲线的最高点 B 的纵坐标值是船舶在横倾过程中所具有的最大复原力矩(或复原力臂)，表示船舶所能承受的最大静态横倾力矩。若外来的恒定(静态)横倾力矩超过此值，则船将倾覆。因此，B 点的纵坐标值称为最大复原力矩(或力臂)l_m，其对应的横倾角(B 点横坐标值)称为极限静倾角 ϕ_m。

3）稳定平衡与不稳定平衡

如图 5－16 所示，当恒定横倾力矩小于最大复原力矩时，代表该横倾力矩的水平线与静稳性曲线相交于 A、C 两点，其相应的横倾角为 ϕ_1 和 ϕ_2。但此时船舶的静倾角应该是 ϕ_1，理由如下：在 ϕ_1 附近若再有一小扰动，使横倾角略微增大(或减小)，则复原力矩大于(或小于)横倾力矩，船将返回到原 ϕ_1，因此 ϕ_1 是处于稳定平衡状态；但当在 ϕ_2 附近若有一小扰动，使横倾角略微增大，则复原力矩小于横倾力矩，船将进一步横倾直至倾覆，如果该扰动使横倾角略微减小，则复原力矩大于横倾力矩，船的横倾角将继续减小直至返回到 ϕ_1 处的平衡位置，因此船在 ϕ_2 处处于不稳定平衡状态。

由上述分析可推知：船在恒定横倾力矩作用下一般有两个平衡位置，分别是处于静稳性曲线上升段(0－B 段)的交点和下降段(B－D 段)的交点，在上升段的交点为稳定平衡位置，而在下降段的交点为不稳定平衡位置。

4）稳性消失角 ϕ_v 和稳距 $\overline{OD}$

如图 5－16 所示，静稳性曲线的 D 点处复原力矩 $M_R=0$，其对应的横倾角称为稳性消失

角 ϕ_v，原点至 D 点的距离称为稳距 $\overline{OD}$（或称为稳性范围）。在稳性范围内，复原力矩是正值，超出稳性范围，复原力矩为负值，使船因无复原可能而继续倾斜至倾覆。

5）静稳性曲线下的面积

如图 5－16 所示，静稳性曲线下从原点到 ϕ 点的面积 $\int_0^{\phi} M_R \mathrm{d}\phi$ 等于船倾斜 ϕ 角度后复原力矩所做的功，或者说是船倾斜后所具有的位能（能量）。显然，静稳性曲线下的面积越大，船舶所具有可抵抗横倾力矩的位能（能量）就越大，即船舶的稳性就越好。

6）静稳性曲线 $l = f(\phi) = y_\phi \cos\phi + z_\phi \sin\phi - z_G \sin\phi$ 是奇函数

按奇函数性质 $f(-\phi) = -f(\phi)$ 证明如下：

$$
\begin{aligned}
f(-\phi) &= y_{-\phi}\cos(-\phi) + z_{-\phi}\sin(-\phi) - z_G\sin(-\phi) \\
&= -y_\phi\cos\phi + z_\phi(-\sin\phi) - z_G(-\sin\phi) \\
&= -(y_\phi\cos\phi + z_\phi\sin\phi - z_G\sin\phi) = -f(\phi)
\end{aligned}
$$

于是按静稳性曲线是奇函数的性质，即对称于原点，就可根据图 5－16 静稳性曲线（右倾时）很容易绘制出横坐标轴负方向的静稳性曲线（左倾时）。

实际上，静稳性曲线的特征值，如原点处的斜率、最大复原力矩和极限静倾角、稳距或消失角等已大致限定了静稳性曲线的轮廓及面积，并且这些特征值都是表征船舶稳性的重要标志，因此《船舶与海上设施法定检验规则　国内航行海船法定检验技术规则》中对其数值的大小都有规定。

稳性的基本曲线就是静稳性曲线，它是对应于某个载况及排水量 Δ 的，船舶通常有多种载况（排水量 Δ），因此船舶的静稳性曲线实际上是一簇参数曲线 $l = f(\phi, \Delta)$，其中 ϕ 是自变量，排水量 Δ 是参数。但静稳性曲线通常仍记为 $l = f(\phi)$。

2. 典型的静稳性曲线

初稳性高 $\overline{GM}$ 的大小对静稳性曲线的形状有直接影响。图 5－17 所示为三种典型的船舶静稳性曲线。

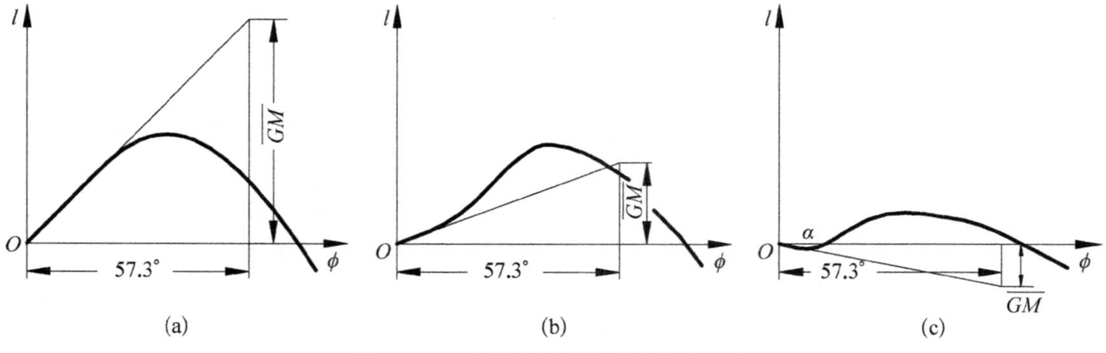

图 5－17　三种典型的船舶静稳性曲线

图(a)中，初稳性高 $\overline{GM}$ 较大，最大复原力臂 l_m 也不小，稳性消失角可达 60°～90°。具有这种静稳性曲线的船舶一般船宽较大、干舷较小，如江船。通常这类船舶的稳性是足够的，但遇到风浪时会产生剧烈的摇摆，对于海船来说并不理想。

图(b)中，初稳性高 $\overline{GM}$ 较小，但曲线很快地超出在原点处的切线，最大复原力臂 l_m 也不小，稳性消失角较大。具有这种静稳性曲线的船舶一般干舷较高，如海船。通常这类船舶的大倾角稳性是足够的，遇到风浪时摇摆相对较缓和，这种静稳性曲线较为理想。

图(c)中，初稳性高$\overline{GM}$为负值，这种船在静水中虽然不会翻掉，但因正浮位置是不稳定平衡的，故具有一永倾角 α，其大倾角稳性较差，通常不允许出现这种情况。

3. 动稳性的基本概念

前面讨论的船舶稳性问题都是属于静稳性范畴，即假定外力矩逐渐作用在船上，船在倾斜过程中倾斜得很慢，因而认为角速度等于零。当横倾力矩 M_H 与复原力矩 M_R 相等时，船即平衡于某一横倾角 ϕ_1，ϕ_1称为静横倾角，如图 5－18 所示。船上横向移动重物或在船的一侧缓慢装卸货物等情况，都可以看作是外力矩的静力作用。

但是实际情况是船舶在海上航行时经常受到外力矩(横倾力矩) M_H 的突然作用，如阵风的突然吹袭、海浪的猛烈冲击等。船舶在受到横倾力矩 M_H 的突然作用后将很快地产生倾斜，而且在倾斜过程中具有一定的角速度，这种情况与静力作用完全不同。

如图 5－19 所示，设有一个横倾力矩 M_H 突然作用在船上，使船以很快的速度产生倾斜。现对船在受力后的运动情况具体分析如下：

(1) 在倾角 $\phi=0$ 至 ϕ_1之间，$M_R<M_H$，船在横倾力矩作用下加速倾斜。

(2) 当 $\phi=\phi_1$ 时，$M_R=M_H$，横倾力矩已不能再使船舶继续倾斜，但由于船舶具有一定的角速度(具有一定的动能)，在惯性的作用下船将继续倾斜。

(3) 在倾角 $\phi=\phi_1$ 至 ϕ_d之间，$M_R>M_H$，船舶减速倾斜。

(4) 当 $\phi=\phi_d$ 时，角速度等于零，则船停止倾斜，但这时 $M_R>M_H$，故船舶开始复原。

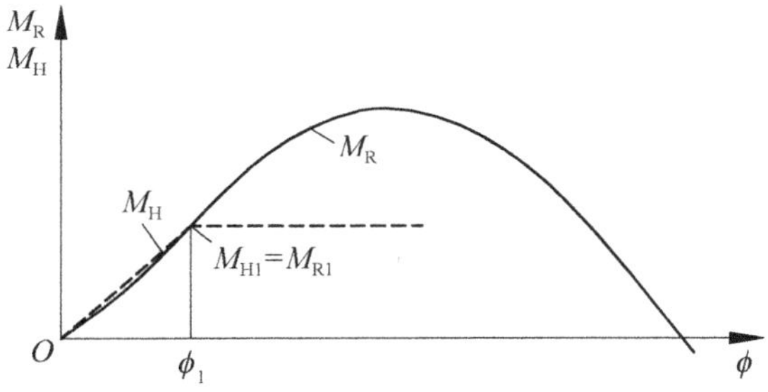

图 5－18　静力作用下的横倾角

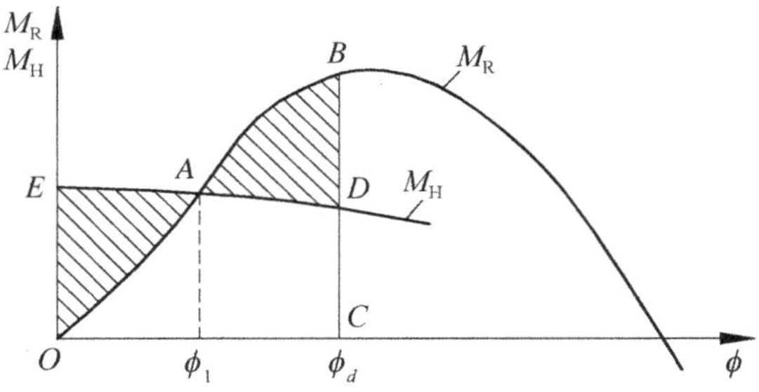

图 5－19　动力作用下的横倾角

在复原过程中，船舶的运动情况如下：

(1) 在倾角 $\phi=\phi_d$ 至 ϕ_1之间；$M_R>M_H$，船舶加速复原。

(2) 当 $\phi=\phi_1$ 时，$M_R=M_H$，复原力矩已不能再使船舶复原，但由于船舶具有角加速度，故将继续复原。

(3) 在倾角 $\phi=\phi_1$ 至 0 之间，$M_R<M_H$，船的复原速度减小。

(4) 在倾角 $\phi=0$ 时，船的复原速度等于零而停止复原。但这时 $M_R=0$，横倾力矩 M_H 又使船产生倾斜。

这样，船舶将在倾角 0 与 ϕ_d之间往复摆动，但由于水及空气阻力的作用，船的摆动角速度逐渐减小，最后将平衡于 ϕ_1处，如图 5－20 所示。船在动力作用下的最大横倾角 ϕ_d称为动横倾角。

从上述分析可知，船舶在横倾力矩 M_H 的动力作用下，即使已经达到了 $M_R=M_H$，船舶仍将继续倾斜，直至 $\phi=\phi_d$时才开始复原运动。而动横倾角 ϕ_d 较静横倾角 ϕ_1大很多，这显然是比较危险的情况，故在讨论船舶的大倾角稳性时，必须研究动稳性问题。

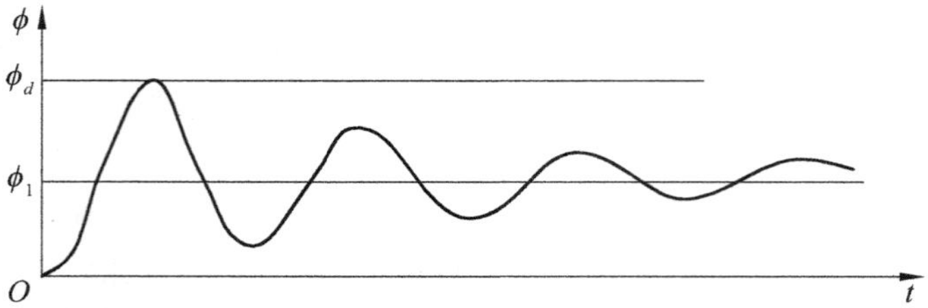

图 5－20　倾斜过程中船舶的往复摆动

在横倾力矩的动力作用下，船舶倾斜时具有一定的角速度，只有当横倾力矩 M_H 所做的功完全由复原力矩 M_R 所做的功抵消时，船的角速度才变为零而停止倾斜。根据这个原理，我们可以决定动力作用下的动横倾角 ϕ_d。

当船舶由 $\phi=0$ 倾斜至 ϕ_d 时，横倾力矩 M_H 所做的功为

$$T_H=\int_0^{\phi_d} M_H \mathrm{d}\phi$$

复原力矩 M_R 在 $\phi=0$ 与 ϕ_d 之间所做的功为

$$T_R=\int_0^{\phi_d} M_R \mathrm{d}\phi$$

从图 5－19 中可以看出：T_H 为曲线 M_H 所围面积 $OEDC$，T_R 为 M_R 曲线所围的面积 $OABC$。因此，面积 $OEDC$＝面积 $OABC$，表示横倾力矩所做的功等于复原力矩所做的功，由于面积 $OADC$ 为两者所共有，故面积 OEA＝面积 ABD（图中阴影线部分），D 点所对应的倾斜角即为动横倾角 ϕ_d。

综上所述，关于静稳性和动稳性的特点可概括如下：

船舶在横倾力矩的静力作用下，横倾时的角速度很小，可以认为等于零。而当复原力矩 M_R 与横倾力矩 M_H 相等时即达到平衡状态。因此，船舶的静稳性是以复原力矩来表达的，平衡方程是力矩平衡条件 $M_H=M_R$。

船舶在横倾力矩的动力作用下，横倾时具有角速度。只有当横倾力矩所做的功 T_H 完全由复原力矩所做的功 T_R 所抵消时，船的角速度才变为零而停止倾斜。因此，船舶的动稳性是以复原力矩所做的功来表达的，平衡方程是能量（功）平衡条件 $T_H=T_R$。

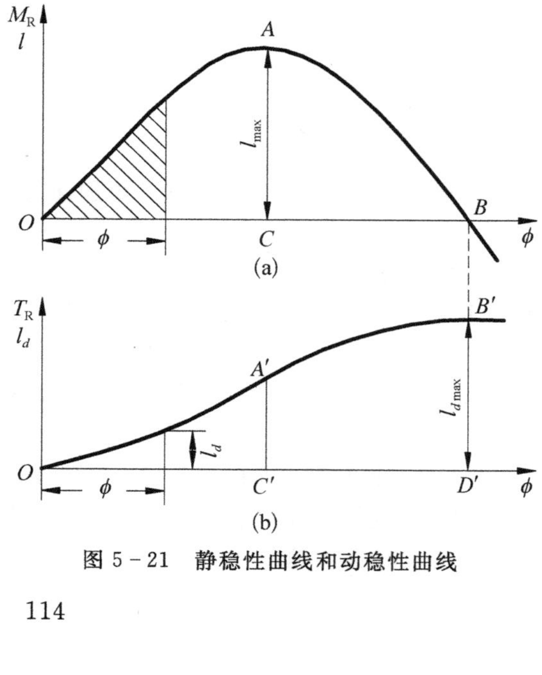

图 5－21　静稳性曲线和动稳性曲线

4. 动稳性曲线

当船舶横倾至 ϕ 时，复原力矩 M_R 所做的功

$$T_R=\int_0^{\phi} M_R \mathrm{d}\phi$$

式中，复原力矩（$M_R=\Delta l$）随 ϕ 的变化规律是由静稳性曲线来表示的，如图 5－21(a)所示。

复原力矩所做的功又可写成

$$T_R = \int_0^{\phi} M_R \mathrm{d}\phi = \Delta \int_0^{\phi} l \mathrm{d}\phi$$

或

$$T_R = \Delta l_d$$

式中，$l_d = \int_0^{\phi} l \mathrm{d}\phi$ 称为动稳性臂；T_R 或 l_d 随 ϕ 而变化的曲线称为动稳性曲线 $l_d = f(\phi)$。

因此，动稳性曲线是静稳性曲线的积分曲线。有了静稳性曲线（M_R 或 l），就可以用近似计算方法求出动稳性曲线（T_R 或 l_d），如图 5-21(b)所示。静稳性曲线和动稳性曲线之间有下列关系：

(1) 在 $\phi=0$ 处，静稳性臂 $l=0$，动稳性臂 l_d 也等于零，这是 l_d 的最小值。

(2) 当 ϕ 等于极限静倾角 ϕ_{max} 时，静稳性臂达最大值 l_{max}，在动稳性臂 l_d 曲线上表现为反曲点 A'。

(3) 当 ϕ 等于稳性消失角时，$l=0$，动稳性臂 l_d 达最大值 $l_{d\max}$。

(4) 动稳性曲线在某一倾角处的纵坐标代表静稳性曲线至该处所围的面积，例如，在图 5-21 中，动稳性曲线的纵坐标 $A'C'$ 代表静稳性曲线的面积 OAC；动稳性曲线的纵坐标 $B'D'$ 代表静稳性曲线的面积 OAB。

(5) 静稳性曲线是奇函数，动稳性曲线是偶函数。

(6) 静稳性臂计算式 $l = y_{\phi}\cos\phi + z_{\phi}\sin\phi - z_G\sin\phi$

动稳性臂计算式

$$l_d = y_{\phi}\sin\phi - z_{\phi}\cos\phi + z_G\cos\phi - (z_G - z_B) \tag{5-19}$$

证明：$l_d = \int l \mathrm{d}\phi = y_{\phi}\sin\phi - z_{\phi}\cos\phi + z_G\cos\phi + C$，令 $\phi=0$ 时 $l_d=0$，$z_{\phi}=z_B$，解出 $C=-(z_G - z_B)$，代入得动稳性臂 $l_d = y_{\phi}\sin\phi - z_{\phi}\cos\phi + z_G\cos\phi - (z_G - z_B)$。

例 1 某船在横倾角 $\phi=45°$时，动稳性臂 $l_d=0.7$ m，这时浮心横向坐标 $y_{\phi}=2.55$ m，求船在该横倾角时的复原力臂 l，船正浮时重心在浮心之上的距离 $a=z_G - z_B=2.1$ m。

解： 已知静稳性臂计算式 $l = y_{\phi}\cos\phi + z_{\phi}\sin\phi - z_G\sin\phi$，动稳性臂计算式为

$$l_d = y_{\phi}\sin\phi - z_{\phi}\cos\phi + z_G\cos\phi - (z_G - z_B) \tag{5-20}$$

根据式(5-20)并代入 a，可解出

$$z_{\phi} = \frac{[-l_d + y_{\phi}\sin\phi + z_G\cos\phi - a]}{\cos\phi}$$

并代入静稳性臂计算式。

于是静稳性臂

$$l = y_{\phi}\cos\phi + \frac{[-l_d + y_{\phi}\sin\phi + z_G\cos\phi - a]}{\cos\phi}\sin\phi - z_G\sin\phi$$

可简化为

$$l = y_{\phi} \cos\phi + [-l_d + y_{\phi} \sin\phi - a] \frac{\sin\phi}{\cos\phi} + z_G \sin\phi - z_G \sin\phi$$

再简化为

$$l = y_{\phi} \cos\phi + (-l_d + y_{\phi} \sin\phi - a) \tan\phi$$

代入已知数值，可求出复原力臂为

$$l = 2.55\cos 45^\circ + (-0.7 + 2.55\sin 45^\circ - 2.1)\tan 45^\circ = 0.806$$

答：船在该横倾角时的复原力臂 $l = 0.806$ m。

5.6 稳性曲线的应用和进水角曲线

船舶在海上航行时会受到各种各样的外力作用，根据静稳性曲线或动稳性曲线，可以求得船在外力作用下的动横倾角和船所能承受的最大外力矩。

1. 静稳性和动稳性曲线的应用

1) 动横倾角的确定

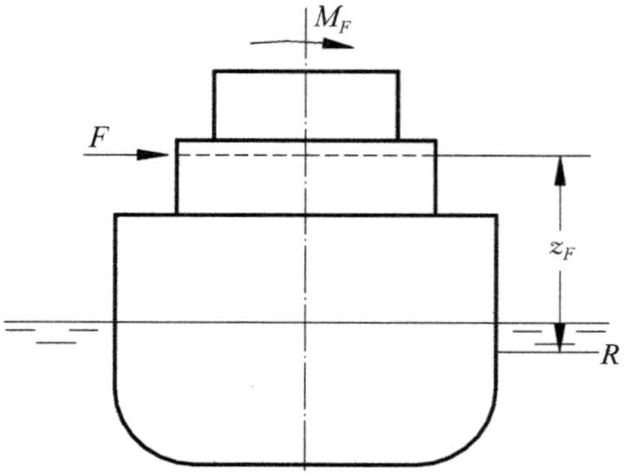

图 5-22 风力与横倾力矩

动横倾角 ϕ_d 的确定条件是在 ϕ_d 处外力矩所做的功等于复原力矩所做的功。船受定值阵风风力 F（即假定 F 不随 ϕ 变化）作用产生横漂。于是，水下部分受到横向水阻力 R 作用。在稳定状态下，两个力大小相等，方向相反。由于 F 和 R 不在同一水平线上，相距 z_F，因而形成了一个使船横倾的力矩 M_F，见图 5-22 所示。

$$M_F = F z_F$$

则横倾力臂

$$l_F = M_F / \Delta$$

现分别根据静稳性曲线和动稳性曲线求船舶在动力风倾力矩 M_F 作用下的动横倾角 ϕ_d。

(1) 数值法。解能量平衡方程 $T_H = T_R$，即 $\int_0^{\phi_d} M_H \mathrm{d}\phi = \int_0^{\phi_d} M_R \mathrm{d}\phi$，求出积分上限 ϕ_d。

(2) 作图法。在如图 5-23(a)所示的静稳性曲线图上作水平线 AD，令 $\overline{OA} = M_F$，并使面

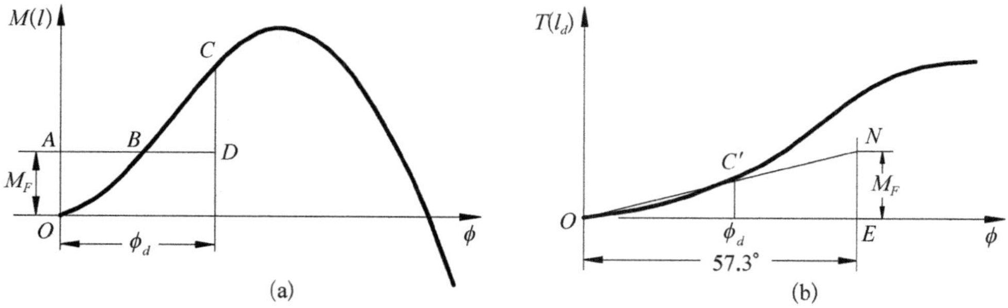

图 5-23 用静稳性或动稳性曲线决定横倾角

积 OAB = 面积 BCD，便可求得动横倾角 ϕ_d。

但是，借助移动直线 CD 以凑得两个面积相等还是比较麻烦的，故通常直接应用动稳性曲线来求取 ϕ_d。

显然，定值阵风作用下的风倾力矩 M_F 所做的功 $T_F = \int_0^{\phi} M_F \mathrm{d}\phi = M_F\phi$（动稳性臂 $l_{d,F} = \int_0^{\phi} l_F \mathrm{d}\phi = l_F\phi$）是一条直线，其斜率为 M_F（或 l_F）。当 $\phi = 1\ \mathrm{rad} = 57.3°$ 时，$T_F = M_F$ 或 $l_{d,F} = l_F$。这样，可在图 5－23(b)中横坐标 $\phi = 57.3°$ 的 E 点处垂直量取 M_F（或 l_F）得 N 点，连接 ON，则直线 ON 即为 T_F（或 $l_{d,F}$）随 ϕ 而变化的动稳性曲线。

T_F（或 $l_{d,F}$）与 T_R（或 l_d）两曲线的交点 C' 表示风倾力矩 M_F 所做的功与复原力矩 M_R 所做的功相等。因此，与 C' 点相对应的倾角即为动横倾角 ϕ_d。

2）阵风作用下船舶所能承受的最大风倾力矩 $M_{F\max}$（或力臂 $l_{F\max}$）

(1) 数值法。解能量平衡方程 $\int_0^{\phi_{d\max}} l_F \mathrm{d}\phi = \int_0^{\phi_{d\max}} l \mathrm{d}\phi$ 和静稳性曲线点 $l_{F\max} = f(\phi_{d\max})$ 的联立方程，求出两个变量值，即最大风倾力臂 $l_{F\max}$ 和极限动横倾角 $\phi_{d\max}$。

(2) 作图法。根据前面同样的道理，在如图 5－24(a)所示的静稳性曲线图上作一水平线并使面积 OFG = 面积 GHK，且 K 点落在静稳性曲线的下降段上，表示复原力矩所做的功恰能等于该外力矩所做的功，故 $\overline{OF}$ 即为船舶所能承受的最大风倾力矩 $M_{F\max}$（或力臂 $l_{F\max}$），与 K 点相对应的倾角称为极限动横倾角 $\phi_{d\max}$。

或者在如图 5－24(b)所示的动稳性曲线图上，过 O 点作与动稳性曲线相切的切线 OK'，此直线表示最大风倾力矩 $M_{F\max}$ 所做的功，OK' 直线在 $\phi = 57.3°$ 处的纵坐标便是所求最大风倾力矩 $M_{F\max}$（或力臂 $l_{F\max}$），切点 K' 相对应的倾角便是极限动横倾角 $\phi_{d\max}$。

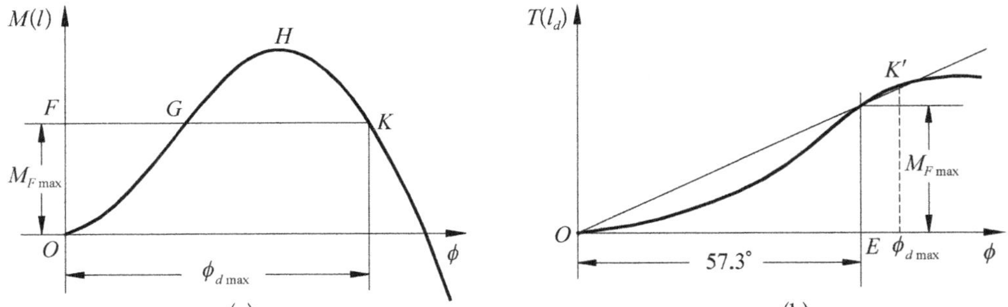

图 5－24 极限动横倾角

假使船舶正浮时作用于船上的风倾力矩（或力臂）大于 $M_{F\max}$（或 $l_{F\max}$），则表示该力矩所做的功的直线不再与动稳性曲线相交或相切，这就意味着在动力作用的情况下，船舶已经不能抵抗这样大的横倾力矩，船将倾覆。

3）在风浪联合作用下，船舶所能承受的最大风倾力矩 $M_{F\max}$（或力臂 $l_{F\max}$）

船舶受到波浪作用产生摇摆，当船向迎风一舷横摇至最大摆幅 ϕ_0（称为共振横摇角或横摇角）并刚要往回横摇时，突然受到一阵风的吹袭，此时船最危险。因为这时复原力矩的方向与风倾力矩的方向一致，两个力矩加在一起促使船舶倾斜加剧（见图 5－25）。

由于船舶是左右对称的，故其静稳性曲线（奇函数）必对称于 O 点，动稳性曲线（偶函数）

必对称于过 O 点的纵轴，如图 5－26 所示。在图 5－26(a)上截取 $\overline{OG}=\phi_0$，作水平线 BE，令 $\overline{GB}=M_F$ 并使面积 ABC＝面积 CDE，与 D 点对应的即为动横倾角 ϕ_d。从图中可以看出，若不考虑横摇角 ϕ_0，在同样的 M_F 作用下，动横倾角 ϕ'_d 要比 ϕ_d 小得多。同样在图 5－26(b)上，向左量 ϕ_0，在动稳性曲线上得 A' 点，由 A' 沿横轴取 57.3°，作垂线，截取 $\overline{B'N'}=M_F$，连 $A'N'$ 与动稳性曲线交于 D' 点，D' 相对应的横倾角即为 ϕ_d。由图 5－26(a)和(b)所得 ϕ_d 是完全一致的。

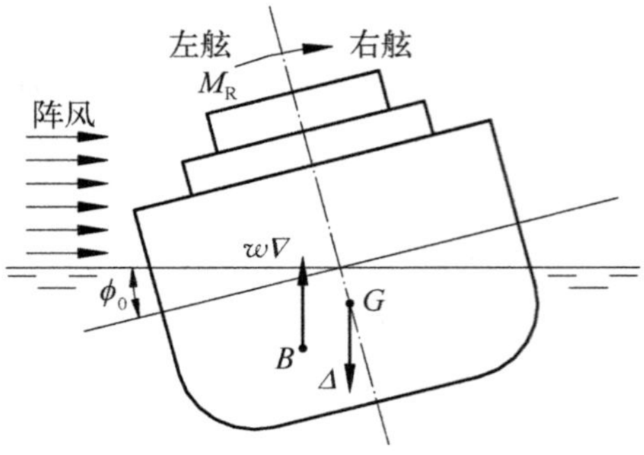

图 5－25　复原力矩与风倾力矩的共同作用

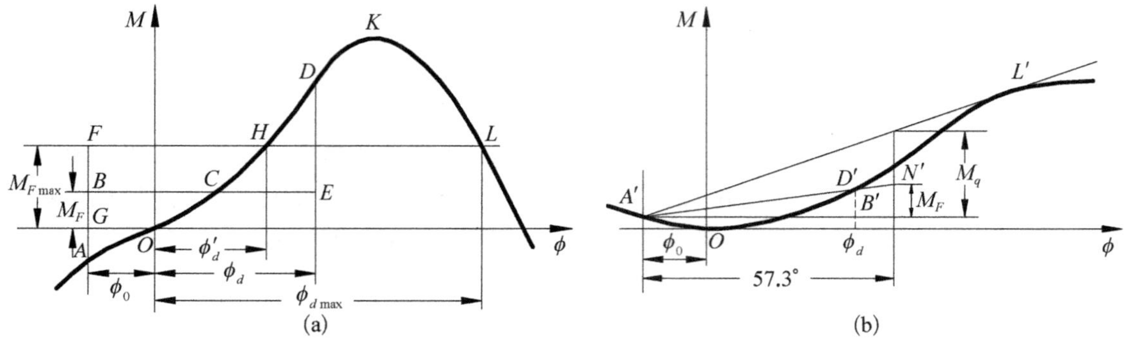

图 5－26　在风浪联合作用下的稳性曲线

下面介绍如何确定 $M_{F\max}(l_{F\max})$ 和 $\phi_{d\max}$。

(1) 数值法。解能量平衡方程 $\int_{-\phi_0}^{\phi_{d\max}} l_F \mathrm{d}\phi=\int_{-\phi_0}^{\phi_{d\max}} l \mathrm{d}\phi$ 和静稳性曲线 $l_{F\max}=F(\phi_{d\max})$ 的联立方程，求出两个变量值，即最大风倾力臂 $l_{F\max}$ 和极限动横倾角 $\phi_{d\max}$。求解过程如下：

考虑到静稳性曲线对称于原点和倾斜力矩是定值，$\int_{-\phi_0}^{\phi_{d\max}} l_F \mathrm{d}\phi=\int_{-\phi_0}^{\phi_{d\max}} l \mathrm{d}\phi$ 可简化为 $l_{F\max}(\phi_0+\phi_{d\max})=\int_{\phi_0}^{\phi_{d\max}} l \mathrm{d}\phi$，于是联立方程变为 $l_{F\max}=\dfrac{\int_{\phi_0}^{\phi_{d\max}} l \mathrm{d}\phi}{\phi_0+\phi_{d\max}}$ 和 $l_{F\max}=f(\phi_{d\max})$，解此联立方程，即可求得两个变量值，即最大风倾力臂 $l_{F\max}$ 和极限动横倾角 $\phi_{d\max}$。

(2) 作图法。在如图 5－26(a)所示的静稳性曲线图上作水平线 FL，使面积 AFH＝面积 HKL，且 L 点落在静稳性曲线下降段上，则 $\overline{GF}$ 即为船舶在风浪联合作用下所能承受的最大倾斜力矩 $M_{F\max}$(或力臂 $l_{F\max}$)，与 L 点相对应的倾角为极限动横倾角 $\phi_{d\max}$。

或者在如图 5－26(b)所示的动稳性曲线图上，过 A' 点作动稳性曲线的切线 $A'L'$，再从 A' 沿水平方向取 57.3°，作垂线与 $A'L'$ 交于一点，则该点在过 A' 点的水平线以上的纵坐标即为 M_q(或 l_q)，与切点 L' 相对应的倾角为极限动横倾角 $\phi_{d\max}$。

根据前面的讨论可知，$M_{H\max}$ 是船舶正浮时在静力作用下所能承受的最大倾斜力矩，$M_{F\max}$ 是船舶正浮时，在阵风作用下所能承受的最大倾斜力矩，此时面积 OFG＝面积 GDK(见图 5－27)，$M'_{F\max}$ 是船舶在阵风和波浪联合作用下，考虑共振横摇角 ϕ_0 时所能承受的最大倾斜力矩，此时面积 ABC＝面积 CDE。由图 5－27 中可见，$M_{Hmax} > M_{Fmax} > M'_{Fmax}$，其对应的横倾角 $\phi_1 < \phi_d < \phi'_d$。显然，船舶在遭受外力矩时，风浪联合作用状况最危险，M'_{Fmax} 是该船所能承受的最大倾斜力矩，倾斜力矩超过此值，船舶将倾覆。从船舶是否会倾覆来说，它又是使船倾覆的最小力矩（或力臂）临界值（外力矩大于此值，船将倾覆），所以称为最小倾覆力矩（或力臂），常记作 $M_q(l_q)$，ϕ'_d 称为极限动倾角，记作 ϕ_{dmax}，它表示船舶所允许横倾的最大角度。因此，考虑横摇角 ϕ_0 的情况最危险。因此，总是依据风浪联合作用为最危险情况来进行大倾角稳性的核算。

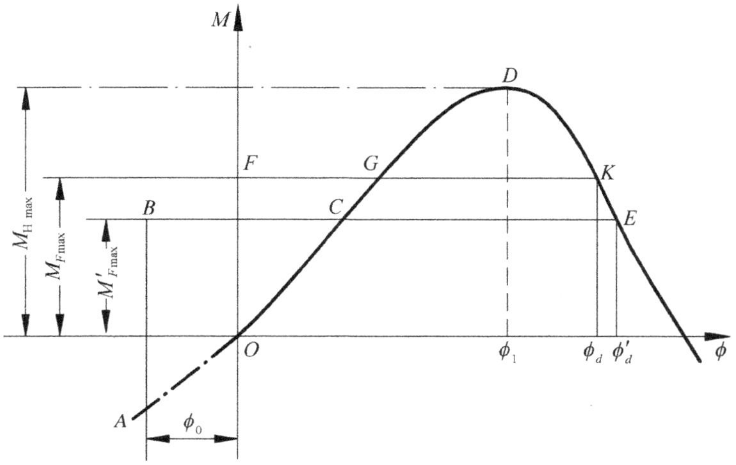

图 5－27　船舶所能承受的三种较大的倾斜力矩

这里需要说明以下两点：

(1) 外力矩一般是随横倾角 ϕ 变化的，特别是风力矩，多半是随着 ϕ 的增加而减小，美国相关规范假定风力矩随 $\cos^2\phi$ 变化，中国和日本的相关规范则将风力矩 M_F 取为不随 ϕ 而变的定值，这样 M_F 在静稳性曲线图上是一水平线，在动稳性曲线图上是一斜直线，使计算作图极为简便，而且这样选取在实际使用上较安全，但绝不能造成一种错觉，认为外力矩总是不变的。

(2) 用动稳性曲线求解要比用静稳性曲线方便，省去了“凑面积相等”的步骤。但是动稳性曲线的这一优点只有当外力矩的积分曲线是一直线（外力矩为定值）时才会显示出来。国外的一些规范规定外力矩是变化的，因此在进行大倾角稳性计算时用静稳性曲线反而方便，在这种情况下就不需要计算动稳性曲线了。另外计算机软件计算时也采用静稳性曲线并用数值法来计算。

2. 进水角和进水角曲线

船舶的甲板上及上层建筑的侧壁上有许多开口（例如舱口、门和窗等），如果这些开口不是风雨密的，则当船舶倾斜时，水面达到某一开口时，海水将灌入船身主体内部，使船舶处于危险状态。因此，当倾斜水线到达该开口处即认为船舶丧失稳性，故在稳性校核时，还要计算水线到达最先进水的那个非风雨密开口处的倾斜角度 ϕ_E，称为进水角。进水角以后的静稳性曲线不再计及，使稳性的有效范围缩小，从而也就降低了船舶的抗风浪能力（见图 5－28）。

船舶的进水角随排水体积的变化而变化，ϕ_E 随排水体积变化的曲线称为进水角曲线。船舶的进水角曲线可按下述方法十分简便地求得。如图 5－29 所示，设 E 点为船上最先进水的非风雨密开口下缘，过 E 点作与水平线成倾角 ϕ_1、ϕ_2、ϕ_3、ϕ_4、…的各倾斜水线，算出各倾斜水线下的排水体积 ∇_1、∇_2、∇_3、∇_4、…，然后以进水角为纵坐标，排水体积为横坐标绘制进水角曲线 $\phi_E = F(\nabla)$，如图 5－30 所示。

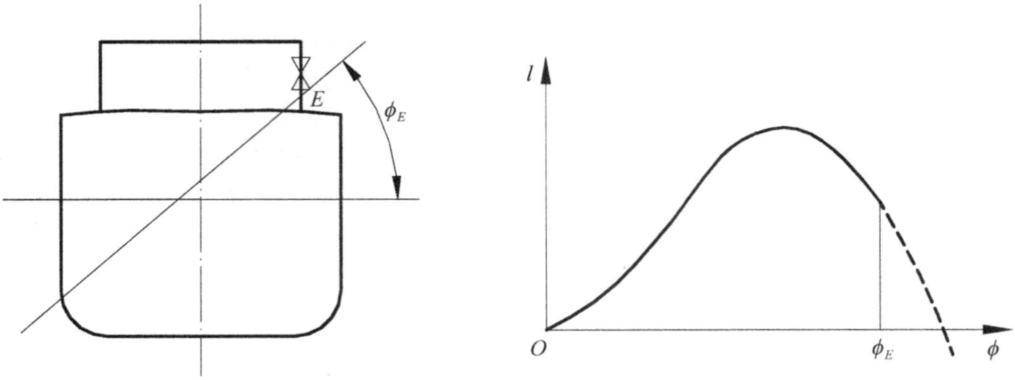

图 5-28 进水角与稳性有效范围的减小

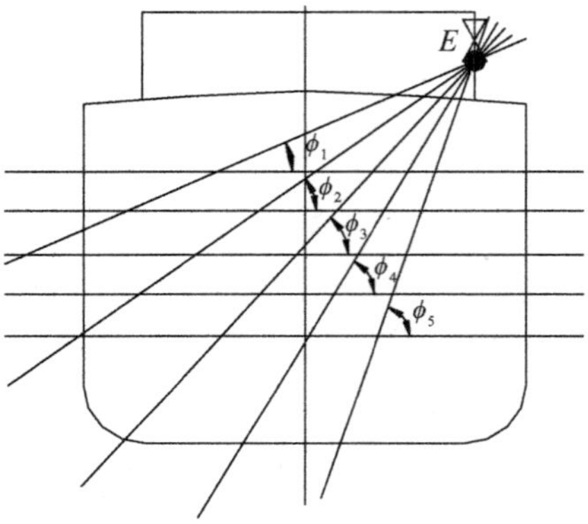

图 5-29 进水角

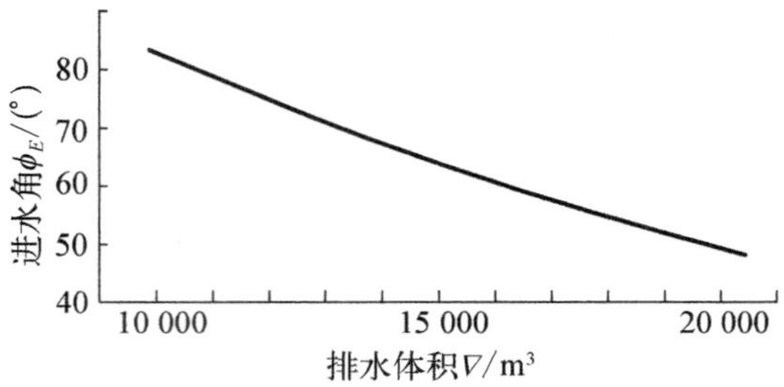

图 5-30 进水角曲线

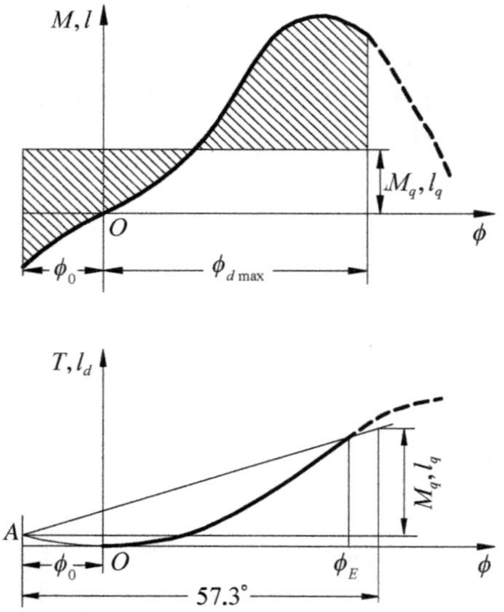

图 5-31 船舶在某一排水量时的稳性曲线

实际上，在求进水角曲线时也可直接应用稳性横截曲线的计算结果。已知某倾角 ϕ_i 下各倾斜水线 j 下的排水体积 ∇_j 及其与竖轴 z 的各交点 z_j，如图 5-8 所示，形成数据点列（z_j，∇_j，$j=1, 2, \cdots, n$），过进水点 E 做平行倾斜水线交 z 轴得点 z_E，根据 z_E 从数据点列（z_j，∇_j）中插值求出对应倾角 ϕ_i 的排水体积 ∇_i，类似计算，依次求出各进水角曲线点（∇_i，ϕ_i，$i=1, 2, \cdots, m$），生成进水角曲线 $\phi_E=F(\nabla)$。

设船舶在某一排水量时的稳性曲线如图 5-31 所示，根据排水体积在图 5-30 中查得进水角 ϕ_E，并把它画在图 5-31 上。显然，这时船舶的稳性曲线的有效部分至进水角 ϕ_E 处为止。然后根据有效部分来决定最小倾覆力矩 M_q（或力臂 l_q）。再来分析计入进水角 ϕ_E 后根据静稳性曲线求最小倾覆力臂 l_q 的数值解法。

$$\text{联立方程}\begin{cases}\text{能量平衡条件}\displaystyle\int_{-\phi_0}^{\phi_q} l_F\,\mathrm{d}\phi=\int_{-\phi_0}^{\phi_q} l\,\mathrm{d}\phi,\ \text{或}\\ \text{在静稳性曲线 }\phi_q\text{ 点 } l_q=F(\phi_q)\end{cases}$$

简化为 $\begin{cases} l_F(\phi_0+\phi_q)=\int_{\phi_0}^{\phi_q} l\,\mathrm{d}\phi \\ l_q=F(\phi_q) \end{cases}$。

考虑 $l_F=l_q$，有 $l_q=\dfrac{\int_{\phi_0}^{\phi_q} l\,\mathrm{d}\phi}{\phi_0+\phi_q}$，设进水角 ϕ_E =极限动倾角 ϕ_q，静稳性臂 $l_E=F(\phi_E)$。

若 $l_q=\dfrac{\int_{\phi_0}^{\phi_E} l\,\mathrm{d}\phi}{\phi_0+\phi_E}\leqslant l_E$，则 l_q 就是最小倾覆力臂，极限动倾角 $\phi_q=\phi_E$。

此外，也可从图 5-31 中看出，考虑进水角后，只要动稳性曲线最大点位于进水角 ϕ_E 处（割线点），就可直接根据相似三角形关系导出 $l_q=\dfrac{l_d(\phi_E)-l_d(\phi_0)}{\phi_E+\phi_0}\times 57.3$。否则记 $l=f(\phi)$，求出方程 $F(\phi_q)(\phi_0+\phi_q)=\int_{\phi_0}^{\phi_q} F(\phi)\mathrm{d}\phi$ 中 ϕ_q，再求出 $l_q=F(\phi_q)$。

例 2　已知静稳性曲线 $l=\sin\phi$，进水角 ϕ_e，横摇角 ϕ_0，动倾角 ϕ_d，求：

(1) 动稳性曲线 l_d。

(2) $\phi_d=40°$时的风倾力臂 l_F 和对应静倾角 ϕ_F。

(3) 考虑 $\phi_E=60°$和 $\phi_0=10°$时的最小倾覆力臂 l_q 和极限动倾角 ϕ_q。

(4) 依据已求 l_F 和 l_q 的稳性衡准数 K。

解： 动稳性曲线是静稳性曲线的积分曲线。

(1) $l_d=-\cos\phi+C$，当 $\phi=0$ 时，$l_d=0$，解出 $C=1$，代入得 $l_d=1-\cos\phi$。

(2) 参照图 5-23，$l_F=(1-\cos\phi \mathrm{d})/\phi d\times 57.3=0.335$ m，$\phi_F=\arcsin(l_F)=19.58(°)$。

(3) 根据上述 l_q 的数值解 $l_q=(\int_{\phi_0}^{\phi_q} l\mathrm{d}\phi)/(\phi_0+\phi_q)$ 的定积分和 $\phi_q=\phi_E=60(°)$ 及 $\phi_0=10°$，得 $l_q=[(1-\cos\phi_E)-(1-\cos\phi_0)]/[(\phi_E+\phi_0)\pi/180]=0.397(\mathrm{m})$，$\phi_q=60°$。

也可参照图 5-31，得相似三角形关系 $l_q=[(1-\cos\phi_E)-(1-\cos\phi_0)]/(\phi_E+\phi_0)\times 57.3=0.397(\mathrm{m})$。

(4) $K=l_q/l_F=0.397/0.335=1.185$。

答： $l_d=1-\cos\phi$，$l_F=0.335$ m，$\phi_F=19.58°$，$l_q=0.397$ m，$\phi_q=60°$，$K=1.185$。

5.7　船舶在各种装载情况下的稳性校核计算

本节主要讨论如何根据稳性规范进行船舶的稳性校核。关于船舶稳性的衡准，各国的船舶检验部门或验船机构都有相关规范。本节简要介绍我国海事局颁布的《船舶与海上设施法定检验规则》中有关船舶稳性方面的问题。如果船舶在各种装载情况下的稳性都能满足规则中有关稳性的要求，则认为所设计建造的船舶具有足够的稳性。

我国规则假定船舶没有航速，受横浪作用发生共振横摇，当摇至迎风一侧最大摆幅时，受一阵风作用而不致倾覆。规则把此（风浪联合作用）状况作为船舶可能遇到的最危险情况来考虑（又称为气象衡准），有关的衡准、规定都将此作为前提。

船舶的稳性随装载情况变化，为确保船舶在所有的装载情况都有足够的稳性，至少需要对几种典型的装载情况（载况）进行稳性校核。例如，普通货船需要进行稳性计算的基本载况有满载出港、满载到港、空载(或压载)出港和空载(或压载)到港四种,除上述四种典型载况外,如有对稳性更不利的其他载况也应进行核算,例如航行于冰区的船舶,应考虑船体水线以上部分因结冰而对稳性的影响。此外,船的类型不同,所要核算的载况亦不同,规则对此都有明确的规定。

以下简要介绍我国《船舶与海上设施法定检验规则　国内航行海船法定检验技术规则(2020)》(后简称《规则》)中对稳性的要求。

1. 稳性衡准数 K

稳性衡准数 K 是对船舶稳性的重要基本要求之一。《规则》规定:船舶在其所核算的各种装载情况下,稳性衡准数 K 应符合下列要求:

$$K = M_q / M_F \geqslant 1$$

或

$$K = l_q / l_F \geqslant 1$$

式中,K 为稳性衡准数;M_q 为最小倾覆力矩(l_q 为最小倾覆力臂),表示船舶在最危险情况下能抵抗外力矩的极限能力;M_F 为风倾力矩(l_f 为风倾力臂),表示在恶劣海况下风对船舶作用的动倾力矩(力臂)。

$K \geqslant 1$ 表示风倾力矩小于使船舶倾覆所必须的最小倾覆力矩(至多是相等),所以船舶不至于倾覆,因而认为具有足够的稳性。

所谓稳性校核计算,主要是计算 M_q 和 M_F,最后判断 K 值是否大于(等于)1。下面简略叙述 M_q(或 l_q)和 M_F(或 l_F)的计算方法。

1) 最小倾覆力矩 M_q(或力臂 l_q)的计算

M_q(或 l_q)是根据静稳性曲线或动稳性曲线以及横摇角 ϕ_0 来确定的。基本计算方法已在5.6节静稳性和动稳性曲线的应用中进行讨论。这里只对 ϕ_0 的计算做一些补充说明。计算时使用的稳性曲线必须是经过自由液面修正和考虑了进水角影响后的曲线,若有符合规则要求的上层建筑也可考虑计入在内。

关于 ϕ_0 的计算是基于船舶零航速且横对波浪的。船舶在遭遇波浪时,其横摇程度不仅与波浪有关,还与船型、船舶装载情况和附体等因素有关。

《规则》规定对圆舭形船舶,横摇角为

$$\phi_0 = 15.28 C_1 C_4 \sqrt{\frac{C_2}{C_3}}$$

式中,C_1、C_2、C_3、C_4 分别是与一些因素有关的系数。下面介绍如何选取这些系数。

系数 C_1 与波浪的波长、波高及周期有关。由于在船舶的自摇周期 T_ϕ 等于波浪周期 T_w 时,横摇最严重,所以 C_1 可以根据船舶的自摇周期 T_ϕ 及航区由图5-32查得,对遮蔽航区船舶,C_1 值按沿海航区查得值后再乘以0.8。船舶自摇周期按式(5-21)计算:

$$T_\phi = 0.58 f \sqrt{\frac{B^2 + (\overline{KG})^2}{\overline{GM_0}}} \tag{5-21}$$

式中,$\overline{GM_0}$ 为所核算装载情况下未考虑自由液面修正的船舶初稳性高;B 为不包括船壳板的最大船宽;d 为所核算装载情况下的型吃水;$\overline{KG}$ 为所核算装载情况下船舶重心至基线的垂向

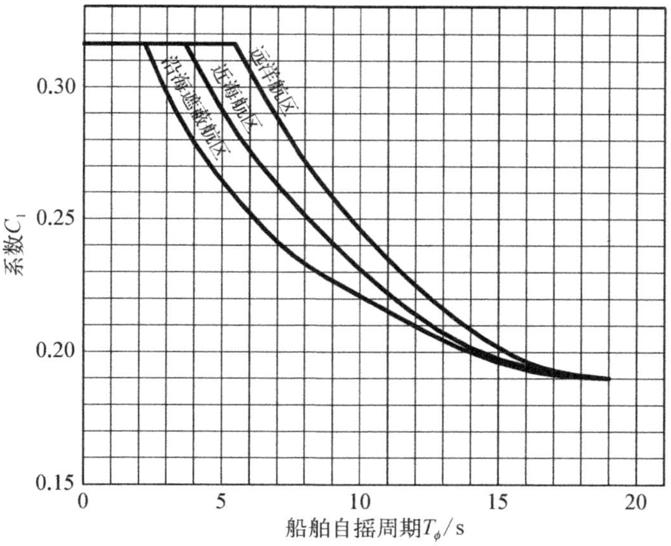

图 5-32　$C_1 - T_\phi$ 曲线

高度；f 为系数，按船舶宽度吃水比 B/d 由表 5-1 查得。

表 5-1　f 与船舶 B/d 值的关系

B/d	≤2.5	3.0	3.5	4.0	4.5	5.0	5.5	6.0	6.5	≥7.0
f	1.00	1.03	1.07	1.10	1.14	1.17	1.21	1.24	1.27	1.30

《规则》把航区分为 4 类，即远海(远洋)航区、近海航区、沿海航区和遮蔽航区，船舶的稳性按此 4 类不同航区进行核算。所谓远洋航区是指无限航区；近海航区是指渤海、黄海及东海中距岸不超过 200 n mile 的海域，台湾海峡和南海中距岸不超过 120 n mile(海南岛东海岸及南海岸距岸不超过 50 n mile)的海域；沿海航区是指比近海航区距岸更近的海区，一般为 20 n mile 的海域；遮蔽航区是指沿海航区内遮蔽条件较好、波浪较小，且岛屿与海岸之间距离不超过 10 n mile(台湾海峡沿岸海域内，上述距离减半)的海域。由此可见，航区的划分实际上反映了对风浪大小不同的考虑，航行于不同航区的船舶必然受到不同风浪的作用。

系数 C_2 主要与波浪的有效波倾角系数有关，按式(5-22)计算：

$$C_2 = 0.13 + 0.6\,\overline{KG}/d \tag{5-22}$$

计算 C_2 时，当 $C_2 > 1.0$ 时，取 $C_2 = 1$，当 $C_2 < 0.68$ 时，取 $C_2 = 0.68$。

系数 C_3 主要与船舶 B/d 值有关，按表 5-2 查得。

表 5-2　C_3 与船舶 B/d 值的关系

B/d	≤2.5	3.0	3.5	4.0	4.5	5.0	5.5	6.0	6.5	≥7.0
C_3	0.011	0.013	0.015	0.017	0.018	0.019	0.020	0.021	0.022	0.023

系数 C_4 主要与船舶的类型和舭龙骨的尺寸有关，按表 5-3 查得。

表 5-3 C_4 与船舶类型和舭龙骨尺寸的关系

$A_b/LB/\%$	0	0.5	1.0	1.5	2.0	2.5	3.0	3.5	≥4.0
干货船、油船、集装箱船、海驳	1.000	0.754	0.685	0.654	0.615	0.577	0.523	0.523	0.523
客船、渔船、拖船	1.000	0.885	0.823	0.769	0.708	0.654	0.577	0.546	0.523

表 5-3 中 A_b是舭龙骨的总面积(m^2);L 为垂线间长(m);B 为型宽(m)。对于有方龙骨的船舶,可将其侧面积计入舭龙骨面积 A_b之内。对于装有减摇鳍的船舶,在计算 ϕ_0时不应计入其作用,但减摇鳍面积可计入舭龙骨面积。从表中可见,B/d 值和舭龙骨尺寸愈大(横摇阻尼愈大),则 C_4愈小,即 ϕ_0愈小。

对其他特殊线型的船舶,C_2、C_3和 C_4应经验船部门同意后采用。对折角线型船舶,ϕ'_0 可按式(5-23)计算:

$$\phi'_0 = 0.8\phi_0 \tag{5-23}$$

式中,ϕ_0为相应于无舭龙骨圆舭型船的横摇角。

2) 风倾力矩 M_F(或力臂 l_F)的计算

风倾力臂 l_F 可按式(5-24)求得

$$l_F = \frac{pA_FZ}{9\ 810\Delta} \tag{5-24}$$

式中,A_F 为船舶受风面积,即船体水线以上部分的侧投影面积;Z 为船舶受风面积中心至水线的距离,即计算风力作用力臂;A_F 和 Z 均可根据船舶的总布置图计算,《规则》中有详细介绍;Δ 为所核算装载情况下的船舶排水量(t);p 为单位计算风压(P_a , N/m^2),可根据航区和计算风力作用力臂 Z 由表 5-4 查得。

表 5-4 航区和计算风力作用力臂

航区	计算风力作用力臂 Z/m						
	1.0	1.5	2.0	2.5	3.0	3.5	4.0
远海航区	829	905	976	1 040	1 099	1 145	1 185
近海航区	448	493	536	574	603	628	647
沿海、遮蔽航区	228	248	268	284	301	314	326
航区	计算风力作用力臂 Z/m						
	4.5	5.0	5.5	6.0	6.5	≥7.0	
远海航区	1 219	1 249	1 276	1 302	1 324	1 347	
近海航区	667	683	698	711	724	736	
沿海、遮蔽航区	336	343	350	357	363	368	

2. 初稳性高和静稳性曲线

除了稳性衡准数 K 的要求以外,《规则》还规定船舶在各种装载情况下经过自由液面修正后的初稳性高和静稳性曲线应满足下列要求：

(1) 初稳性高应不小于 0.15 m。

(2) 横倾角 $\phi \geqslant 30°$处的复原力臂应不小于 0.2 m。如船体进水角 $\phi_E < 30°$，则进水角处的复原力臂应不小于 0.2 m。

(3) 船舶最大复原力臂所对应的横倾角 ϕ_{max} 应不小于 25°，如进水角小于最大复原力臂所对应的横倾角，则进水角即为最大复原力臂所对应的横倾角。

当船舶的宽度型深比 B/D 大于 2 时，ϕ_{max} 可分别比上述(3)所规定的值小 $\delta\phi$。

$$\delta\phi = 20\left(\frac{B}{D} - 2\right)(K - 1)$$

式中，D 为船舶型深；B 为不包括船壳板的最大船宽，当 $B > 2.5D$ 时，取 $B = 2.5D$；K 为计算所得的稳性衡准数，当 $K > 1.5$ 时，取 $K = 1.5$。

对遮蔽航区的船舶，以下(4)(5)(6)要求可作为上述(2)(3)要求的等效要求：

(4) 最大复原力臂对应的横倾角 ϕ_{max} 应不小于 15°。

(5) 最大复原力臂 l_{max} 值应不小于规定值：

$$l_{max} = 0.2 + 0.022(30 - \phi_{max})$$

(6) 进水角 ϕ_E 小于最大复原力臂所对应的横倾角 ϕ_{max}，则进水角即为最大复原力臂所对应的横倾角，进水角处的复原力臂即为最大复原力臂。

上述要求也是对船舶稳性的基本要求，这些要求实际上限定了静稳性曲线的面积和形状。

以上简要地介绍了国内航行海船稳性校核的基本方法及有关问题。国际航行海船的稳性校核计算可参阅《船舶与海上设施法定检验规则　国际航行海船法定检验技术规则(2019)》，其基本原理相同，但具体规定和形式有所不同，与国际海事组织 IMO 的有关稳性的规则一致。内河(包括长江)船的稳性计算和校核原理与海船大体相同，但具体公式和标准数据是有一些区别的，详细情况可参阅《船舶与海上设施法定检验规则　内河船舶法定检验技术规则(2019)》。对于船长在 20 m 以下的内河小型船舶，一般仅规定进行初稳性计算校核，有关这类船舶的稳性校核方法，可参阅《内河小型船舶检验技术规则(2016)》。

下面概括说明船舶稳性衡准的基本思想。稳性曲线只表示了船舶本身所具有抵抗外力矩的能力，或者说只表示了船舶本身所具有的稳性能力。至于船舶受到的力矩究竟有多大，以及是否经受得住，这要看外力矩的作用情况而定。外力矩主要来自风浪的作用，而风浪的大小又与离岸距离和水域开阔程度及地理位置等因素有关。因此，《船舶与海上设施法定检验规则》将把海洋航区划分为 4 类，即远海(远洋)、近海、沿海和遮蔽航区；《船舶与海上设施法定检验规则　内河船舶法定检验技术规则(2019)》则把内河航区划分为三级，即 A、B、C 级航区，另加 J 级(急流江段)，并以此作为计算外力的依据。对于拖船和客船，除风浪作用外，还会受到其他外力作用，这些在规则中都有明确规定，这里不再重复。

3. 船舶第二代完整稳性衡准

第二代完整稳性衡准依据的原理已从传统经典的船舶静稳性(动稳性)扩展到真正的船舶稳定性方面，以更贴近实际的状态来计算校核船舶的稳定性，实际上是以耐波性来研究稳性衡准。它认为稳性失效模式包括以下 5 个方面。

(1) 纯稳性丧失，类似于前面介绍的传统稳性，如气象衡准等。

(2) 参数横摇，类似于共振横摇。

(3) 骑浪/横甩，类似于波峰位于船中的动态稳性，此时船相当于骑在波浪上，若遇到横向外力或力矩干扰就会发生危险的横甩现象，容易造成倾覆后果。

(4) 瘫船，类似于动力丧失时船舶在海上的状态和稳性情况，船舶处于四处飘摇不可操控的危险境地，随时有倾覆的可能。

(5) 过度加速度，过度加速度会产生很大的惯性力，造成设备、人员和货物的损失或损害以及移动，尤其是对甲板上的货物(如集装箱等)。

表 5-5 列出了第二代完整稳性衡准技术包含的 5 种稳性失效模式，每种稳性失效模式都包括 3 个层次，它将改变依靠经验公式制定衡准的方法，引入稳性直接评估的方法。详细内容可参看有关文献和资料。第二代完整稳性衡准目前还未正式生效。

表 5-5　5 种稳性失效模式

序号	3 个层次 / 稳性失效模式	快速评估 level-1	经验计算方法 level-2	直接评估方法 level-3	操作指南 operational guidance
1	纯稳性丧失 pure loss of stability				
2	参数横摇 parametric rolling				
3	骑浪/横甩 surf-riding/broaching				
4	瘫船 dead ship condition				
5	过度加速度 excessive acceleration				

5.8　极限重心高度曲线和最小许用初稳性高曲线

前面讨论了船舶在各种典型装载情况下进行稳性校核计算的基本要点，但船舶在营运中的实际装载情况不可能与计算时的典型情况完全相同，为便于驾驶人员掌握船舶在各种实际装载情况下的稳性情况，设计者还应负责提供极限重心高度曲线。

所谓极限重心高度，是指船舶恰能满足稳性要求时的重心高度。船舶在实际营运中的重心高度不可超过此极限数值，否则便会造成稳性不足，航海安全得不到保证。

船舶在各种装载情况时(即不同排水量时)都有相应的极限重心高度。将船舶在不同排水量(通常包括该船营运时可能的排水量变化范围)时的极限重心高度连成曲线，则该曲线称为极限重心高度曲线。

对于不同的稳性要求，都有其对应的极限重心高度曲线，实际采用的极限重心高度曲线应是船舶满足所需规范稳性要求(如满足中国海事局法规规定的完整稳性要求和破损稳性要求等)的各极限重心高度曲线的下限包络线。

图 5-33 所示的极限重心高度曲线 $z_{G\max}=F(\Delta)$ 就是表示这种关系的简便形式。图中

的横坐标为排水量 Δ（t），纵坐标为极限重心高度 $z_{G\max}$（m）。设船舶在某装载情况时，排水量为 Δ_1，实际重心高度和极限重心高度分别为 z_{G1} 和 $z_{G\max1}$，若 z_{G1} 低于 $z_{G\max1}$，则该船根据所需规范稳性要求衡量，其稳性是足够的。但若 z_{G1} 高于 $z_{G\max1}$（实际重心高度在极限重心高度之上），则根据所需规范稳性要求衡量，认为不满足其中的部分或全部稳性要求。

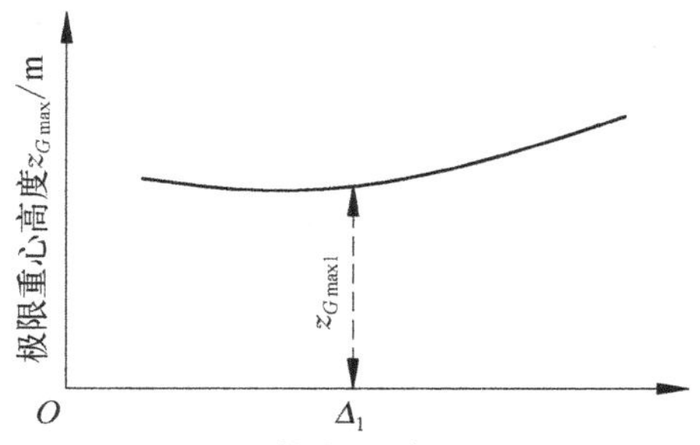

图 5－33　极限重心高度和排水量曲线

下面简要介绍船舶在某一排水量时极限重心高度的计算方法。以我国《船舶与海上设施法定检验规则》对国内航行船舶中普通货船的完整稳性要求为例，设有下列几项要求：

（1）经过自由液面修正后的初稳性高 $\overline{GM}$ 不小于 0.15 m。

（2）横倾角 ϕ 等于或大于 30°处的复原力臂 l_{30} 应不小于 0.2 m。如船体进水角＜30°，则进水角处的复原力臂应不小于 0.2 m。

（3）船舶最大复原力臂所对应的横倾角（极限静倾角）ϕ_m 应不小于 25°，如进水角小于最大复原力臂所对应的横倾角，则进水角即为最大复原力臂所对应的横倾角。

（4）稳性衡准数 K 应不小于 1。

因此，对于以上各项要求都有其相应的极限重心高度。

1. 满足初稳性要求 $\overline{GM}$ 的极限重心高度

由于

$$\overline{GM} = z_B + \overline{BM} - z_G$$

故

$$z_G = z_B + \overline{BM} - \overline{GM}_0$$

式中，z_B 和 $\overline{BM}_0$ 可据排水量在静水力曲线上查得。因此，极限重心高度为

$$z_{G\max1} = z_B + \overline{BM} - \left(0.15 + \frac{\sum wi_x}{\Delta}\right)$$

式中，$\dfrac{\sum wi_x}{\Delta}$ 为自由液面对初稳性高的修正值。

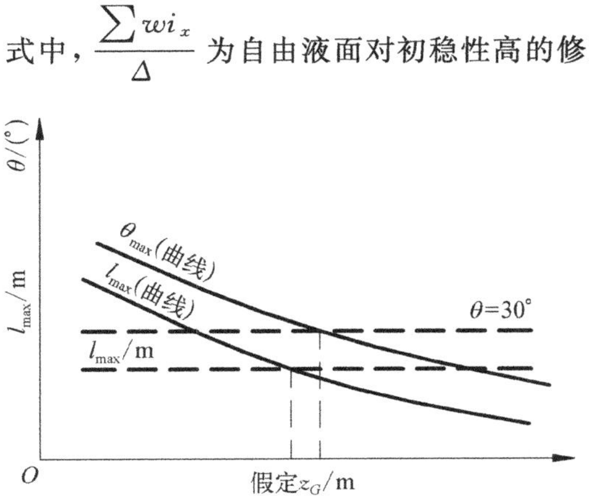

图 5－34　复原力臂、极限静倾角与假定重心高度曲线

2. 满足复原力臂 l_{30}、极限静倾角 ϕ_m 等要求的极限重心高度

先假定几个重心高度，然后根据假定的重心高度，排水量及稳性横截曲线求出静稳性曲线（每一假定重心高度有一条静稳性臂曲线）。从而可以得到相应于各个假定重心高度的复原力臂 l_{30}、极限静倾角 ϕ_m 等数值。以复原力臂 l_{30}、极限静倾角 ϕ_m 为纵坐标，假定重心高度为横坐标，绘制如图 5－34 所示的曲线。

复原力臂 l_{30} 曲线与 l ＝0.2 m 水平直线的交

点所对应的重心高度就是满足复原力臂 l_{30} 要求的极限重心高度 $z_{G\max2}$。

极限静倾角 ϕ_m 曲线与 $\phi=25°$ 垂直直线的交点所对应的重心高度就是满足极限静倾角 ϕ_m 要求的极限重心高度 $z_{G\max3}$。

3. 满足稳性衡准数 K 不小于 1 要求的极限重心高度

根据上述假定的几个重心高度算出相应的初稳性高度、船舶自摇周期及横摇角；按装载情况(排水量)的浮态算出进水角和对应的受风面积及形心位置，再根据航区等算出单位风压，继而求出对应的风倾力臂 l_F。然后在相应的静稳性曲线或动稳性曲线上根据横摇角、进水角确定最小倾覆力臂 l_q。

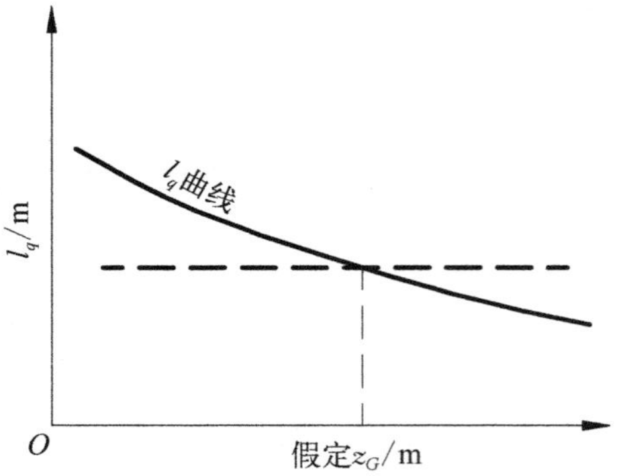

图 5-35　最小倾覆力与假定重心高度曲线

以 l_q 为纵坐标，假定重心高度为横坐标绘制曲线，如图 5-35 所示。l_q 曲线与纵坐标值为风倾力臂 l_F 的水平直线的交点所对应的重心高度即为满足 K 不小于 1 要求的极限重心高度 $z_{G\max4}$。

从上面例子的分析中可见，船舶在同一排水量时有 4 个极限重心高度数值。显然，其中最小的那个数值即为船舶能满足所有稳性要求的重心高度 $z_{G\max}$。

取若干不同的排水量做类似计算，便可求得船舶在不同排水量时的极限重心高度，进而绘制如图 5-35 所示的极限重心高度曲线。在实际应用中，所有满足各自规范稳性要求的一簇极限重心高度曲线 $z_{G\max i}=f(\Delta)$ 都分别在图中画出，再画上其包络线，即一条作为最终结果的极限重心高度曲线 $z_{G\max}=f(\Delta)$。

有时我们也用最小许用初稳性高曲线 $\overline{GM}_{\min}=f(\Delta)$ 来代替极限重心高度曲线对船舶稳性进行快速校核：设船舶在某载况时，排水量为 Δ_1，实际初稳性高和最小许用初稳性高分别为$\overline{GM}_1$和$\overline{GM}_{\min}$，若$\overline{GM}_1$高于$\overline{GM}_{\min}$，则该载况根据所需规范稳性要求衡量是足够的；但若$\overline{GM}_1$低于$\overline{GM}_{\min}$(实际初稳性高小于最小许用初稳性高)，则根据所需规范稳性要求衡量其稳性是部分或全部不满足的。

最小许用初稳性高曲线的计算类似于极限重心高度曲线，因为$\overline{GM}_{\min}$和 $z_{G\max}$ 两者可相互转换，即对于某个排水量，横稳心距基线高 $z_m=z_B+\overline{BM}$ 是确定的(可查自静水力曲线)，因此$\overline{GM}_{\min}=z_m-z_{G\max}$，只要在计算中进行相应转换，就能得到满足各自规范稳性要求的一簇最小许用初稳性高曲线$\overline{GM}_{\min i}$，其上限包络线就是用于实际情况的最小许用初稳性高曲线$\overline{GM}_{\min}$。

5.9　船体几何要素及重心等对稳性的影响

船舶在倾斜以后浮力作用线的位置完全由水线以下的船体形状所决定。因此，船的主尺度和横剖面形状对稳性都有影响，了解这些影响对指导船舶设计具有一定的意义。现对影响稳性较大的几个方面叙述如下，并简要介绍改进稳性的措施。

1. 船体几何要素对稳性的影响

1) 干舷高度对稳性的影响

如图 5-36 所示，设 A、B 两种船型，除型深外，其他几何要素及重心高度均相同，即 B 船

的干舷较 A 船高。在倾斜水线未超过 A 船的甲板边缘时，两者的稳性相同。而当倾斜水线超过 A 船的甲板边缘后，B 船的复原力臂较 A 船大，故 B 船静稳性曲线的最大复原力臂、极限静倾角及稳距等都较 A 船为大。由此可见，增加干舷可有效地改善船的稳性。

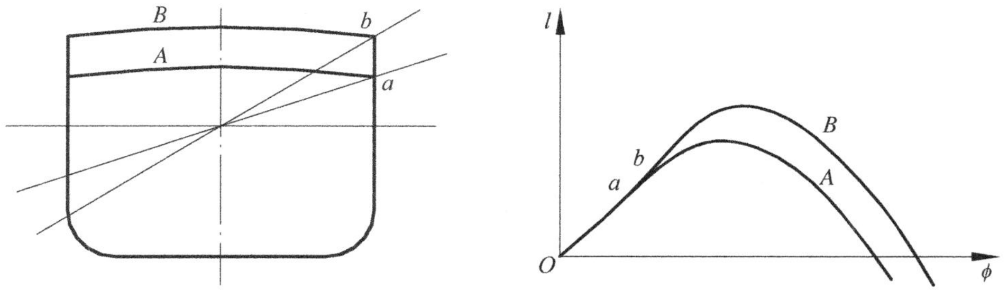

图 5－36　干舷高度对稳性的影响

型深与干舷有相同的功能，因为增加型深等同于增加干舷，类似的还有上层建筑等。

2）船宽对稳性的影响

如图 5－37 所示，设 A、B 两种船型，除船宽外，其他的几何要素及重心高度均相同，即 B 船的宽度较 A 船大。船宽大者水线面惯性矩也大，故 B 船的初稳性高大于 A 船。另外，船宽大者，出、入水楔形的移动力矩也大，因而复原力臂也大。但船宽大者甲板边缘入水角较小，因此 B 船静稳性曲线的最大复原力臂所对应的横倾角较 A 船为小。

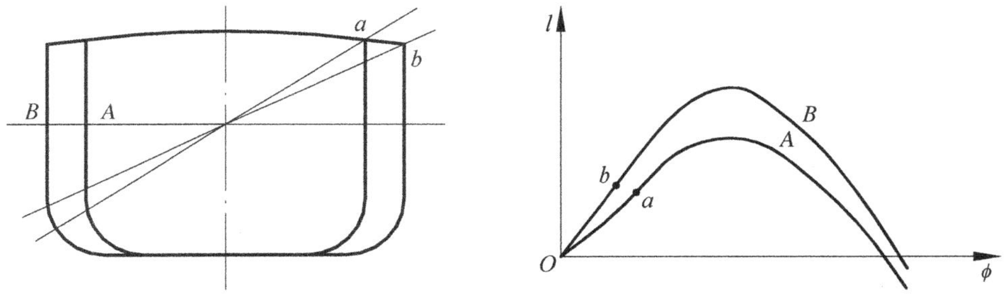

图 5－37　船宽对稳性的影响

3）其他船型要素对稳性的影响

（1）横剖面形状对稳性的影响。A、B 两船，尺度、排水体积和重心高度均相同，但 A 船的横剖面形状是 U 形，B 船是 V 形，从而 B 船的水线面系数比 A 船大，所以 B 船初稳性高和复原力臂均比 A 船大，如图 5－38 所示。

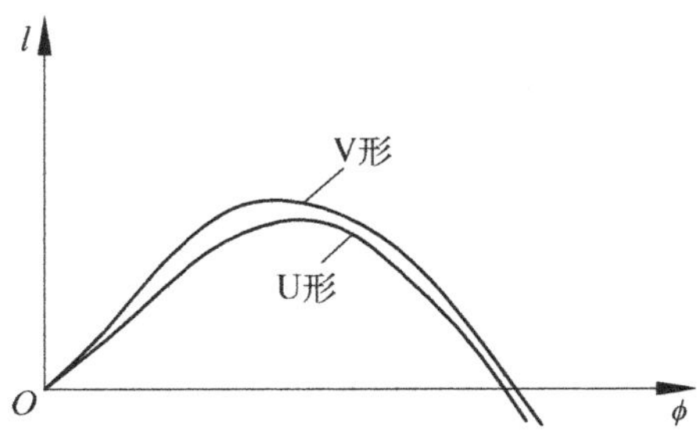

图 5－38　横剖面形状对稳性的影响

（2）横剖面底部升高对稳性的影响。底部升高的船型，使出水楔形的体积和移动力矩减小，从而导致复原力臂和稳距的减小。

此外，水线以上的横剖线适当“外飘”和采用较大的舷弧，都可增加倾角较大时的复原力臂。

2. 重心位置对稳性的影响

如图 5－39 所示，设船舶重心在 G 点(z_G, y_G)时的复原力臂为 l，并注意 y 的正负号。

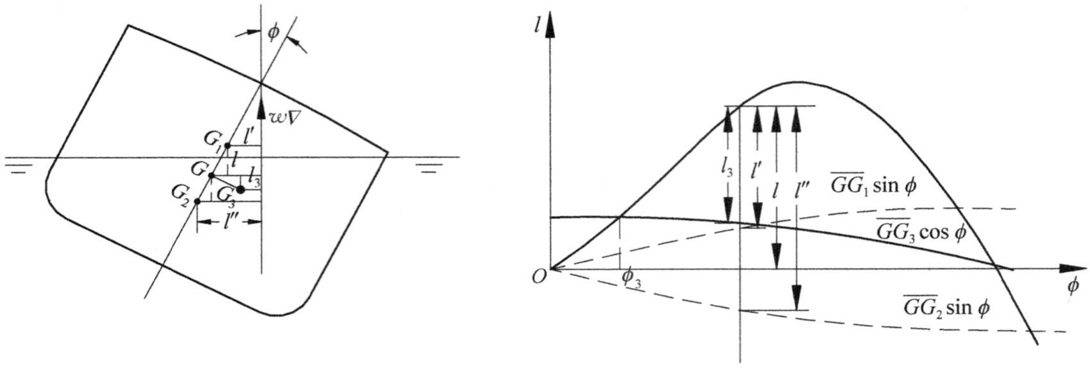

图 5－39　重心位置对稳性的影响

若重心垂直向上移动至 G_1 处，则其复原力臂为

$$l' = l - \overline{GG_1}\sin\phi = l - (z_{G1} - z_G)\sin\phi$$

若重心向下移动至 G_2 处，则其复原力臂为

$$l'' = l + \overline{GG_2}\sin\phi = l - (z_{G2} - z_G)\sin\phi$$

若重心横向移动至 G_3 处，则其复原力臂为

$$l_3 = l - \overline{GG_3}\cos\phi = l - (y_{G3} - y_G)\cos\phi$$

综上，若重心从 G 点移动到 G_1 点(有竖向和横向移动)，则其复原力臂为

$$l_1 = l - (z_{G1} - z_G)\sin\phi - (y_{G1} - y_G)\cos\phi$$

从图 5－39 中可以看到，提高重心将使初稳性高 $\overline{GM}$、复原力臂 l 和稳距都相应减小；降低重心，则作用相反。重心向倾斜侧横移也将使初稳性高 $\overline{GM}$、复原力臂 l 和稳距都相应减小，并产生初始横倾角 ϕ_3，由此可见，重心位置对船舶稳性有重大的影响。

例 3　某船的排水量 $\Delta = 600$ t，初稳性高 $\overline{GM} = 1.2$ m，静稳性曲线为 $l = \sin\phi$，欲将船上 120 t 货物上移 1 m，求货物移动后的初稳性高和静稳性曲线。

解：根据重心移动原理，船重心竖向移动距离 $\overline{GG_1} = p/\Delta \times 1 = 120/600 \times 1 = 0.2$(m)，

根据 4.5 节，货物移动后初稳性高 $\overline{GM_1} = \overline{GM} - \overline{GG_1} = 1.2 - 0.2 = 1.0$(m)，

根据 5.9 节，货物移动后静稳性曲线 $l_1 = l - \overline{GG_1}\sin\phi = \sin\phi - 0.2\sin\phi = 0.8\sin\phi$。

答：货物移动后，初稳性高 $\overline{GM_1} = 1$ m，静稳性曲线 $l_1 = 0.8\sin\phi$。

3. 提高船舶稳性的措施

提高船舶稳性的措施可以从两方面着手：一是提高船舶的最小倾覆力矩 M_q(或力臂 l_q)；二是减小船舶所受到的风倾力矩 M_F(或力臂 l_F)。

提高最小倾覆力矩 M_q 有以下措施：

（1）降低船的重心。在设计时就要高度重视船上各种设备和重量布置的重心高度，在船的底部加压载物是最常用的一种方法，除了一些已投入营运后发现稳性不足的船舶采用此法，还有一些船在设计时就考虑在底部装有一定数量的固定压载，船舶在使用过程中也常需要在某些双层底空舱内加压载水以降低重心高度。

（2）增加干舷。这是提高船舶大倾角稳性的有效措施之一。某些稳性不足的老船可将载重线降低以增加干舷高度。注意：增加干舷对初稳性不利。

（3）增加船宽。这是提高船舶稳性的有效措施之一，尤其对初稳性。有些老船初稳性不足时，常在船的两舷水线附近加装相当厚的护木和浮箱等，或可在舷侧加装一个凸出体，以起到相当于增加船宽的效果。

（4）注意船舶水线以上的开口位置（尽量首尾靠船中、左右靠中心线和上下靠上）和风雨密性及水密性，提高船舶的进水角。

减小风倾力矩 M_F 有以下措施：

（1）主要是减小船的受风面积，也就是减小上层建筑的长度和高度。某些小型海洋船舶以及渔轮等，为了保证优良的航海性能，不得不降低船员的生活条件和工作条件，将居住舱室和驾驶室等做得矮小一些。

（2）降低受风面积形心高度 z_F。

（3）尽量减少由自由液面等引起的附加倾斜力矩，如液体自由液面、散装固体（谷物、煤和矿石等）自由表面、悬挂物、货物移动和离心力等。

4. 装卸载荷对船舶稳性的影响

本节讨论分析装卸载荷时对复原力臂 $l(\overline{GZ})$ 的影响。参照图 4 - 18，做类似于第 4 章 4.6 节中装卸载荷对初稳性影响的推导分析，并注意到初稳性时的 $\overline{GZ}=\overline{GM}\sin\phi$，我们有以下推导。

装卸载荷后的复原力矩为

$$M_R=(\Delta+p)\,\overline{G_1Z_1}$$

同时复原力矩也可从分析图 4 - 19 所示情况中求得

$$M_R=\Delta\,\overline{GZ}-p\,\overline{CA}\sin\phi$$

式中，$\overline{CA}$ 为浮力增量 $w\delta V$ 的作用点 z_1 至载荷 p 的作用点 z 之间的垂向距离，即 $\overline{CA}=z-z_1$，注意当装卸小量载荷时 z_1 近似值是 $z_1=\left(d+\dfrac{\delta d}{2}\right)$，故有

$$M_R=\Delta\,\overline{GZ}-p(z-z_1)\sin\varphi$$

比较两式后可得到等式

$$(\Delta+p)\,\overline{G_1Z_1}=\Delta\,\overline{GZ}-p(z-z_1)\sin\phi$$

经整理后可得新的复原力臂为

$$\overline{G_1Z_1}=\overline{GZ}+d\,\overline{GZ}=\overline{GZ}+\frac{p}{\Delta+p}[(z_1-z)\sin\phi-\overline{GZ}]$$

对于装卸小量载荷后，则为

$$\overline{G_1Z_1}=\overline{GZ}+d\,\overline{GZ}=\overline{GZ}+\frac{p}{\Delta+p}\left[\left(d+\frac{\delta d}{2}-z\right)\sin\phi-\overline{GZ}\right]$$

因此当小量载荷时为 $\left(d+\frac{\delta d}{2}-\frac{\overline{GZ}}{\sin\phi}\right)$，船上高度为 $\left(z_1-\frac{\overline{GZ}}{\sin\phi}\right)$ 的平面称为中和面或极限平面。当载荷 p 的重心刚好位于此平面时，则对于复原力臂没有影响。若装载的货物高于此中和面，则减小复原力臂；反之，将增加复原力臂。需要提醒的是以上分析仅针对复原力臂，而复原力矩则因装卸载荷引起排水量和复原力臂都发生变化，需要详细计算。

例 4 某内河船的排水量 $\Delta=450$ t，吃水 $d=1.6$ m，欲装货 $p=39$ t，问该货装在何处才能使船的复原力矩不变？已知每厘米吃水吨数 TPC=2.8 t/cm。

解： $p/\Delta=0.087$ 属小量载荷，吃水增量 $\mathrm{d}d=p/(100\mathrm{TPC})=39/(100\times2.8)=0.139(\mathrm{m})$。

根据题意，得 $(\Delta+p)(l+\mathrm{d}l)=\Delta l$，展开整理得 $pl+(\Delta+p)\mathrm{d}l=0$，

代入 $\mathrm{d}l(\mathrm{d}\,\overline{GZ})$ 计算式：$pl+(\Delta+p)\dfrac{p}{\Delta+p}\left[\left(d+\dfrac{\mathrm{d}d}{2}-z\right)\sin\phi-l\right]=0$，

化简得 $\left(d+\dfrac{\mathrm{d}d}{2}-z\right)\sin\phi=0$，解出 $z=d+\dfrac{\mathrm{d}d}{2}=1.6+\dfrac{0.139}{2}=1.67(\mathrm{m})$。

答： 货装在位置($y=0$，$z=1.67$)才能使船的复原力矩不变。

5.10 漂浮式海洋平台稳性概述

目前，用于海洋石油开发的漂浮式海洋钻井平台主要有 4 种类型：坐底式平台、自升式平台、半潜式平台和钻井船(或钻井驳船)。后者的浮性及稳性计算与普通船舶完全一样。前三种类型的平台在使用要求、结构特征及性能方面与普通船舶有差别，故浮性及稳性的具体计算方法也有所不同。

自升式平台的船体横剖面形状一般为矩形，甲板平面为矩形或多边形(见图 5-40)。半潜式平台的船体一般由截头棱锥(柱)体装配而成，图 5-41 是下浮体型半潜式平台。

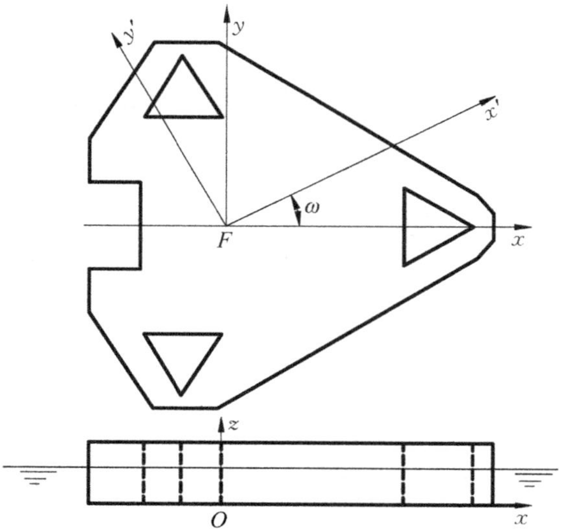

图 5-40 自升式平台

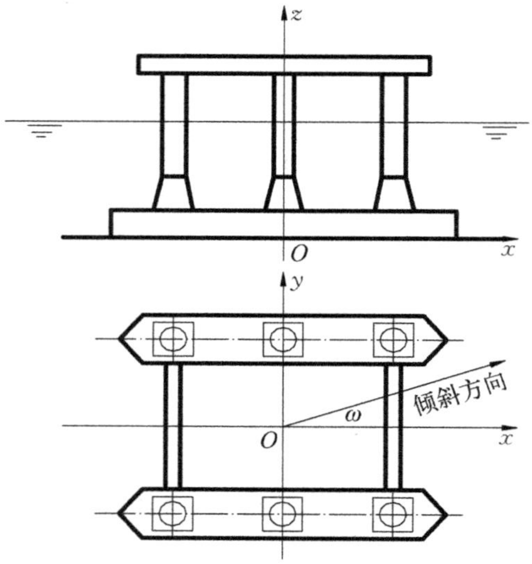

图 5-41 下浮体型半潜式平台

移动式钻井平台的稳性校核计算与船舶比较有以下特点：

(1) 钻井平台一般由规则构件组成，这些构件在水线下的体积和体积形心可以方便地求得，因此有关钻井平台的浮性及稳性计算比较简便。

(2) 由于平台的纵向和横向尺寸比较接近，倾斜翻覆的可能方向就比较难于确定，因此在稳性校核计算中，需校核计算沿各方向倾斜时的稳性状况，以找出最危险的倾斜方向。

(3) 由于移动式钻井平台必须长期在海上工作，遇到的风浪情况更加恶劣，因此对稳性的要求比较高。

现将移动式钻井平台的稳性校核计算概括介绍如下。

(1) 总排水体积 ∇ 和排水量 Δ

$$[\nabla]_j = \left[\sum_{i=1}^{n} v_i\right]_j$$

$$[\Delta]_j = w\,[\nabla]_j$$

(2) 总排水体积的形心(平台浮心)坐标(x_B、y_B、z_B)

$$[x_B]_j = \left[\frac{\sum_{i=1}^{n} V_i x_i}{\nabla}\right]_j,\quad [y_B]_j = \left[\frac{\sum_{i=1}^{n} V_i y_i}{\nabla}\right]_j,\quad [z_B]_j = \left[\frac{\sum_{i=1}^{n} V_i z_i}{\nabla}\right]_j$$

式中，i 为水线以下某一规则几何体的编号；j 为所要计算的吃水编号；V_i 为 j 水线下第 i 规则几何体的排水体积；x_i、y_i、z_i 为第 i 规则体排水体积形心的坐标。

(3) 水线面面积 A_W 及其形心(漂心)坐标(x_F、y_F)

$$[A_W]_j = \left[\sum_{i=1}^{n} A_{Wi}\right]_j$$

$$[x_F]_j = \left[\frac{\sum_{i=1}^{n} A_{Wi} x_{Fi}}{A_W}\right]_j \qquad [y_F]_j = \left[\frac{\sum_{i=1}^{n} A_{Wi} y_{Fi}}{A_W}\right]_j$$

式中，A_{Wi} 为 j 水线处第 i 规则几何体的水线面面积；x_{Fi}、y_{Fi} 为 A_{Wi} 的面积形心坐标。

(4) 每厘米吃水吨数

$$[\mathrm{TPC}]_j = \frac{w}{100}[A_W]_j$$

(5) 横稳心半径 $\overline{BM}$ 及纵稳心半径 $\overline{BM_L}$

$$[\overline{BM}]_j = \left[\frac{I_{Ox}}{\nabla}\right]_j$$

$$[\overline{BM_L}]_j = \left[\frac{I_{Oy}}{\nabla}\right]_j$$

式中，I_{Ox}、I_{Oy} 为 j 水线处所有规则几何体的水线面面积对 Ox 和 Oy 轴的惯性矩。

如果已知钻井平台浮于 j 水线时的重心位置，则便可求得初稳性高 $\overline{GM}$ 和 $\overline{GM_L}$。此外根据需要，也可以计算出对角线方向（例如 Ox'、Oy'）的稳心半径。

（6）大倾角稳性曲线

针对钻井平台由许多规则几何体组成这一特点，可以直接求出平台在倾斜水线下各部件的体积和形心，然后求出整个平台的水下体积及其形心（浮心），进一步便可得到复原力臂。由此可见，平台的静稳性曲线计算较普通船舶简便。但普通船舶的长宽比的值较大，大倾角稳性只需计算横稳性曲线，而钻井平台的长宽比的值较小（接近于 1），必须考虑来自哪个方向的风浪使平台倾覆的危险性最大。因此对于移动式钻井平台（例如多边形甲板的自升式平台），需要每隔一定的角度进行大倾角稳性计算（包括复原力矩曲线和倾斜力矩曲线），以便对类似稳性衡准数的稳性指标进行比较，找出最危险的倾覆方向，这就使计算工作量大为增加。

（7）稳性校核计算（见图 5-42）

平台的稳性衡准方法没有普通船舶那样成熟，许多问题尚待进一步完善。各国规范对于初稳性的要求相差较大，例如中国船舶检验部门的规范要求经过自由液面修正后的初稳性高 $\overline{GM}>0.15$ m；美国船舶局规范和国际海事组织都规定 $\overline{GM}>0$。挪威船级社和法国国际检验局规范都要求 $\overline{GM}>0.3$ m。

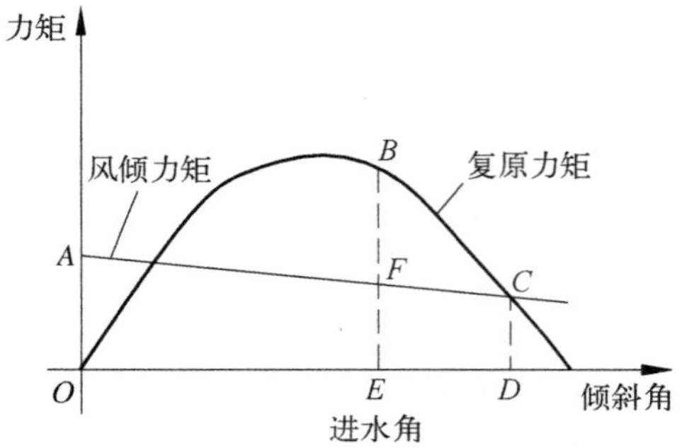

图 5-42　稳性校核

在大倾角稳性方面各国的衡准要求基本一致。首先在钻井平台的吃水范围内按不同的吃水和不同的水平轴计算并绘制足够数量的复原力矩曲线和风倾力矩曲线，以便找出最危险的倾覆方向。然后，要求对该方向的复原力矩曲线及风倾力矩曲线的面积（参阅图 5-42 第二交点 C 或进水角，取其小者）之比应大于 1.4（或 1.3），即

$$\frac{\text{面积 } OBEO}{\text{面积 } OAFEO} \geqslant 1.4 \text{ 或 } 1.3\text{（进水角小于第二交点 } C\text{）}$$

或

$$\frac{\text{面积 } OBCDO}{\text{面积 } OACDO} \geqslant 1.4 \text{ 或 } 1.3\text{（第二交点小于进水角）}$$

上述衡准没有直接计入平台在波浪中运动对稳性的影响，只是间接地将它考虑在比值 1.4（或 1.3）中。

（8）风倾力矩计算

平台的风倾力矩随倾角而变，因此要计算各倾角下的风倾力矩，以便得到风倾力矩曲线。一般说来，风倾力矩可写作

$$M = Fd$$

式中，d 为风倾力臂，即平台的风压中心至水下侧向阻力中心的垂直距离；F 为平台所受总的风倾力，可由式（5-25）求得：

$$F = \sum_{i=1}^{n} F_i \tag{5-25}$$

式中，F_i 为作用在某面积元素上的风倾力，计算式为 $F_i = Cv^2\delta A$，其中 C 为与构件形状及构件高度等有关的系数；v 为风速，通常在作业状态取 $v = 70$ kn(36 m/s)，在风暴状态取 $v = 100$ kn(51.5 m/s)；δA 为该面积元素在风速方向的投影面积。

平台风倾力矩的计算远比普通船舶要复杂。由于平台的甲板较宽，甲板下方又有空气间隙，故在平台倾斜后必须考虑甲板的受风面积，同时应考虑甲板受风时的升力效应以及结构物的遮蔽效应等。此外平台的风压中心及侧向水阻力中心位置的计算等也是需要探讨的问题。

以上只是简要介绍了移动式钻井平台浮性及稳性计算的基本思路及一般原则，至于具体方法及步骤，读者可参考有关海洋平台的专业书籍或我国海事局颁布的《船舶与海上设施法定检验规则　海上移动平台法定检验技术规则(2016)》中的有关章节。

思考题 5

1. 为什么要研究大倾角稳性？它解决了什么问题？一般有哪些外力可能作用在船上而构成倾斜力矩？

2. 初稳性公式能否用于研究大倾角稳性？为什么？反之，大倾角稳性计算方法能否代替初稳性计算方法？为什么？

3. 导出大倾角时的静稳性力臂 l(或复原力矩 M_R)随横倾角 ϕ 的变化规律，并绘出其示意图(静稳性曲线图)。

4. 等排水量法和变排水量法的基本思路有何不同？请说明各自的优缺点和最佳适用范围。变排水量法是否需要确定等体积倾斜水线？

5. 计算稳性中能否不用稳性横截曲线 $l_S = F(\nabla, \phi_i)$？稳性横截曲线和静稳性曲线有何关系？稳性横截曲线的起点 $l_S = F(\nabla_0, \phi_i)$ 和终点 $l_S = F(\nabla_{max}, \phi_i)$ 如何求取？

6. 上层建筑和风雨密甲板室等类似船上封闭固定空间对静稳性和静稳性曲线有何影响？计算思路是什么？

7. 自由液面和类似流动货物对静稳性和静稳性曲线有何影响？如何进行计算？

8. 静稳性曲线的特性有哪些？试分析 3 种典型的静稳性曲线的主要特征。阶梯形静稳性曲线表示船舶的哪一种状况？试举例说明。

9. 为什么静稳性曲线的形状和面积可以直接表征船舶稳性的好坏？它的特征通过哪些参数表示？规则对这些参数的下限值做了哪些规定？其数值如何？

10. 动稳性曲线的特征有哪些？它与静稳性曲线的相互关系如何？它的应用有何优缺点？能否不要动稳性曲线？

11. 分别应用船舶的静稳性曲线和动稳性曲线作图求出下列数值，并说明其理由。

(1) 船突然受到某一横倾力矩 M_H 作用下的动倾角 ϕ_d，以及所允许的极限倾覆力矩 $M_{q\max}$ 和极限倾角 $\phi_{d\max}$。

(2) 船受到波浪和阵风的联合作用下的最小倾覆力矩 M_q 和极限动倾覆角 ϕ_q。

(3) 船受到波浪和阵风的联合作用并计算进水角影响时的最小倾覆力矩 M_q 和极限动倾角 ϕ_q。

12. 船舶的进水角曲线 $\phi_E = F(\nabla)$ 如何求得？在大倾角稳性校核计算中，为什么要考虑进水角的影响？它在静稳性曲线、动稳性曲线图上是怎样反映的？

13. 稳性衡准数 K 的含义是什么？为什么我国规则中规定海船均应满足稳性衡准数的要求，即应满足 $K=M_q/M_F\geqslant 1$（或 $K=l_q/l_F\geqslant 1$）？试用静稳性曲线和动稳性曲线来说明。

14. 船舶在各种装载情况下的稳性校核计算包括哪些内容？如何进行计算？其基本原则是什么？

15. 极限重心高度曲线是根据哪些条件导出的？它有何用处？它与临界初稳性高曲线有何关系？能否相互转化？

16. 船型几何要素和重心垂向位置分别对初稳性、大倾角稳性和完整稳性的影响如何？其影响的利弊有何不同？

17. 改善大倾角稳性的主要措施是什么？为什么？

18. 船因重量移动产生一个初始横倾，现船再受一阵风作用，问阵风是从出水舷吹来危险还是从入水舷吹来危险？为什么？试分别作图说明。

19. 船因受一定常风作用产生一初始横倾，若船在定常风消失时突受一阵风作用，问阵风是从出水舷吹来危险还是从入水舷吹来危险？为什么？试分别作图说明？

20. 若船具有负的 $\overline{GM}$ 值，在突风作用下如何求 ϕ_d？

习 题 5

1. 某船正浮时浮心垂向坐标 $z_{B0}=2.9$ m，重心垂向坐标为 $z_G=4.5$ m，横倾角 $\phi=40^\circ$ 时的浮心横向、垂向坐标分别为 $y_{B40}=1.75$ m 和 $z_{B40}=3.2$ m，求此时的静稳性臂 l_{40}。

2. 某船重心垂向坐标 $z_G=7.1$ m，在横倾角 $\phi=40^\circ$ 时浮心坐标为 $y_{B40}=3.4$ m，$z_{B40}=4.6$ m，求静稳性臂。

3. 某内河船的排水量 $\Delta=750$ t，当横倾角 $\phi=15^\circ$ 时船的浮心由初始位置移动到 $y_{B15}=1.1$ m，$z_{B15}-z_{B0}=0.2$ m。正浮时，重心在浮心之上的高度 $a=2.6$ m。问移动力矩为多大时才能使船正浮？

4. 某船在横倾角 $\phi=15^\circ$ 时，动稳性臂 $l_d=0.7$ m，这时浮心横向坐标 $y_{B0}=2.55$ m，求船在该横倾角时的复原力臂，船正浮时重心在浮心之上的距离 $a=2.1$ m。

5. 某船在横倾角 $\phi=30^\circ$ 时的复原力臂 $l=2.60$ m，动稳性臂 $l_d=0.73$ m，重心在龙骨以上高度 $z_G=10.58$ m，正浮时重心在浮心以上的高度 $a=5.99$ m，求 $\phi=30^\circ$ 时浮心在龙骨以上的高度。

6. 一艘排水量 $\Delta=1\,000$ t 的干货船之静稳性曲线值如下：

ϕ/(°)	0	15	30	45	60	75	90
l/m	0	0.275	0.515	0.495	0.330	0.120	−0.100

求：(1) $\phi=55^\circ$ 时的动稳性臂 l_{d55}。

(2) 当船的重心升高 0.25 m 后损失的稳性范围。

7. 某船排水量 $\Delta=4\,430$ t，平均吃水 $d=5.3$ m，其静稳性曲线如图 1 所示。

求：(1) 极限静倾角。

(2) 在静力作用下的极限倾覆力矩。

(3) 应用梯形法进行动稳性曲线的计算，并以适当比例绘制动稳性曲线。

(4) 船在正浮时的极限动横倾角及最大倾斜力矩。

(5) 船在最大摆幅 $\phi_0 = 15°$ 时的极限动横倾角及最大倾斜力矩。

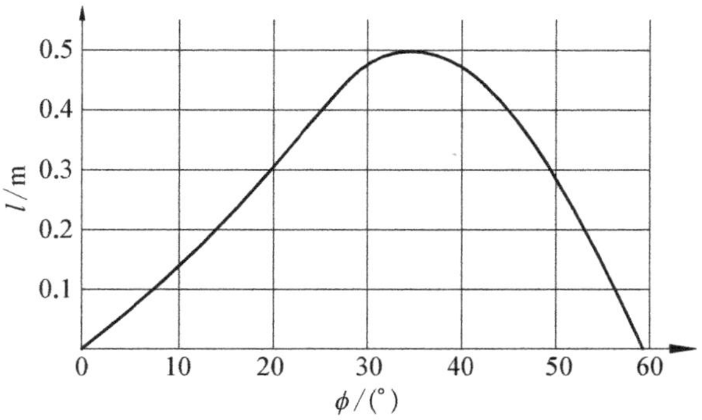

图 1

8. 某矩形体船，尺度为长 $L=100$、型宽 $B=18$，型深 $D=12$、吃水 $d=6$，求稳性横截曲线中倾斜 15° 的完整曲线(排水体积从 0 到最大)数据。要求：自行确定最大排水体积(完全淹没)数值和计算倾斜水线条数(倾斜 15° 曲线的离散点数，包括起点和终点)，可用 Excel 列表计算并画出曲线。

9. 证明动稳性曲线是偶函数。

第6章　船舶抗沉性

船舶在使用过程中有可能发生海损事故，造成船体破损，海水进入船体内。这种海损事故虽然是偶然性事件，但它会造成严重的后果，甚至会使船上生命财产遭到重大损失。另外船舶破损还会造成船内燃油等液体流出而污染海洋环境，因此，在船舶设计阶段就需要考虑船舶破损（破舱）后的浮性和稳性问题，即抗沉性问题。

所谓抗沉性，是指船舶在一舱或数舱破损进水后仍能保持一定浮性和稳性的能力。各类船舶对于抗沉性的要求是不同的：军舰在战斗中受损伤的机会较多，同时又要求它在遭到某种程度损伤后仍能保持一定的作战能力或返回基地的能力，所以对军舰的抗沉性要求要比民用船舶高得多。在民用船舶中，对客船的要求又要比货船高些。为了保证安全航行，在国际有关公约及我国《船舶与海上设施法定检验规则》中，对各类民用船舶的抗沉性要求提出了明确的规定（参见6.8节中表6－2和表6－3）。

船舶的抗沉性是用水密舱壁将船体分隔成适当数量的舱室来保证的，要求当一舱或数舱进水后，船舶的下沉不超过规定的极限位置，并保持一定的稳性。在船舶静力学中，抗沉性问题包括下列两个方面的内容：

（1）船舶在一舱或数舱进水后浮态及稳性的计算。

（2）从保证船舶抗沉性的要求出发，计算分舱的极限长度，即可浸长度的计算。

研究抗沉性主要应用于两方面：一是防止船舶破损后海水进入船体，造成船舶浮性和稳性的损失；二是防止船舶破损后舱内液体（燃油等）流出船体进入海水中，造成环境污染。因此相关船舶抗沉性的规范公约等都是基于这两方面来制定的。

抗沉性的重点如下：

（1）破舱的基本概念，包括破损假定、渗透率、进水舱分类和限界线等。

（2）破舱后的浮态平衡方程确定，包括破舱后浮态平衡方程的异同，破舱后浮态平衡方程是否成立的意义，如何建立和计算浮态平衡方程的思路及原理，求解的基本方法和步骤等。

（3）可浸长度曲线的概念、原理和计算方法，包括计算假定条件、基本原理和基本计算方法，还有可浸长度与限界线和渗透率之间的关系等。

（4）破舱计算的两种基本方法：损失浮力法和增加重量法，以及它们的基本原理、基本计算和应用范围等。

抗沉性中计算破舱浮态和稳性有两种途径：确定性破舱计算和破舱稳性概率计算。

抗沉性的难点如下：

（1）破舱后浮态平衡方程的确定和计算。

（2）破舱稳性概率计算方法的基本概念、原理和方法。

需要指出的是，船舶破损状态（破舱后）的浮态及稳性的研究对象和基本原理依旧与船舶完整状态时相同，只是重力及重心位置或浮力及浮心位置等因破舱影响可能有所变化，需要重新计算。

6.1 破舱的分类、渗透率和计算方法

1. 破舱(进水舱)的分类

在抗沉性计算中,根据船舶破舱进水情况,可将进水舱分为下列3类。

第一类舱。舱的顶部位于水线以下,船体破损后海水灌满整个舱室,但舱顶未破损,因此舱内没有自由液面。双层底和顶盖在水线以下的舱柜等属于这类舱。

第二类舱。进水舱未被灌满,舱内的水与船外的海水不相连通,有自由液面。为调整船舶浮态而灌水的舱以及船体破洞已被堵塞但水还没有抽干的舱室属于这类舱。

第三类舱。舱的顶盖在水线以上,舱内的水与船外海水相通,因此舱内水面与船外海水保持同一水平面。这在船体破舱中是最为普遍的典型情况。

2. 渗透率

船舱内有各种结构构件、设备、机械和货物等,它们在舱内已占据了一定的空间。因此,破舱进水后船舱内实际进水的体积 V_1 总是小于空舱的型体积 V。两者的比值称为体积渗透率 μ_V,即

$$\mu_V = V_1/V$$

或

$$V_1 = \mu_V V$$

体积渗透率 μ_V 的大小视舱室用途及装载情况而定,我国《船舶与海上设施法定检验技术规则》规定的 μ_V 的数值如表6-1所示。

表6-1 体积渗透率

处 所	渗透率 μ_V
起居设备占用处所	0.95
机器占用处所	0.85
货物、煤或物料储藏专用处所	0.60
供装载液体的处所	0或0.95(视何者导致较严重的后果而定)

除上述体积渗透率 μ_V 外,还有面积渗透率 μ_a,表示实际进水面积 a_1 与空舱面积 a 之比。μ_a 与 μ_V 之间并无一定联系,通常 μ_V 小于 μ_a,但并非所有情况都是这样。在一般计算中,μ_a 及 μ_V 可取相同的数值,有时统称为渗透率 μ。通常所说的渗透率指体积渗透率。

3. 破舱计算的两种基本方法

通常船舶破损后,破舱进水量和船舶浮态(吃水增加)相互影响,互为因果。因此破舱计算的首要问题是进水量及形心的确定。

根据进水量的确定情况,破舱进水后计算船舶浮态和稳性的基本方法有两种。

(1) 增加重量法。把破舱后进入船内的水看成是增加的液体重量。此时船舶重量及重心位置发生变化,从而引起排水量及浮心位置也发生变化。

(2) 损失浮力法(固定排水量法)。把破舱后的进水区域看成是不属于船的(从原理上可理解为将整个破舱看成是不属于船的),即该舱进水区域部分的浮力已经损失,损失的浮力借

助增加吃水(增加除破舱以外的排水体积)来补偿。这样,对于整个船舶来说,其排水量(重量)及重心位置不变,但排水体积的形状及浮心位置发生变化。因此损失浮力法又称为固定排水量法。

从损失浮力法的原理上可以理解为将破舱进水的整个舱都看成是不属于船的,即扣除该进水舱的船主体其余部分形成新船体,由新船体提供浮力与重力平衡,达到破舱后的平衡浮态。至于损失的浮力仅是由破舱水线以下该舱体积产生,且自动随破舱水线变化而变化,此时破舱已看成不属于新船或属于新船外海洋,所以该破舱内进水体积或损失浮力均与新船无关。

应该指出,用上述两种方法计算所得的最后结果(如复原力矩 $\Delta\,\overline{GZ}$、横倾角、纵倾角、船舶的首尾吃水等)是完全一致的。但由于两种方法计算的排水量 Δ 不同,因此它们的初稳性高$\overline{GM}$、纵稳性高 $\overline{GM_L}$ 和复原力臂 $\overline{GZ}$ 也不同。

6.2 舱室少量进水后船舶浮态及稳性的计算

船舱破损进水后,若进水量不超过排水量的 10%～15%,则可以应用初稳性公式来计算船舶进水后的浮态和稳性,其误差一般在允许范围之内。

现分别介绍各类舱室进水后船舶浮态及稳性的计算。在计算中,假定:

(1) 舱室在进水前是空的,即渗透率 $\mu=1.0$。

(2) 进水量不大(不超过排水量的 10%～15%),所用的计算公式可根据初稳性公式而得。

1. 第一类舱室

对于这类舱室,由于进水量固定,用增加重量法进行计算比较方便,可以直接应用第 4 章中的有关结论。

如图 6－1 所示,船在舱室进水前浮于水线 WL 处,首尾吃水为 d_F及 d_A(平均吃水为 d)。排水量为 Δ,初稳性高为 $\overline{GM}$,纵稳性高为 $\overline{GM_L}$,水线面面积为 A_W,漂心纵向坐标为 x_F,设进水舱的体积为 V,其重心在 $C(x,\ y,\ z)$处。可把进入该舱的水看成是在 C 处增加了重量为 $p=wV$ 的液体载荷,且没有自由液面。因此,舱室进水后船舶的浮态及稳性可按下列步骤进行计算。

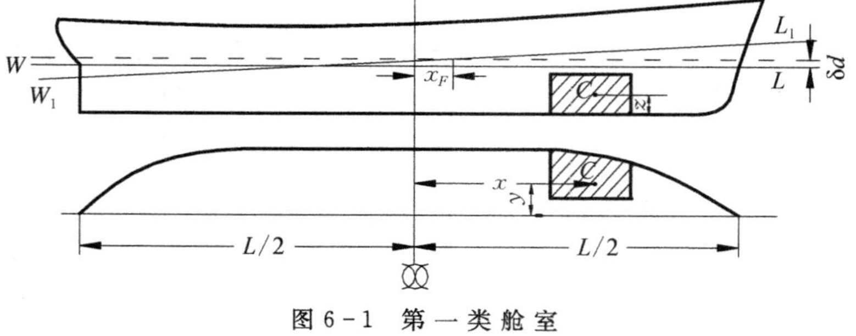

图 6－1　第一类舱室

(1) 平均吃水的增量为

$$\delta d=\frac{p}{wA_W}$$

（2）新的初稳性高为

$$\overline{G_1M_1}=\overline{GM}+\frac{p}{\Delta+p}\left(d+\frac{\delta d}{2}-z-\overline{GM}\right)$$

（3）新的纵稳性高为

$$\overline{G_1M_{L1}}=\frac{\Delta}{\Delta+p}\overline{GM_L}$$

（4）横倾角正切为

$$\tan\phi=\frac{py}{(\Delta+p)\overline{G_1M_1}}$$

（5）纵倾角正切为

$$\tan\theta=\frac{p(x-x_F)}{(\Delta+p)\overline{G_1M_{L1}}}$$

（6）由于纵倾而引起的首尾吃水变化为

$$\delta d_F=\left(\frac{L}{2}-x_F\right)\frac{p(x-x_F)}{(\Delta+p)\overline{G_1M_{L1}}}$$

$$\delta d_A=-\left(\frac{L}{2}+x_F\right)\frac{p(x-x_F)}{(\Delta+p)\overline{G_1M_{L1}}}$$

（7）船舶最后的首尾吃水为

$$d'_F=d_F+\delta d+\delta d_F$$

$$d'_A=d_A+\delta d+\delta d_A$$

2. 第二类舱室

舱内的水虽与船外海水不相连通，但因舱室未被灌满，故存在自由液面。由于进水量固定，可用增加重量法进行计算，但应考虑自由液面对稳性的影响。

如图6-2所示，船舶原浮于水线 WL 处，排水量为 Δ，首尾吃水为 d_F 和 d_A（平均吃水为 d），初稳性高为 $\overline{GM}$，纵稳性高为 $\overline{GM_L}$，水线面面积为 A_W，漂心纵向坐标为 x_F。设进水舱的

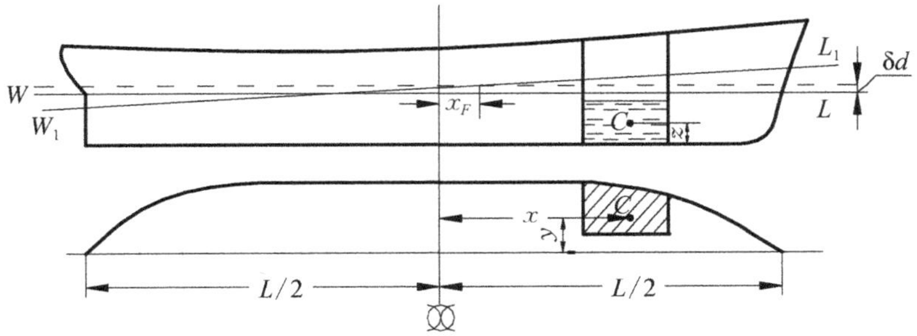

图6-2 第二类舱室

体积为V，增加的液体载荷为$p=wV$，其重心在$C(x, y, z)$处，进水舱内自由液面对于其本身的纵向主轴和横向主轴的惯性矩分别为i_x及i_y。对于这类舱室进水以后船舶的浮态及稳性可按下列步骤进行计算。

(1) 平均吃水的增量为

$$\delta d=\frac{p}{wA_{\mathrm{W}}}$$

(2) 新的初稳性高为

$$\overline{G_1M_1}=\overline{GM}+\frac{p}{\Delta+p}\left(d+\frac{\delta d}{2}-z-\overline{GM}\right)-\frac{wi_x}{\Delta+p}$$

(3) 新的纵稳性高为

$$\overline{G_1M_{L1}}=\frac{\Delta}{\Delta+p}\overline{GM_L}-\frac{wi_y}{\Delta+p}$$

(4) 横倾角正切为

$$\tan\phi=\frac{py}{(\Delta+p)\overline{G_1M_1}}$$

(5) 纵倾角正切为

$$\tan\theta=\frac{p(x-x_F)}{(\Delta+p)\overline{G_1M_{L1}}}$$

(6) 由于纵倾而引起的首尾吃水变化为

$$\delta d_{\mathrm{F}}=\left(\frac{L}{2}-x_F\right)\frac{p(x-x_F)}{(\Delta+p)\overline{G_1M_{L1}}}$$

$$\delta d_{\mathrm{A}}=-\left(\frac{L}{2}+x_F\right)\frac{p(x-x_F)}{(\Delta+p)\overline{G_1M_{L1}}}$$

(7) 船舶最后的首尾吃水为

$$d'_{\mathrm{F}}=d_{\mathrm{F}}+\delta d+\delta d_{\mathrm{F}}$$

$$d'_{\mathrm{A}}=d_{\mathrm{A}}+\delta d+\delta d_{\mathrm{A}}$$

3. 第三类舱室

这类舱室破损进水后，舱内的水面与船外海水保持同一水平面，其进水量需由最后的水线来确定，而最后的水线位置又与进水量有关。因此，用增加重量法进行计算就很不方便。对于这类舱室宜采用损失浮力法来进行计算，并认为舱室进水后船的排水量和重心位置保持不变。

如图 6-3 所示，船舶原浮于水线WL处，排水体积为∇，吃水为d，初稳性高为$\overline{GM}$，纵稳性高为$\overline{GM_L}$，水线面面积为A_{W}，漂心纵向坐标为x_F。设进水舱在水线WL以下的体积为V，重心在$C(x, y, z)$处，该舱在WL处的进水面积为a，其形心在$f(x_a, y_a)$处，a称为损失水线面面积。

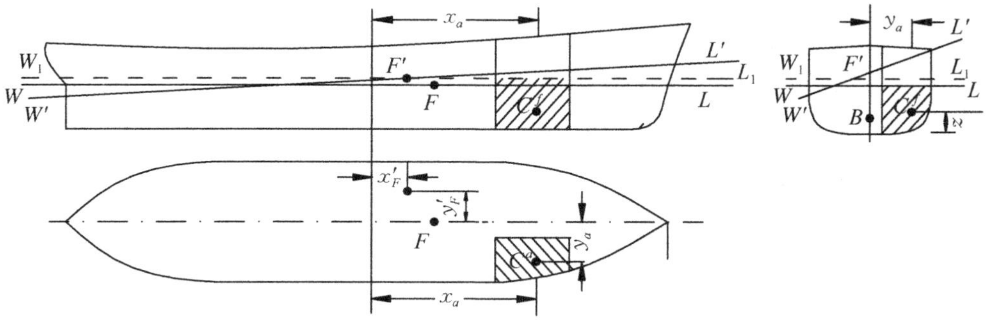

图 6-3　第三类舱室

当海水进入该舱后，船舶即损失了浮力 wV，但因船的重量没有改变，故需下沉至 W_1L_1 处以获得补偿浮力，方能使船舶保持平衡。这样便可按下列步骤进行计算。

(1) 平均吃水的增量为

$$\delta d = \frac{V}{A_W - a}$$

式中，$(A_W - a)$ 为剩余水线面面积，又称为有效水线面面积。

(2) 剩余水线面面积的漂心位置 $F'(x'_F,\ y'_F)$ 分别为

$$x'_F = \frac{A_W x_F - a x_a}{A_W - a}$$

$$y'_F = \frac{-a y_a}{A_W - a}$$

(3) 剩余水线面面积 $(A_W - a)$ 对通过其漂心 F' 的横向及纵向惯性矩分别为

$$I'_T = I_T - (i_x + a y_a^2) - (A_W - a) y'^2_F$$

$$I'_L = I_L - [i_y + a(x_a - x_F)^2] - (A_W - a)(x'_F - x_F)^2$$

式中，I_T 和 I_L 分别为原水线面面积 A_W 对通过其漂心 F 的横向及纵向惯性矩；i_x 和 i_y 分别为损失水线面面积 a 对通过其本身形心 f 的横向及纵向惯性矩。

(4) 浮心位置的变化

损失浮力 wV 的作用点在 $C(x,\ y,\ z)$ 处，而补偿浮力 $w\delta d(A_W - a)$ 的作用点在 $(x'_F,\ y'_F,\ d + \delta d/2)$ 处。可以认为：由于 wV 自 $(x,\ y,\ z)$ 处移至 $(x'_F,\ y'_F,\ d + \delta d/2)$ 处而引起了船舶浮心位置的移动。根据重心移动原理可知，破舱以后船舶浮心位置的变化为

$$\delta x_B = -V(x - x'_F) / \nabla$$

$$\delta y_B = -V(y - y'_F) / \nabla$$

$$\delta z_B = -\frac{V\left[z - \left(d + \frac{\delta d}{2}\right)\right]}{\nabla}$$

（5）初、纵稳性半径的变化分别为

$$\delta\,\overline{BM}=\frac{I'_T}{\nabla}-\frac{I_T}{\nabla}$$

$$\delta\,\overline{BM_L}=\frac{I'_L}{\nabla}-\frac{I_L}{\nabla}$$

（6）由于船的重心位置保持不变，故初、纵稳性高的变化分别为

$$\delta\,\overline{GM}=\delta z_B+\delta\,\overline{BM}$$

$$\delta\,\overline{GM_L}=\delta z_B+\delta\,\overline{BM_L}$$

（7）新的初、纵稳性高分别为

$$\overline{GM_1}=\overline{GM}+\delta\,\overline{GM}$$

$$\overline{GM_{L1}}=\overline{GM_L}+\delta\,\overline{GM_L}$$

（8）横倾角正切为

$$\tan\phi=\frac{V(y-y'_F)}{\nabla\overline{GM_1}}$$

（9）纵倾角正切为

$$\tan\theta=\frac{V(x-x'_F)}{\nabla\overline{GM_{L1}}}$$

（10）由于纵倾引起的首、尾吃水变化分别为

$$\delta d_F=\left(\frac{L}{2}-x'_F\right)\frac{V(x-x'_F)}{\nabla\overline{GM_{L1}}}$$

$$\delta d_A=-\left(\frac{L}{2}+x'_F\right)\frac{V(x-x'_F)}{\nabla\overline{GM_{L1}}}$$

（11）船舶最后的首、尾吃水分别为

$$d'_F=d_F+\delta d+\delta d_F$$

$$d'_A=d_A+\delta d+\delta d_A$$

4. 一组舱室进水的情况

在一组舱室同时破损的情况下，可将其看成相当于一个等值舱进水，船舶的浮态及初稳性可利用损失浮力法统一对三类舱进行计算。为此，首先需要算出此等值舱的有关数据。

假设这一组进水舱室共有 n 个，其中第一类舱 n_1 个，第二类舱 n_2 个，第三类舱 n_3 个，且 $n=n_1+n_2+n_3$，则有以下计算公式。

（1）等值舱的进水体积为

$$V=\sum_{i=1}^{n}V_i$$

(2) 等值舱的形心位置为

$$x=\frac{\sum_{i=1}^{n}V_i x_i}{\sum_{i=1}^{n}V_i},\ y=\frac{\sum_{i=1}^{n}V_i y_i}{\sum_{i=1}^{n}V_i},\ z=\frac{\sum_{i=1}^{n}V_i z_i}{\sum_{i=1}^{n}V_i}$$

对于有第三类舱室时,还需算出(3)(4)(5)(6)(7)。

(3) 等值舱在原来水线处的损失水线面面积为(仅对第三类舱)

$$a=\sum_{i_3=1}^{n_3}a_{i_3}$$

(4) 等值舱在原来水线处的损失水线面面积的形心位置为(仅对第三类舱)

$$x_a=\frac{\sum_{i_3=1}^{n_3}a_{i_3}x_{ai_3}}{\sum_{i_3=1}^{n_3}a_{i_3}},\ y_a=\frac{\sum_{i_3=1}^{n_3}a_{i_3}y_{ai_3}}{\sum_{i_3=1}^{n_3}a_{i_3}}$$

(5) 等值舱在原来水线处的损失水线面惯性矩分别为(仅对第三类舱)

$$\delta I_T=\sum_{j_3=1}^{n_3}(i_{xj_3}+a_{j_3}y_{aj_3}^2),\ \delta I_L=\sum_{j_3=1}^{n_3}[i_{yj_3}+a_{j_3}(x_{aj_3}-x_F)^2]$$

(6) 等值舱剩余水线面面积及形心位置分别为(仅对第三类舱)

$$A'_W=A_W-a$$

$$x'_F=\frac{A_W x_F-a x_a}{A_W-a},\ y'_F=\frac{A_W y_F-a y_a}{A_W-a}$$

(7) 等值舱剩余水线面惯性矩分别为(仅对第三类舱)

$$I'_T=I_T-\delta I_T-(A_W-a)(y'_F-y_F)^2,\ I'_L=I_L-\delta I_L-(A_W-a)(x'_F-x_F)^2$$

当无第三类舱时,等值舱剩余水线面的要素分别为

$$A'_W=A_W,\ x'_F=x_F,\ y'_F=y_F,\ I'_T=I_T,\ I'_L=I_L$$

(8) 平均吃水的增量为

$$\delta d=\frac{V}{A'_W}$$

(9) 浮心位置的变化为

$$\delta x_B=-V(x-x'_F)/\nabla$$

$$\delta y_B=-V(y-y'_F)/\nabla$$

$$\delta z_B=-\frac{V\left[z-\left(d+\frac{\delta d}{2}\right)\right]}{\nabla}$$

(10) 初、纵稳性半径的变化分别为

$$\delta\ \overline{BM}=\frac{I'_T}{\nabla}-\frac{I_T}{\nabla},\ \delta\ \overline{BM_L}=\frac{I'_L}{\nabla}-\frac{I_L}{\nabla}$$

(11) 自由液面对初稳性的修正值分别为(仅对第二类舱)

$$\delta\ \overline{GM}=-\frac{\sum_{j_2=1}^{n_2} i_{xj_2}}{\nabla},\ \delta\ \overline{GM_L}=-\frac{\sum_{j_2=1}^{n_2} i_{yj_2}}{\nabla}$$

(12) 新的初、纵稳性高分别为

$$\overline{GM_1}=\overline{GM}+\delta z_B+\delta\ \overline{BM}+\delta\ \overline{GM},\ \overline{GM_{L1}}=\overline{GM_L}+\delta z_B+\delta\ \overline{BM_L}+\delta\ \overline{GM_L}$$

(13) 横倾角正切和纵倾角正切分别为

$$\tan\phi=\frac{V(y-y'_F)}{\nabla\overline{GM_1}},\ \tan\theta=\frac{V(x-x'_F)}{\nabla\overline{GM_{L1}}}$$

(14) 由于纵倾引起的首、尾吃水变化

$$\delta d_F=\left(\frac{L}{2}-x'_F\right)\frac{V(x-x'_F)}{\nabla\overline{GM_{L1}}},\ \delta d_A=-\left(\frac{L}{2}+x'_F\right)\frac{V(x-x'_F)}{\nabla\overline{GM_{L1}}}$$

(15) 船舶最后的首、尾吃水分别为

$$d'_F=d_F+\delta d+\delta d_F,\ d'_A=d_A+\delta d+\delta d_A$$

到此,即可用损失浮力法算出船舶在一组舱室破损后的浮态和稳性。读者可从中领悟用损失浮力法计算第一类舱(扣除破舱浮力和更新浮心)和计算第二类舱(扣除破舱浮力和更新浮心并考虑自由液面对初稳性影响)的原理。

需要指出的是:本节中所用的计算公式都是根据初稳性公式而得,只有在进水量不大(不超过排水量的10%~15%)的情况下,才能获得比较正确的结果。若进水量较大,则可用逐步近似法以求得比较正确的结果。此外,在本节中推导有关计算公式时,假定进水舱是空的,即渗透率 $\mu=1.0$。事实上各进水舱的 μ 总是小于1.0。因此,应根据进水舱的实际渗透率 μ 值,先算出进水重量 $p=\mu wV$ 及实际的自由表面面积或损失水线面面积 μa,然后再按有关公式计算船舶在破舱后的浮态和稳性。

例 某内河船破损进水后的排水量是 $\Delta=755$ t,用增加重量法计算出的 $\overline{GM}=1.2$ m,求用损失浮力法计算的 $\overline{GM_1}$(已知进水体积 $V=60$ m³)。

解:已知:$w=1.0$,进水重量 $p=wV=1.0\times60=60$(t),增加重量法的 $\Delta=755$ t,$\overline{GM}=1.2$ m。

损失浮力法的 $\Delta_1=\Delta-p=755-60=695$(t)。

用增加重量法计算的复原力矩和用损失浮力法计算的复原力矩相等,列出等式:

$\Delta\ \overline{GM}\sin\phi=\Delta_1\ \overline{GM_1}\sin\phi$,解出 $\overline{GM_1}=\Delta\ \overline{GM}/\Delta_1=755\times1.2/695=1.304$(m)。

6.3 舱室大量进水后船舶浮态及稳性的计算

船舱破损大量进水后，初稳性计算方法的计算误差会很大，因此需要根据前面学过的船舶浮态和稳性的原理和方法进行计算，其基本思路是以浮态平衡方程为基础，通过求解浮态平衡方程得到破损后的平衡漂浮浮态，再根据此浮态对破损后的船舶进行浮态、初稳性和大倾角稳性的计算校核。船舶破舱计算的计算量非常大，现多用计算软件通过计算机来进行，计算方法通常采用损失浮力法，基本计算思路如下。

1. 建立破舱数学模型，即浮态平衡方程

$$\begin{cases}W=\Delta=w\nabla\\x_B-x_G=(z_G-z_B)\tan\theta\\y_B-y_G=(z_G-z_B)\tan\phi\end{cases}=\begin{cases}F_1=W-\Delta=0\\F_2=(x_B-x_G)-(z_G-z_B)\tan\theta=0\\F_3=(y_B-y_G)-(z_G-z_B)\tan\phi=0\end{cases}$$

该浮态平衡方程隐含浮态参数：d_F，d_A，ϕ，根据浮态参数可计算浮力 Δ 及浮心位置 $B(x_B, y_B, z_B)$以及 $\tan\theta=(d_F-d_A)/L$。

2. 计算求解该模型(求解方程组)

该方程组可以采用迭代法求解，也可用优化方法求解。

2. 优化模型

目标函数：$F=F_1^2+F_2^2+F_3^2$；

变量：为浮态参数 d_F，d_A，ϕ；

约束函数：无；

初值：为计算载况浮态；

计算模型：根据浮态参数、型线图和破损舱室定义，采用损失浮力法，计算破舱后计算水线下的浮力及浮心、破舱进水量及形心等；

求解算法：优化算法，如直接法、牛顿法、拟牛顿法、最佳最速下降法等；

计算类型：直接求解破损后的最终平衡漂浮状态。

3. 计算校核破舱后的浮态及稳性

求得平衡浮态参数(浮态)后，继而可根据规范对破损后的性能指标要求(浮性、初稳性、稳性、过程等)计算校核船舱破损进水后的浮态和稳性(有时也需要用稳性曲线进行校核)。

船舶破舱后的稳性计算实际情况(有风浪和运动)相当复杂，涉及静力学和耐波性等方面，有时为了简化问题，将动态问题简化为静态处理，其动态问题静力化的基本原理及计算方法有① 拟静态方法(在某一瞬时，动态问题可作为静态问题处理，然后逐时进行)；② 拉格朗日方法(将惯性力作为静力考虑)。

6.4 可浸长度的计算

当船体破损后，海水进入船舱，船身下沉，船舱越长则可能进入船舱的海水越多，船身下沉量就越大。为了不使船舶沉没，其下沉应不超过一定的限度，这就需要对船舱的长度有所限制。我国《船舶与海上设施法定检验规则》规定，民用船舶的下沉极限是在舱壁甲板上表面的边线以下 76 mm 处，也就是说，船舶在破损后至少应有 76 mm 的干舷。在船舶侧视图上，舱壁甲板边线以下 76 mm 处的一条曲线（与甲板边线相平行）称为安全限界线（简称为限界线），如图 6－4 所示。限界线上各点的切线表示所允许的最高破舱水线（或称为极限破舱水线）。

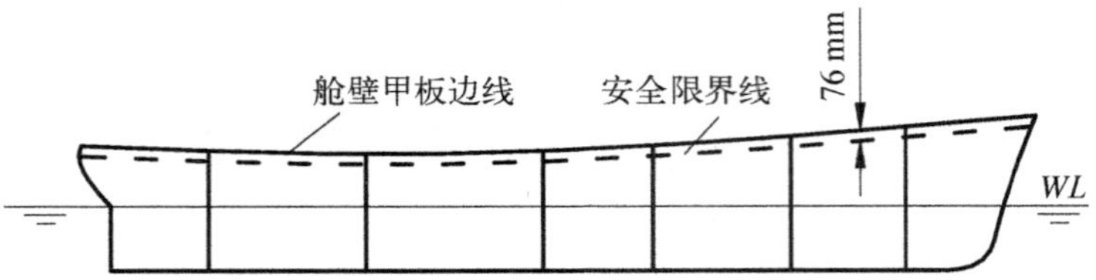

图 6－4　安全限界线

为了保证船舶在破损后的水线不超过安全限界线，对于船舱的长度必须加以限制。船舱的最大许可长度称为可浸长度，它表示该舱进水后船舶的极限破舱水线恰与安全限界线相切。船舱在船长方向的位置不同，其可浸长度也不同。下面讨论有关可浸长度的计算问题。

1. 计算可浸长度的基本原理

如图 6－5 所示，船舶原浮于计算水线 WL 处，排水体积为 ∇，浮心纵向坐标为 x_B。设某舱破损进水后，船舶恰浮于极限破舱水线 W_1L_1 处，其排水体积为 ∇_1，浮心纵向坐标为 x'_B。若破舱的进水体积为 V_i，形心纵向坐标为 x_i，则船舶浮于极限破舱水线 W_1L_1 处时应该存在下列关系。

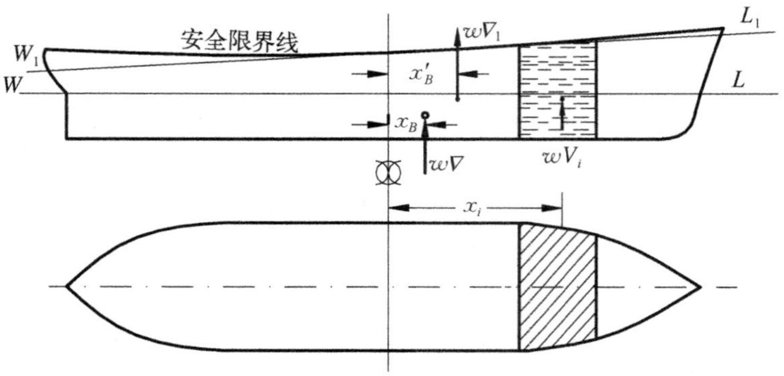

图 6－5　极限破舱水线面

$$\nabla_1 = \nabla + V_i$$

$$\nabla_1 x'_B = \nabla x_B + V_i x_i$$

或

$$\begin{cases} V_i = \nabla_1 - \nabla \\ x_i = (M_1 - M)/V_i \end{cases} \tag{6-1}$$

式中，$M_1 = \nabla_1 x'_B$ 为极限破舱水线 W_1L_1 以下的排水体积 ∇_1 对于中横剖面的体积静矩；$M = \nabla x_B$ 为计算水线 WL 以下的排水体积 ∇ 对于中横剖面的体积静矩。

式（6－1）是计算可浸长度的基本公式，其中 ∇、M、∇_1 及 M_1 可以根据邦戎曲线图用数值积分法求得。将这些数据代入式(6－1)内，便可算出船舱的进水体积 V_i 及其形心纵向坐标 x_i。这样，可浸长度的计算问题便归结为在已知船舱的进水体积 V_i 及其形心纵向坐标 x_i 的情况下，如何求出这个船舱的长度和位置。

2. 可浸长度曲线的计算

计算可浸长度曲线虽有多种方法，但其基本原理一致。这里介绍一种常用的计算方法，其优点是简明扼要，可以节省计算时间，现将此种方法的计算步骤概述如下。

1）绘制极限破舱水线

在邦戎曲线图上，先画出计算水线和安全限界线，并从安全限界线的最低点画一条水平的极限破舱水线 H，然后在首尾垂线处，自 H 线向下量取一段距离 z，其数值可按式(6－2)计算：

$$z = 1.6D - 1.5d \tag{6-2}$$

式中，D 为舱壁甲板的型深；d 为吃水。

在距离 z 内取 2～3 个等分点，并从各等分点作与限界线相切的纵倾极限水线 $1F$、$2F$、$3F$、$1A$、$2A$、$3A$ 等，如图 6－6 所示。

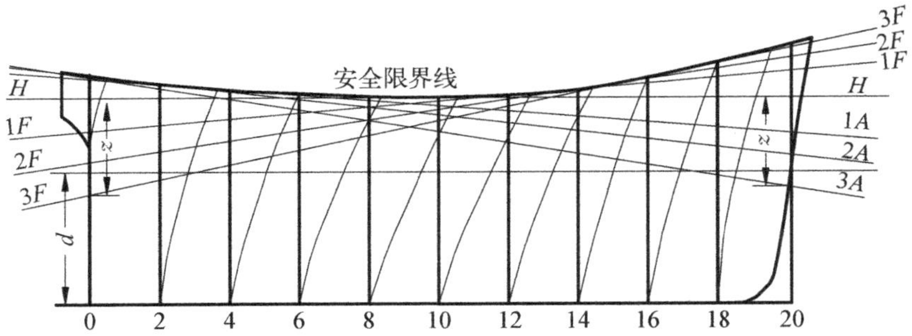

图 6－6　在邦戎曲线图上的极限破舱水线

通常极限破舱水线约取 7～10 条，其中尾倾水线 3～5 条，水平水线 1 条，首倾水线 3～4 条。这些极限破舱水线对应于沿船长不同舱室进水时船舶的最大下沉限度。

2）计算进水体积 V_i 及形心纵向坐标 x_i

在邦戎曲线图上，分别量取计算水线及破舱水线的各站横剖面面积，并用数值积分法分别算出相应于计算水线和极限破舱水线的排水体积 ∇ 和 ∇_1，以及对于中横剖面的体积静矩 M 和 M_1。根据式(6－2)即可求得破舱的进水体积 V_i，及形心纵向坐标 x_i，即

$$V_i = \nabla_1 - \nabla$$
$$x_i = (M_1 - M)/V_i$$

为了简便起见，各极限破舱水线下的进水体积 V_i 及形心纵向坐标 x_i 的计算可用表格人工计算或计算机程序进行。其计算结果可绘制成进水舱的容积曲线，即 $V_i - x_i$ 曲线，如图 6－7 所示。

3）计算进水舱的可浸长度

设某极限破舱水线 W_1L_1 处的破舱进水体积为 V_i，其形心纵向坐标为 x_i。现在的问题是如何求出船舱的长度和位置，当该舱破损后，进水体积正好为 V_i；而形心纵向坐标恰好又在 x_i 处，对于这种计算用图解法较为简便。

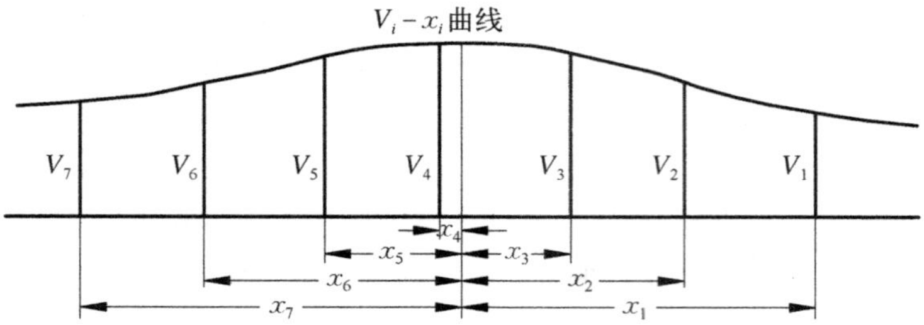

图 6－7　V_i-x_i 曲线

先画出极限破舱水线 W_1L_1 在 x_i 附近一段的横剖面面积曲线及该段的积分曲线，如图 6－8 所示。然后，在 x_i 处作一垂线与积分曲线相交于 O 点，在该垂线上截取 $CD=V_i$，并使面积 AOC 等于面积 BOD，则 A 点和 B 点间的水平距离即为可浸长度 l。同时该舱中点至中横剖面的距离 x 也可在该图上量出。由此求得的舱长和位置，即能满足该舱破损进水后进水体积为 V_i 而形心纵向坐标在 x_i 处的条件。这可以应用积分曲线的特性说明如下。在图 6－8 中，舱长 l（A 与 B 点间的水平距离）一段的体积为 $CD=V_i$，而面积 AOC＝面积 BOD 则表示该舱对于通过 COD 的横剖面的体积静矩等于零，即该舱的体积形心在 x_i 处。

应用同样的方法可以求出各极限破舱水线的舱室可浸长度及其位置，但这种方法需要绘制每一条破舱水线的横剖面面积曲线及其积分曲线，因而计算和制图工作过于繁杂。实践证明：进水舱的位置通常总是在其相应破舱水线与安全限界线相切的切点附近，故破舱水线下的横剖面面积曲线与安全限界线下的横剖面面积曲线在进水舱附近几乎相同。因此在实际计算中，常用限界线的横剖面面积曲线及其积分曲线来代替所有破舱水线的横剖面面积曲线及其积分曲线，如图 6－9 所示。这样便可以迅速地求出所有破舱水线的进水舱长度及位置。在进水舱附近，安全限界线下的横剖面面积略大于破舱水线下的横剖面面积，故计算所得的可浸长度略小于实际长度，偏于安全方面，因此是允许的。

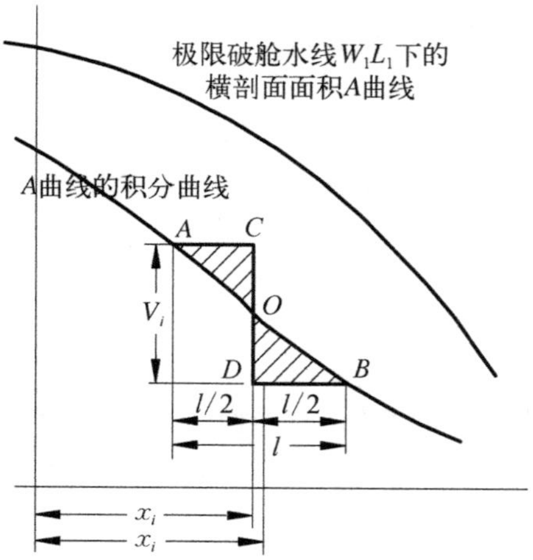

图 6－8　极限破舱水线横剖面面积曲线

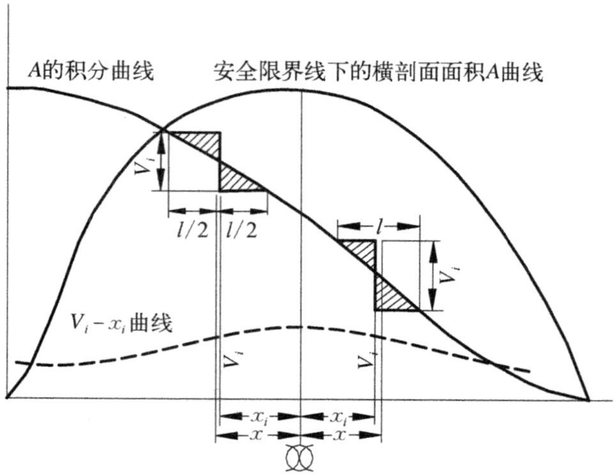

图 6－9　安全限界线下横剖面面积曲线

4）绘制可浸长度曲线

根据上面算出的各进水舱的可浸长度及其中点至中横剖面的距离，在船体侧视图上标出各进水舱的中点，并向上作垂线，然后截取相应的可浸长度为纵坐标并连成曲线，即得可浸长度曲线，如图 6-10 所示。由此所得的可浸长度系假定进水舱的渗透率 $\mu=1.0$，事实上各进水舱的 μ 总是小于 1.0 的，故在图 6-10 中还需画出实际的可浸长度曲线，并注明 μ 的具体数值。可浸长度曲线的两端，被船舶首尾垂线处 $\theta=\arctan 2$ 的斜线所限制。

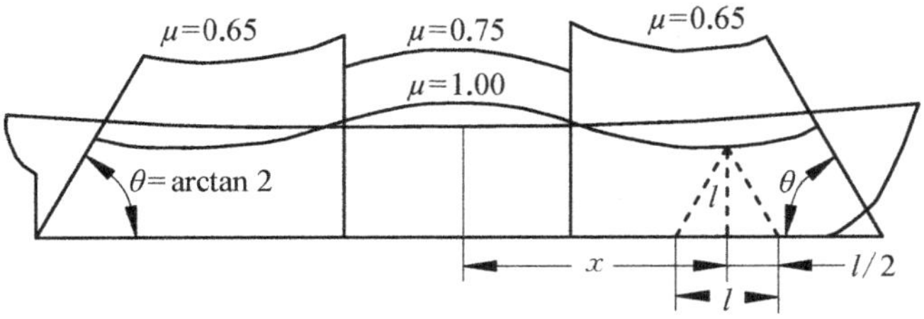

图 6-10 可浸长度曲线

以上介绍了可浸长度计算的基本原理及方法，具体的数值计算可用近似积分法列表进行或用计算机程序计算。

6.5 分舱因数及许用舱长

本章开头已经提到，船舶的抗沉性是由水密舱壁将船体分隔成适当数量的舱室来保证的。如果只用可浸长度曲线来检验船舶横舱壁的布置是否满足抗沉性要求，那就未免过于粗略了，因为它不能体现出各类船舶在抗沉性方面要求的不同。为此，在《船舶与海上设施法定检验规则》中采用了一个分舱因数 F 来决定许用舱长。F 是一个等于或小于 1.0 的系数，即 $F\leqslant 1.0$，这样就有

$$许用舱长 = 可浸长度 \times 分舱因数 = lF$$

将实际的可浸长度曲线乘以分舱因数 F 后，便得到许用舱长曲线，如图 6-11 所示。

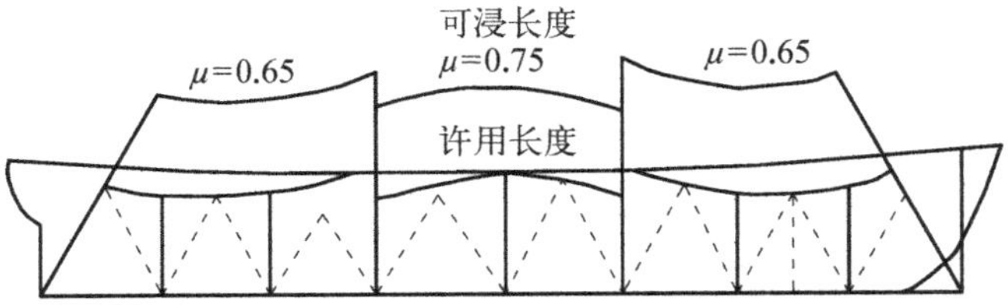

图 6-11 许用舱长曲线

假定水密舱壁的布置恰为许用长度，有下列几种情况：

当 $F=1.0$ 时，许用舱长等于可浸长度，船在一舱破损后恰能浮于极限破舱水线处而不至于沉没。

当 $F=0.5$ 时，许用舱长为可浸长度的一半，船在相邻两舱破损后恰能浮于极限破舱水线处。

当 $F=0.33$ 时，许用舱长为可浸长度的 1/3，船在相邻三舱破损后恰能浮于极限破舱水线处。

如果船舶在一舱破损后的破舱水线不超过限界线，但在两舱破损后其破损水线超过安全限界线，则该船的抗沉性只能满足一舱不沉的要求，称为一舱制船。相邻两舱破损后能满足抗沉性要求的船称为两舱制船；相邻三舱破损后仍能满足抗沉性要求的船则称为三舱制船。用分舱因数 F 表示如下。

对于一舱制船：$1.0 \geqslant F > 0.5$；

对于二舱制船：$0.5 \geqslant F > 0.33$；

对于三舱制船：$0.33 \geqslant F > 0.25$。

由此可见，分舱因数 F 是决定船舶抗沉性要求的一个关键因素，其具体数值与船舶长度、用途及业务性质有关，在《船舶与海上设施法定检验规则》中有详细规定，这里不做介绍。

船舶水密舱的划分是根据实际需要而定的。许用舱长曲线仅作为保证船舶满足抗沉性的要求，而对舱的长度加以一定的限制。若实际舱长小于或等于许用舱长，则船舶的抗沉性是满足要求的。

最后应该指出，在上述可浸长度和许用舱长的计算中所提到的满足抗沉性要求仅仅是指浮性(干舷)要求，没有考虑破舱后的稳性问题，故尚需对稳性进行校核计算。对于一舱制船的船舶，应计算任意一个舱室进水后的稳性；对于二舱制船的船舶，应计算任意两个相邻舱室同时进水后的稳性；对于三舱制船的船舶，则应计算任意三个相邻舱室同时进水后的稳性。

《船舶与海上设施法定检验规则》对于国际航行单体客船破舱稳性的要求是船舶破损后(若为不对称舱进水，但已采取平衡措施后)其最终状态应满足下列要求：

(1) 用损失浮力法求得的初稳性高应不小于 0.05 m。

(2) 不对称进水情况下，一舱进水的横倾角不得超过 7°，两个或两个以上相邻舱室进水的横倾角不得超过 12°。

(3) 在任何情况下，船舶进水终了的破舱水线的最高位置不得超过安全限界线。

(4) 正值的剩余复原力臂应不小于 0.10 m，且在平衡角以后应有一个 15°的最小范围。

(5) 从平衡角到进水角或消失角(取小者)之间正值范围的复原力臂曲线下面积应不小于 0.015 m·rad。

6.6 客船的分舱和破舱稳性计算

长期以来，船舶抗沉性的衡准方法一直采用确定性方法，即以“业务衡准数”“分舱因数”和“平均渗透率”等作为衡准基础的安全公约。该衡准要求船舶设置一定数量的水密舱壁，使船舶破损后的浸水限制在一定的范围内，以此保证船舶在一舱或数舱破损后，其水线不超过安全限界线并具有一定的破舱稳性。

鉴于船舶在海上航行发生的海损事故具有很大的随机性质，因此用概率计算方法研究船舶抗沉性的衡准更为合理。1962 年政府间海事协商组织(IMCO)的分舱、稳性和载重线分委员会正式开始收集资料，着手研究基于概率论为基础的新的衡准方法。1973 年 IMCO 第 8 届大会以 A.265 决议通过了新的衡准规则，将《国际航行客船的分舱与稳性规则》作为 1960 年公布的“国际海上人命安全公约(SOLAS)”中相关规定的等效规则，并于 1980 年 5 月正式生效。我国承认此规则并制订了我国相应的规则。因此，目前客船有两个同时有效的分舱和破舱稳性的规则。国际航行货船的分舱和破舱稳性概率方法计算规则也于 1992 年 2 月 1 日起生效。

2005年以来，国际海事组织(IMO)海上安全委员会对1974年SOLAS公约第Ⅱ-1章进行了多次修订，尤其是第80届会议通过了MSC.194(80)决议，第82届会议又在此决议的基础上针对客船增加了Reg 8-1和Reg 22-1，并通过了SOLAS公约第Ⅱ-1章修正案决议MSC.216(82)。这两次决议对原有“SOLAS 2004”第Ⅱ-1章的内容和结构做了重大修改，修订后的公约简称“SOLAS 2009”，已于2009年1月1日生效。

“SOLAS 2009”中的破舱稳性计算方面整合了原IMOA265客船的概率法和“SOLAS 2004”第Ⅱ-1章客船的确定法，以及“SOLAS 2004”第Ⅱ-1章B.1干货船的概率法，将它们统一成新的SOLAS公约第Ⅱ-1章客货船概率法破舱计算，适用于所有客船和船长不小于80 m的干货船、集装箱船、多用途船、滚装船等，但不包括满足MARPOL附则1、IBC规则、IGC规则、近海供应船A469、特种船A534、ICLL(B60，B100)等破舱要求的船舶。

新规则的提出是因为原来的安全公约衡准方法存在以下主要缺点：

(1) 确定性方法的分舱规则所依据的统计数据都是1950年以前所建造的蒸汽机船舶，这些船舶需要很大的机舱容积来放置主机和锅炉。近几十年科学技术的发展，不仅使机舱容积大大减小，还使得大部分客舱也设置在舱壁甲板以上。船体各部分容积间的相互关系已发生了很大变化，过去制订的“业务衡准数”已不能正确反映当今船舶的业务性质。

(2) 未充分考虑吃水和渗透率的变化以及破损进水后所具有的稳性对船舶安全程度的影响。

(3) 随着“分舱因数”的减小，舱壁数目将增加，表面看来似乎改善了船舶的抗沉性，实际上随着舱壁数目的增加，其破损机会也增加，反而更易于导致两舱、三舱以至更多舱室的同时破损，使船舶安全性降低，而且船舶的破损本身就带有很大的随机性，随着不同长度的破损将引起不同的进水范围。

以上这些缺点都可能导致对船舶安全的不正确估计，因此，目前仍然采用“业务衡准数”和“分舱因数”来指导船舶的分舱，显然不尽合理。

1. 制订原则和基础

在制订等效新规则时，遵循了如下的原则：

(1) 新规则的安全程度应大体与原来安全公约所规定的要求相当。

(2) 船舶的安全程度随船长和旅客总数的增加而提高。

(3) 采用分舱指数作为衡量船舶在破损后具有残存能力的安全程度的衡准。这一指数应反映出舱壁间距、稳性以及其他一些有关特征对残存能力的影响。

新规则的主要特点是采用概率计算方法。一艘破损的船舶能否残存，是由大量的随机因素决定的。破损对船舶的影响取决于：哪一个舱或哪一组相邻舱进水，破损时船舶的吃水及完整稳性，破损处的渗透率以及破损时的海况等因素。这些因素之间的关系及其影响随不同情况而变化，因此只能以概率作为比较依据，用一些近似的办法或定性的判断，对船舶的安全进行估计和校核。

新规则的制订基础如下：

(1) 对实船的海难资料做破损统计，得出破损范围(长度、深度)及位置的分布函数，再求得某一舱或舱组进水概率的计算公式。

(2) 以模型试验及船舶碰撞时的海况报告为基础，得出某一舱或舱组进水后船舶不致倾覆或沉没的概率计算公式。

(3) 最后，船舶破损后残存的概率就等于进水概率乘以不致倾覆和沉没的概率之总和。

2. 主要衡准

1）分舱

所有舱室应保证一舱不沉，但对船长 $L_S \geqslant 100$ m 的船，首尖舱和其相邻舱组成的舱组应满足两舱不沉，对 $N>600$ 的船舶应保证自船长前端量起的长度 $L_e=\left(\dfrac{N}{600}-1\right)L_S$ 范围内两舱不沉。这里 L_S 为船舶分舱长度，指船舶在淹没限界线以下部分的最大型长，即上甲板的后缘至前缘的总长，而

$$N=N_1+2N_2 \tag{6-3}$$

式中，N_1 为备有救生艇的人数；N_2 为船舶准予搭载多于 N_1 的人数，包括船员。

规则假定船侧的破损范围及位置如下：

(1) 横向范围 $=B_1/2$，B_1 为最深分舱载重线（或其下）船长中点处的最大型宽。

(2) 纵向范围 $=3\ \text{m}+0.03L_S$ 或 11 m，取小者。

① 破损可发生在船长方向的任何位置，但不包括横舱壁。若舱壁有台阶时，应假定其遭受破损；

② 对 $N>600$ 的船舶，自 L_S 前端量起，在长度 $=\left(\dfrac{N}{600}-1\right)L_S$ 范围内任何位置发生船侧破损时，应包括横舱壁在内，但 $\left(\dfrac{N}{600}-1\right)\ngtr 1$。

(3) 垂向范围：自基线向上不受限制。

(4) 若垂向、横向、纵向较小范围的浸水导致要求更高的完整稳性，则应假定此范围破损，并且此时船壳只有一个破口和一个自由液面。

(5) 冷藏处所的舱壁和甲板看作是限制进水的，未破损的水密分隔结构亦被看作是限制进水的。

2）稳性和浮性

(1) 在进水最终阶段。

① 用固定排水量法对船舶正浮状态算出的初稳性高 $\overline{GM}$ 应不小于下列各式计算所得的最大值：

$$\overline{GM}=0.003\,\frac{B_2^2(N_1+N_2)}{\nabla F_1}(\text{m}) \tag{6-4}$$

$$\overline{GM}=0.015\,\frac{B_2}{F_1}(\text{m}) \tag{6-5}$$

$$\overline{GM}=0.05\ \text{m} \tag{6-6}$$

式中，B_2 为有关舱壁甲板的船长中点处的最大型宽(m)；Δ 为船舶未破损时的排水量(t)；F_1 为有效平均破损干舷，等于船舶正浮情况下，在有关舱壁甲板和破损水线间，船长中点前 $\dfrac{1}{3}L_S$ 和后 $\dfrac{1}{3}L_S$ 间的这部分投影面积除以 $\dfrac{2}{3}L_S$。

② 一舱进水时的横倾角不得超过 7°；两个或两个以上的相邻舱同时进水时横倾角不超

过 12°。

③ 除进水舱或舱组外，有关舱壁甲板的甲板边线的任何部分均不应被淹没。

(2) 在平衡前及进水中间阶段。

① 平衡前(若不对称舱进水，但未采取平衡措施)及进水中间阶段的最大横倾角不得超过 20°，且不得导致继续浸水。

② 剩余稳性是足够的。

③ 若需设置平衡装置，则这些装置尽可能为自动，且应能在最高有关甲板以上进行操纵控制，而且其使船平衡的时间不得超过 10 分钟。

3) 分舱指数

船舶达到的分舱指数 A 应不小于要求的分舱指数 R，即

$$A \geqslant R \tag{6-7}$$

另外还需分别满足：$A_s \geqslant 0.9R$，$A_p \geqslant 0.9R$，$A_l \geqslant 0.9R$，满足此要求的船是合格，否则不合格。

3. 要求的分舱指数 R

船舶的分舱程度由下式所要求的分舱指数 R 来确定：

$$R = 1 - \frac{5\,000}{L_S + 2.5N + 15\,225} \tag{6-8}$$

式中，N 见式(6-3)及其说明

从式中可见，船舶所要求的安全程度随 L_S 和 N 的增大而提高。

4. 达到的分舱指数 A

达到的分舱指数 A 就是船舶破损后的残存概率，表达式为

$$A = \sum apS \tag{6-9}$$

式中，a 为在船长方向 L_S 范围内的舱室纵向位置对破损概率的影响因数；p 为纵向破损长度对某一舱或舱组可能进水的概率的影响因数；S 为某一舱或舱组进水后的残存概率，即最终进水状态时干舷、稳性和横倾的影响因数；$\sum$ 为表示在船舶长度上取每个舱或舱组单独计算而得的总和。

另外，船舶破损后能够生存的概率应该是船舶在不同载重情况时破损后能够生存的概率。为简便起见，规则仅考虑了 3 种典型载重情况：

(1) 最深吃水 d_s。至最深分舱载重线吃水，即营运中可能出现的设计允许的最大载重吃水。

(2) 部分吃水 d_p。至部分分舱载重线吃水，即 $d_p = d_l + 0.6 \times (d_s - d_l)$。

(3) 轻载吃水 d_l。至轻载营运载重线吃水，即在营运中应预期的带油水的最轻装载状态吃水，客船为 10%消耗品并满载定额乘客及船员和必须压载的到港状态。

能达到的分舱指数 A 是上述 3 种载重情况时船舶破损后能够生存的概率 A_s、A_p 和 A_l 的加权平均，即

$$A = 0.4 \times A_s + 0.4 \times A_p + 0.2 \times A_l \tag{6-10}$$

由式(6-10)定义可知，A_p 表示某一舱或舱组破损进水的概率。S 是表示某一舱或舱组进

水后不致倾覆和沉没(残存)的概率。关于 a、p、S 的具体计算,可参阅相关规则及资料。

按新规则计算客船的分舱和破舱稳性相当复杂,工作量很大,现都用计算机程序进行计算。

6.7 货船分舱和破舱稳性计算

就一般货船而言,以前对其分舱和破舱稳性的要求并无明确的硬性规定。但不断发生的大量海损事故,使人们认识到船舶分舱及船舶破损后其生存能力的重要性。为此,1990 年召开的第 58 次 IMO 海上安全委员会(MSC)通过了 MSC.19(58)决议,将以根据大量海损资料而确立的概率计算方法为基础的货船分舱和破舱稳性相关规则插入 1974 年 SOLAS 公约第Ⅱ-1 章 B 部分之后作为 B-1 部分,从而形成了 1974 年 SOLAS 公约的 1990 年修正案。我国也有相关规则《船舶与海上设施法定检验规则 国内航行海船法定检验技术规则》。

2005 年以来,国际海事组织(IMO)海上安全委员会对 1974 年 SOLAS 公约第Ⅱ-1 章进行了多次修订,修订后的公约简称“SOLAS 2009”,已于 2009 年 1 月 1 日生效。

“SOLAS 2009”中的破舱稳性计算方面整合了原 IMOA265 客船的概率法和“SOLAS 2004”第Ⅱ-1 章客船的确定法,以及“SOLAS 2004”第Ⅱ-1 章 B.1 干货船的概率法,将它们统一成新的 SOLAS 第Ⅱ-1 章客货船概率法破舱计算,适用于所有客船和船长不小于 80 m 的干货船、集装箱船、多用途船、滚装船等,但不包括满足 MARPOL 附则 1、IBC 规则、IGC 规则、近海供应船 A469、特种船 A534、ICLL(B60,B100)等破舱要求的船舶。

这是对国际航行货船破舱稳性的强制性要求。

1. 概率计算方法的基本原理

1) 要求

除需满足确定性破舱要求以外(类似于 6.6 节中“2. 主要衡准”的形式),相关规则认为,当以下衡准得到满足时,货船才达到应有的破损安全程度。

(1) 分舱指数。$A \geqslant R$,式中 A=船舶能达到的分舱指数,R=船舶被要求的分舱指数。

(2) 对于货船。$A_s \geqslant 0.5R$,$A_p \geqslant 0.5R$,$A_l \geqslant 0.5R$。其中,被要求的分舱指数 R

$$R = R_o,\quad R_o = 1 - 128/(L_S + 152) \qquad (L_S \geqslant 100\ \text{m})$$

$$R = 1 - [1/(1 + L_S/100 \times R_o/(1 - R_o))] \qquad (80\ \text{m} \leqslant L_S < 100\ \text{m})$$

很明显,船舶分舱长度 L_S 越长,对船舶分舱的要求越高。

2) 能达到的分舱指数 A

设 S_i=船舶在任意舱或舱组破损后能够生存的事件,其概率就是分舱指数 A;

E_i=某舱或舱组正好破损并浸水的事件,其浸水概率为 p_i;

F_i=某舱或舱组浸水后船舶能够残存的事件,其残存概率为 S_i;

G_i=某舱或舱组破损后船舶能够生存的事件,其生存概率为 A_i;

T_i=某舱或舱组破损,但其内侧纵舱壁不破损的事件,其概率为 r_i;

H_i=某舱或舱组破损,但其水线以上水平水密间隔不破损的事件,其概率为 V_i。

因而有以下 3 种情况:

(1) 根据规则规定,假定船壳破损时只有一个破洞,即同时只能有一个舱或舱组破损浸水。因此,$G_i(i = 1,\ 2,\ \cdots,\ N)$ 两两互不相容,$S_i = \bigcup_1^N G_i$,$A = \sum_1^N A_i = \sum_1^N P(G_i)$。

(2) 设 E_{i1}=指定舱或舱组的舷侧发生破损浸水这一事件,其概率为 p_{i1},因此 $E_i=E_{i1}\cap T_i$, $r_i=p(T_i|E_{i1})$, $p_i=P(E_i)=p_{i1}\times r_i$。

(3) $G_i=E_i\cap F_i\cap H_i$,则 $p_i=P(E_i)$, $S_i=P(F_i|E_i)$, $V_i=P(H_i)$, $A_i=P(G_i)=p_i\times S_i\times V_i$。

综合各种情况后,可得: $A=\sum_1^N A_i=\sum_1^N P_i\times S_i\times V_i$。

另外,船舶破损后能够生存的概率应该是船舶在不同载重情况时,破损后能够生存的概率。为简便起见,规则仅考虑了3种典型载重情况:

(1) 最深吃水 d_s,至最深分舱载重线吃水,即营运中可能出现的设计允许的最大载重吃水。

(2) 部分吃水 d_p,至部分分舱载重线吃水,即 $d_p=d_l+0.6\times(d_s-d_l)$。

(3) 轻载吃水 d_l,至轻载营运载重线吃水,即在营运中应预期的带油水的最轻装载状态吃水,货船一般对应为压载到港,客船为10%消耗品并满载定额乘客及船员和必须压载的到港状态。

能达到的分舱指数 A 是上述3种载重情况时船舶破损后能够生存的概率 A_s、A_p 和 A_l 的加权平均,即 $A=0.4\times A_s+0.4\times A_p+0.2\times A_l$。

2. 分舱指数分析

1) 浸水概率 p_i 及其缩减因素 r_i

$p_i=p_{i1}\times r_i$ 与破损舱或舱组在船舶长度方向的位置 X、破损舱或舱组(其长度为 L_C)的无因次长度 L_C/L_S、舱或舱组的内侧纵舱壁距舷侧距离 b 和船宽 B 的比值 b/B 有关,与吃水 d 无关。

破损舱或舱组的位置 X 越往前,其长度 L_C 越长,p_{i1} 越大。

2) 残存概率 S_i

S_i 和吃水(载重情况)、破损后船舶的剩余稳性(平衡横倾角、进水角、复原力臂、稳性正值范围)以及重心高度 z_G 有关。破损后船舶的剩余稳性越好,则 S_i 越大,但最大为 $S_i=1$。

如破损后船舶沉没或剩余稳性不足或平衡横倾角过大,则 $S_i=0$;$S_i=1$ 意味着破损船舶在当前平衡位置上若继续倾斜20°以内仍具有正剩余稳性。S_i 的计算是概率破舱稳性计算中耗时最多的部分,其计算原则是按最危险的状态来计算 S_i,即取 S_i 的最小值。

3) 水平水密间隔不破损概率 V_i

V_i 和吃水 d(载重情况)、船舷破损的最大垂向范围 H_{max}、舱或舱组所在处的舱壁甲板高度 Z_{deck} 和水平水密间隔垂向位置 H 有关。

3. 提高分舱指数 A 的措施

根据以上对各因素的分析,提高分舱指数 A 的措施可归纳如下:

(1) 降低重心高度 z_G。

(2) 增加干舷。

(3) 合理安排浸水开口和不能风雨密关闭的开口。

(4) 适当增加边舱宽度,有利于增大边舱对分舱指数的贡献。

(5) 合理划分舱室。

(6) 优化调整3种载重情况的重心高度。

以上简要介绍了客船和货船分舱和破舱稳性计算的基本原理,详细情况和具体计算规定可参照有关公约和规则。

6.8 船舶分舱和破舱稳性的有关公约和规则

表6－2和表6－3分别列出了对国内和国际航行船舶的破舱浮态及稳性要求以及相应的国际公约或规则。

表6－2 对国内航行船舶的破舱浮态及稳性要求、国际公约或规则

适用船舶类型	规则和要求
客船	船舶与海上设施法定检验相关规则(基本与国际航行船舶要求一致)
货船	《船舶与海上设施法定检验规则 国内航行海船法定检验技术规则(2020)》
满足干舷要求类型A，B－60，B－100的船	1966年国际载重线公约及其修正案；《船舶与海上设施法定检验规则 国内航行海船法定检验技术规则(2020)》
油船、散装化学品船、散装液化气船	与同类型的国际航行船舶要求一致

表6－3 对国际航行船舶的破舱浮态及稳性要求、国际公约或规则

适用船舶类型	国际公约、规则
客船	国际海事组织海上安全委员会IMO大会相关决议 国际海上人命安全公约SOLAS
货船	国际海上人命安全公约SOLAS
满足干舷要求类型A、B－60、B－100的船	1966年国际载重线公约及其议定书修正案
油船	国际防止船舶造成污染公约MARPOL及其议定书修正案
散装化学品船	国际散装运输危险化学品船舶构造和设备规则2016
散装液化气船	国际散装运输液化气体船舶构造和设备规则2016
高速船	国际海事组织海上安全委员会大会相关决议 2000年国际高速船安全规则
散货船	国际海上人命安全公约

思考题6

1. 什么是船舶的抗沉性？何谓一舱制船和二舱制船？

2. 船舶进水舱可分为几类？各有什么特点？渗透率 $\mu=0.9$ 表示什么意思？

3. 计算抗沉性的基本方法有哪两种？其要点是什么？哪类进水舱使用哪种基本方法进行计算比较方便？为什么？

4. 船舶的一舱或一组舱进水后，如何计算它们的浮态和稳性？

5. 什么是可浸长度、分舱因数和许用舱长？可浸长度曲线是怎样计算和绘制的？安全限界线是如何规定的？

6. 等效规则中的要求分舱指数 R 和达到的分舱指数 A 是如何计算的？它们之间满足什么关系即认为分舱符合要求？

7. 提高抗沉性有哪些措施？是不是将舱分得越小，抗沉性越好？

习　题　6

1. 已知某船的数据为 $L=95$ m，$B=12.4$ m，$d_F=5.8$ m，$d_A=6.3$ m，$C_B=0.7$，$C_{WP}=0.78$，$x_F=1.4$ m，$\overline{GM}=0.42$ m，$\overline{GM_L}=125$ m。因船体损伤，双层底舱淹水，该舱的体积 $V=60\ m^3$，形心坐标 $x=20$ m，$y=2.7$ m，$z=0.4$ m。求该船损伤后的横倾角和首尾吃水。

2. 某内河船的数据为 $\Delta=800$ t，$d=2.2$ m，TPC=5.7 t/cm，$\overline{GM}=1.75$ m，求该船破损后的浮态和稳性高。已知淹水舱的进水体积 $V=90\ m^3$，形心坐标 $x=x_F$，$y=2.4$ m，$z=1.2$ m，自由液面面积为 $l\times b=12.6\times 5.0\ m^2$。

3. 某内河船原处于正浮状态，已知数据为 $L=70$ m，$B=10.2$ m，$d=2.3$ m，TPC=5.7 t/cm，$C_B=0.68$，$x_F=-0.8$ m，$x_G=3.2$ m，$\overline{GM}=1.2$ m，$\overline{GM_L}=141.5$ m，$z_B=1.24$ m。船壳破损后有一长 $l=8.0$ m，宽 $b=5.1$ m 的右舷舱淹水，淹水舱在原水线下的体积 $V=90\ m^3$，形心坐标为 $x=9.0$ m，$y=2.5$ m，$z=1.2$ m，破舱的水线面形心坐标为 $x_A=9.0$ m，$y_A=2.55$ m。求船被损后的浮态。

4. 请给出下列名词的定义，并以简图加以说明：

舱壁甲板；安全限界线；渗透率；可浸长度；分舱因数；许用舱长。

5. 应用损失浮力法和增加重量法计算破舱稳性的主要差别是什么？根据这两种方法计算一长方形浮箱在正中部舱破损时的$\overline{GM}$和 M_R。浮箱在未破损时的主尺度为 $L=60$ m，$B=12$ m，$d_F=d_A=4$ m，$\overline{KG}=4.5$ m，$w=1.0\ t/m^3$，破损舱室的舱长 $l=20$ m（在正中部），舱宽为浮箱宽，外板的排水体积忽略不计。

第 7 章　船舶下水计算

船舶在船台上或船坞内建造到一定阶段后便可下水，即原来在船台上或在船坞内呈支撑状态的船进入水中呈漂浮状态。船舶下水可以采用不同的方法，例如小船造好后可以用起重机把它吊到水中；也有把船放在船坞内建造，造好后向船坞内放水使船浮起再拖到船坞外水域中等，特别是近年来对于超级大型船舶，大多在干船坞内建造；但是最常用的方法是船台重力下水，即船舶在本身重力的作用下沿船台倾斜滑道滑入水中。

船舶下水过程是一个很复杂的动力问题，涉及船舶的浮性、稳性、阻力、摇摆以及强度等一系列问题，即涉及船舶静力学与动力学。实践证明，应用船舶静力学的观点来处理下水问题，其结果与实际情况很相近，且计算比较简单，所以本章着重讨论船舶下水的静力学，随后简略介绍下水的动力学。

重力下水的方式有纵向及横向两种。纵向下水时船体的中纵剖面平行于滑道运动；横向下水时船体的中横剖面平行于滑道运动。鉴于我国各主要船厂普遍采用纵向下水方式，故本章只讨论船舶纵向下水的计算。

下水工作在船舶建造过程中是一个十分重要的环节，而且带有一定的危险性。为了保证船舶顺利下水，事先应做周密考虑，并进行必要的计算。

船舶纵向下水通常是以船后退下水（船尾先入水）的方式进行，下水后船尾入水阻尼较大，有利于快速制动以减少下水冲程。

船舶下水计算的重点或难点是下水各过程中的受力分析和下水曲线计算及分析。

现今的大多数船舶，特别是大型船舶都在干船坞内建造，有些在船台上建造的船舶也以气囊式下水方式取代传统的重力式纵向下水方法，本章所介绍的船舶下水计算问题虽不像以前那样应用广泛，但其考虑问题的思路和解决方法仍可参考借鉴或举一反三，加以利用。

7.1　纵向下水布置概述

纵向下水的设备由固定部分和运动部分组成。固定部分由木方铺成，称为滑道；运动部分在下水过程中与船舶一起滑入水中，称为下水架。下水架的底板称为滑板，在滑板与滑道之间敷有润滑油脂，使滑板易于滑动。下水架的两端比较坚固，以支持船体首尾两端的尖瘦部分，分别称为前支架和后支架（或称为首支架和尾支架）。除上述主要设备外，还有若干辅助设备，如防止船在开始下水之前滑板可能滑动的牵牢装置；防止船在下水过程中滑板发生偏斜的导向挡板；使船在下水后能迅速停止于预定位置的制动装置；有时为了使船在开始下水时能迅速滑动，还设有驱动装置等。这些方面的内容，在有关船舶建造工艺（现代造船技术）相关图书中都有详细论述，这里不多叙述。图 7-1 所示为纵向下水布置简图。

滑道通常采用两条，其中心线之间的距离约为船宽的 1/3。滑道坡度 β 一般取为 1/12～1/24，其具体数值视船的大小而定。通常，小型船舶（船长 100 m 以下）的 β 为 1/12～1/15；中型船舶（船长 100～200 m）的 β 为 1/15～1/20；大型船舶（船长 200 m 以上）的 β 为 1/20～

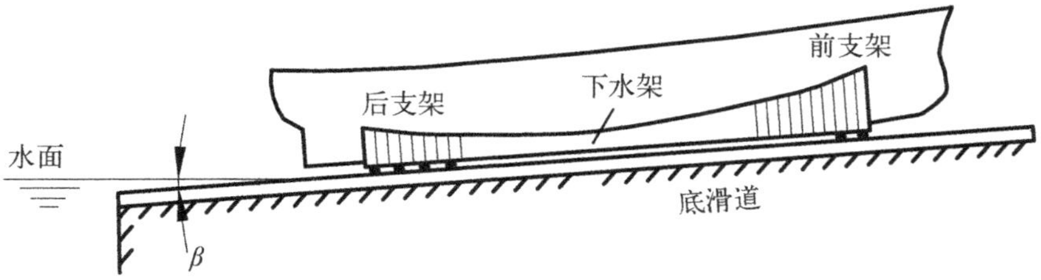

图 7－1　纵向下水布置简图

1/24。大船的滑道坡度一般较小，以免船首部分离地过高，影响施工。下水架上船的龙骨坡度 α 与滑道坡度 β 大体相同，有时 α 较 β 约小 1/100～1/200。

下水架的长度约为船长的 80%，船体首尾两端各有 10%左右的长度悬空于下水架之外。下水架底部滑板的支承面积由润滑油脂许可的平均压力（通常为 15～20 t/m²）来决定。设船体下水时的总重量为 W_c，润滑油脂的许可平均压力为 p，下水架的长度为 l，滑道数目为 n，则滑板的支承总面积应为 $A \geqslant W_c/p$；下水架底部滑板的宽度为 $b = A/(l \times n)$。

7.2　纵向下水阶段的划分

根据船舶下水过程中运动的特点、作用力的变化以及可能发生的危险情况，通常把纵向下水分为四个阶段进行分析研究，现分述如下。

1. 第一阶段

该阶段指自船舶开始下滑至船体尾端接触水面为止。在这一阶段中，船的运动平行于滑道。

如图 7－2 所示，设滑道的坡度为 β，下水重量为 W_c，重心在 G 点。在这一阶段中的作用力有以下几种：

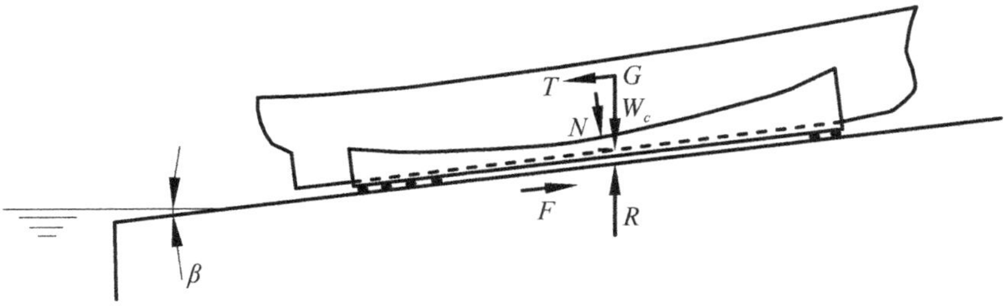

图 7－2　第一阶段中的作用力

(1) 下水重量 W_c，其中包括船体重量及下水架重量。重力 W_c 沿滑道方向的分力 $T = W_c \sin\beta$ 即为下滑力，垂直于滑道的分力为 $N = W_c \cos\beta$。

(2) 滑道的反作用力 R，R 与 W_c 在同一作用线上，两者大小相等，方向相反。

(3) 阻止船体下滑的摩擦力 $F = fW_c\cos\beta$，f 为摩擦系数，其数值与润滑油脂的性质及温度有关。f 又可分为静摩擦系数 f_s（船在开始滑动时）和动摩擦系数 f_d（船在滑道上运动时），通常 f 的数值为

$$f_s = 0.03 \sim 0.07$$

$$f_d = 0.02 \sim 0.05$$

根据上述分析，船舶在本身重力作用下能够沿滑道滑动的条件是 $T>F$，即

$$W_c \sin\beta > f_s W_c \cos\beta$$

或

$$\tan\beta > f_S \tag{7-1}$$

由式(7-1)可见，船舶能够沿滑道向下运动的条件是滑道坡度 $\tan\beta$ 必须大于静摩擦系数 f_s。

在第一阶段中，可能出现的问题是船舶能否滑动。其中的关键是润滑油脂的摩擦系数和承压能力，若润滑剂的摩擦系数过大或承压能力过低，则船舶不能自动下滑，使下水工作遇到故障。这时通常采用机械驱动顶推滑板前端使船舶沿滑道滑动。

2. 第二阶段

该阶段指自船体尾端接触水面至船尾开始上浮为止。在这一阶段中，船的运动仍平行于滑道，有以下几个作用力：

(1) 船体下水重量 W_c。

(2) 浮力 $\Delta = w\nabla$(其中 ∇ 为船舶入水部分的排水体积)。

(3) 滑道的反作用力 R。

设下水重量 W_c、浮力 $w\nabla$ 及反作用力 R 的作用点至前支架端点的距离分别为 l_G、l_B 及 l_R(见图 7-3)，则在该阶段中力和力矩的平衡方程式为

$$\begin{cases} W_c = w\nabla + R \\ W_c l_G = w\nabla l_B + R l_R \end{cases} \tag{7-2}$$

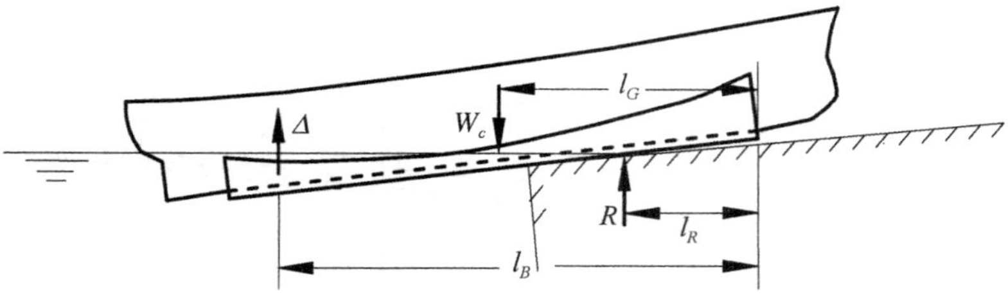

图 7-3　第二阶段中的力和力矩

在计算浮力 $w\nabla$ 及浮心位置时，通常认为下水架的重量、重心与其本身的浮力、浮心相当，因而只需计算船体部分的浮力及浮心位置。

在下水的第二阶段中，必须注意是否会发生尾下落现象。当船的重心 G 已在底滑道末端之后，而船尾尚未浮起时，重力对滑道末端的力矩 $M_W = W_c s_G$ 有使船尾下落的趋势，而浮力对滑道末端的力矩 $M_\nabla = w\nabla s_B$ 有阻止船尾下落的作用，式中 s_G 和 s_B 分别为重心 G 和浮心 B 至滑道末端的距离。

若 $w\nabla s_B > W_c s_G$，则下水架滑板仍与滑道相紧贴。若 $w\nabla s_B < W_c s_G$，则船以滑道末端为支点而发生尾下落现象(见图 7-4)，此时反力 $R = W_c - \Delta$ 集中于滑道末端，若 R 过大可能会使船受到损伤或因搁置中止滑动，或可能由于滑动惯性使船冲入水底。

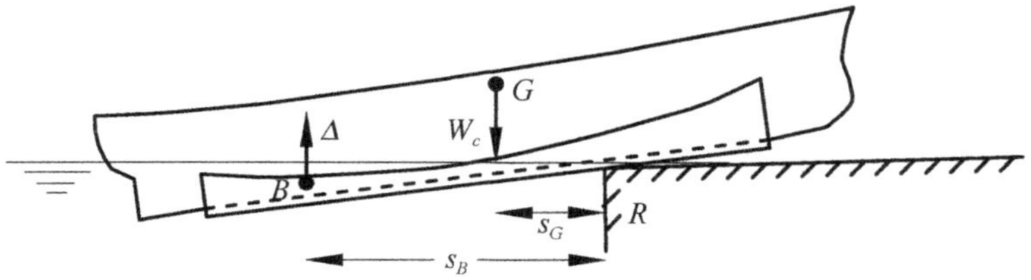

图 7-4　尾下落现象

因此尾下落是一种极其危险的现象，船舶在下水过程中不允许发生此种情况。如果根据计算结果发现可能产生尾下落时，则应采取措施避免发生这种情况。通常采取的方法如下：

(1) 增加滑道水下部分的长度。

(2) 在船首部分加压载重量，使重心 G 向船首移动，减小重量对滑道末端的力矩。

(3) 增加滑道坡度。

(4) 等待潮水更高时下水。这相当于增加滑道水下部分的长度。

3. 第三阶段

该阶段指自船尾开始上浮至下水架滑板前端离开滑道为止。当船尾开始上浮时，下水架滑板前端成为支点，因而船尾开始上浮的条件必然是

$$W_c l_G = w\,\nabla l_B$$

在这个阶段中，船舶不再沿平行于滑道的方向移动，下水架的滑板只有前支点与滑道相接触，如图 7-5 所示。此时力和力矩的平衡方程为

$$\begin{cases} W_c = w\,\nabla + R \\ W_c l_G = w\,\nabla l_B \end{cases} \tag{7-3}$$

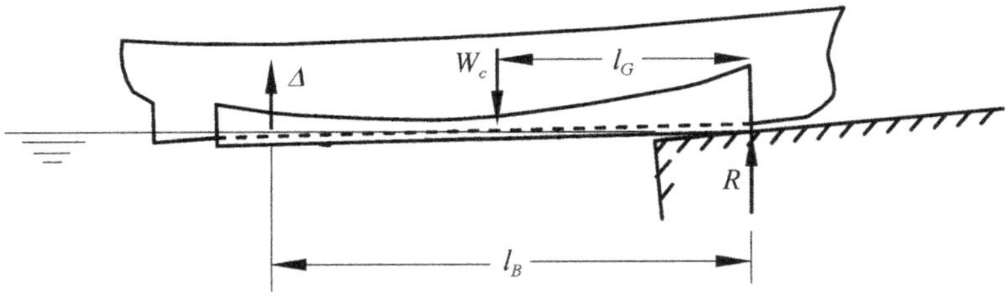

图 7-5　第三阶段中的力和力矩

船尾开始上浮时，滑道反力 R 一般为$(0.25\sim0.3)W_c$。理论上讲，此力集中作用于下水架前支点处，故该处所受到的瞬时压力很大。船尾上浮时可能出现下列不利情况：

(1) 因滑道反力 R 集中作用于下水架前支点处，可能损坏下水设备及船体结构。

(2) 当船舶绕前支点转动时，首柱底部可能撞击船台，损坏船首结构和船台。

船尾上浮是船舶下水过程中必然发生的现象，通常可采用下列措施以消除由此而产生的不利情况：

(1) 加强前支架处的结构，并使反力平均作用于前支架的全部，这是过去常用的老方法。船在下水时通常都有很强的前支架，并规定设置于船体舱壁或强骨架处，船体内部则用支柱进

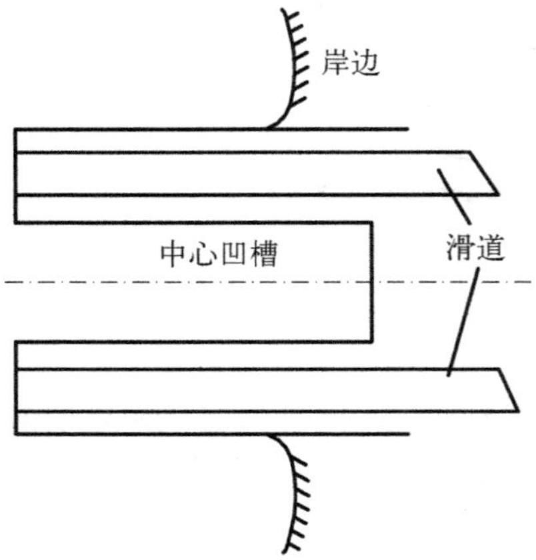

图 7-6　滑道后段的中心凹槽

行临时加强。因此，这种措施费工费时，现已逐步废弃而由新方法所代替。

(2) 取消前支架，在滑板与船体之间的相当长度内只需填入普通楔木，这些楔木随船体及滑板一起下水。当船尾上浮时，可使反力分布在相当长度内，因而大大降低了局部受力，船体内部也不必采用支柱临时加强。这种新工艺在 7 500 t 客货船和 25 000 t 远洋货船以及其他船舶的下水中获得成功，节省了大量的人力物力，是一种值得推广的好办法。

(3) 对船尾上浮处的前支架下方的滑道结构给予适当加强。

(4) 两滑道后端的中间挖一凹槽(见图 7-6)，以免船首底部碰触船台。

4. 第四阶段

该阶段指自下水架前支点离开船台滑道至船舶停止运动为止。在下水架前支点离开船台滑道末端时可能有两种情况：

(1) 船已完全浮起。

(2) 船舶的下水重量仍大于浮力，则将发生船首下落(跌落)现象。下水重量与浮力之差称为下落重量。

如图 7-7(a)中所示，设前支架离开滑道末端时的水线与船在自由浮起时首吃水之差为 t，则 t 称为下落高度。当船首下落至静止水线时，因有惯性作用，船首将继续下沉，如图 7-7 中(b)所示。在首垂线处下沉的最深水线与静止水线之距离 t' 称为首沉深度。根据实际观察，通常 $t'=1.1\ t$。在船首下落时，船首或下水架可能由于碰击船台或河底而引起损伤。因此，在下水过程中最好能避免发生此类现象，通常可采取如下措施：

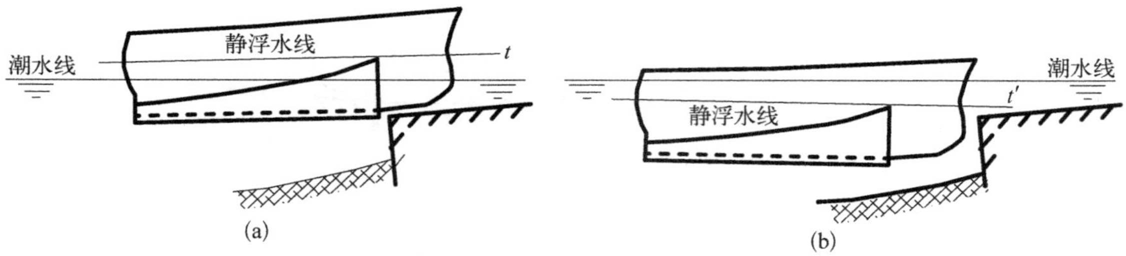

图 7-7　下落高度和首沉深度

(1) 增加滑道入水部分的长度。

(2) 等待潮水更高时下水。

若因条件限制，使船首下落现象不能避免时，则于船台水下部分做出中心凹槽(见图 7-6)，并在船台滑道末端增加河床深度，以免在下落时损伤船首和下水架结构。

下水船舶在离开滑道以后，由于惯性作用将继续向前运动，故应采取适当措施使船停止运动。在河面宽阔的情况下，大多数船舶借抛锚以停止运动。在河面狭窄的情况下，船舶可能冲至对岸，发生搁浅或碰撞等事故，因而需要采用专门的制动设备。最简单的制动设备是放置在地上的重物，如水泥块、厚钢板及锚链等。当船舶滑行至一定的位置后即拖动这些重物，这样大大增加了船舶向前运动的阻力。此外，可在舵的后面绑一块横向木板，板面与运动方向垂直，当船尾下水后，此木板即受到相当的水阻力，阻止船舶前进。

7.3　纵向下水曲线计算

船舶在下水之前必须进行下水计算，并绘制下水曲线，据此可以了解该船在下水过程中是否会发生不利现象（如船尾下落或船首下落现象等），便于事先采取措施，保证安全下水。

1. 下水曲线图

典型的下水曲线如图 7－8 所示。横坐标代表行程 x（注意 x 方向），即船在滑道上的滑行距离，纵坐标为重量或力矩。下水曲线图中通常包括下列曲线。

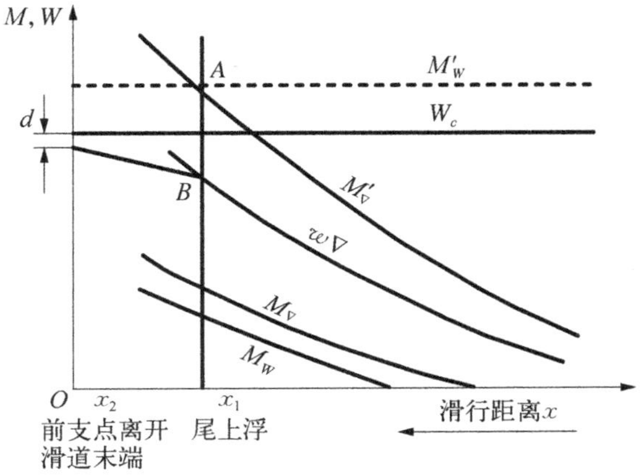

图 7－8　下水曲线

（1）下水重量

$$W_c = \text{常数（水平直线）}$$

（2）浮力

$$w\,\nabla = f_1(x)\text{（曲线）}$$

（3）下水重量对于滑道末端的力矩

$$M_W = W_c s_G = f_2(x)\text{（倾斜直线）}$$

（4）浮力对于滑道末端的力矩

$$M_\nabla = w\,\nabla s_B = f_3(x)\text{（曲线）}$$

（5）下水重量对于下水架前支点的力矩

$$M'_W = W_c l_G = \text{常数（水平直线）}$$

（6）浮力 $w\nabla$ 对于下水架前支点的力矩

$$M'_\nabla = w\,\nabla l_B = f_4(x)\text{（曲线）}$$

在下水曲线图上，下水重量 W_c 与浮力 $w\,\nabla$ 曲线之差即为船在不同行程时滑道的反力 R。M'_W 直线与 M'_∇ 曲线的交点（图中 A 点）表示船尾开始上浮，与之相应的 x_1 表示船尾开始上浮时的行程数值。根据图中的 M_∇ 曲线与 M_W 曲线，可以判断船舶在下水过程中是否发生尾下落现象。若 M_∇ 曲线位于 M_W 曲线之上，则表示在整个下水过程中，M_∇ 总是大于 M_W，因而不会发生尾下落现象。图 7－8 中的 $w\,\nabla$、M_∇、M'_∇ 诸曲线，在尾上浮以后的那部分已没有实际意义，因为尾上浮以后，船舶不再平行于滑道的方向运动，所以这一部分的曲线无实际意义。当下水进入第三阶段后，其浮力随行程的变化规律如图中 B 点以后的曲线所示。设行程 x_2 表示下水架前支点已离开滑道末端，若此时浮力小于下水重量，则将发生首下落现象，其差数 d 即为首下落重量。

2. 下水计算

下水曲线图是根据计算结果绘制而成的，下水计算的一般步骤如下：

(1) 根据第 3 章中关于重量及重心计算的基本原理,尽可能正确地计算下水重量及重心位置。

(2) 绘制如图 7-9 所示的下水布置简图,并注明有关尺寸。

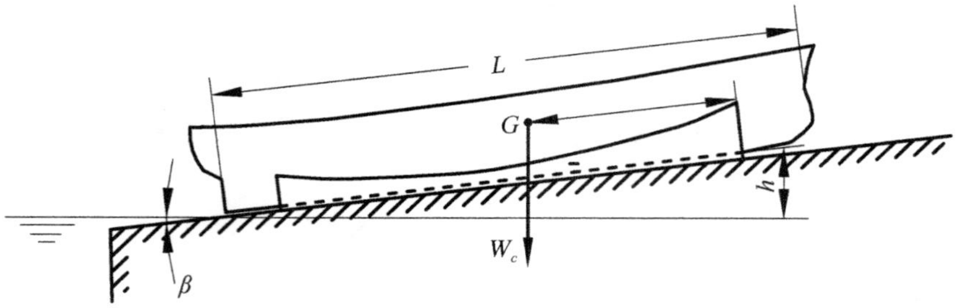

图 7-9 下水布置简图

(3) 确定船舶滑行某一距离 x 时的首尾吃水。

设 L 为船舶垂线间长;α 为龙骨坡度(以 rad 计);β 为滑道坡度(以 rad 计);h 为船在未滑动时首垂线处的龙骨基线在水面以上的高度。

当船沿滑道向下滑行距离 x 以后,首尾吃水为

$$\begin{cases} d_F = -h + x\beta \\ d_A = -h + x\beta + L\alpha \end{cases} \tag{7-4}$$

根据式(7-4)可以把船在各不同行程 x(如 $x=60$ m、80 m、100 m 等)时的首尾吃水算出。

(4) 在邦戎曲线图上画出相当于上述不同行程 x 时的水线,如图 7-10 所示。然后用数值积分法算出每一水线下的浮力 $w\nabla$ 及浮心纵向位置,据此可进一步分别求出浮力对于前支点及滑道末端的力矩 M'_∇ 及 M_∇。这样,便可得出不同行程 x 时的 $w\nabla$、M_∇ 及 M'_∇ 数值。同时根据下水重量 W_c 及重心 G 点位置,可算出 M_W 及 M'_W。

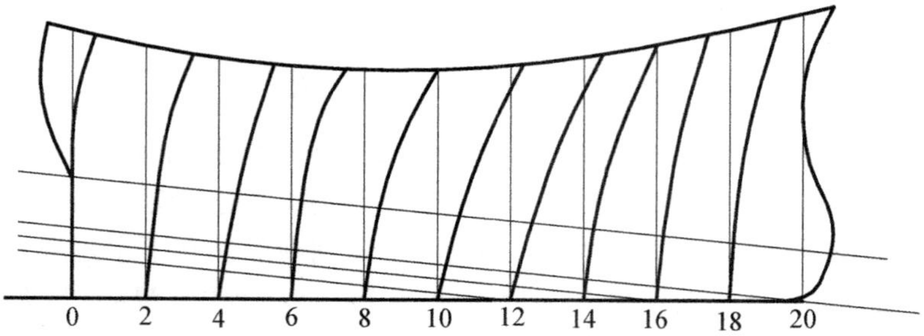

图 7-10 不同行程 x 时的水线

(5) 已知下水重量 W_c 及各不同行程 x 时的 $w\nabla$、M_∇、M'_∇、M_W、M'_W 等数值,便可绘制如图 7-8 所示的下水曲线图。由 M'_∇ 及 M'_W 的交点(图中 A 点)可知船尾开始上浮的位置 x_1。

(6) 计算船尾上浮以后的浮力。

船尾上浮以后,仅知水线中的前支点吃水,首尾吃水未知,但浮力对前支点的力矩 M'_∇ 必定等于下水重量对前支点的力矩 M'_W,据此可以求出船尾上浮以后的浮力。具体计算方法如下:先选定某

一个 x 值(应大于 x_1),计算船舶在前支点处的吃水。然后假定若干个尾吃水,在邦戎曲线图上画出这些水线,并量出各横剖面面积,应用数值积分法算出每一尾吃水时的浮力、浮心位置及浮力对于前支点的力矩 M'_∇。最后以尾吃水为横坐标,绘制浮力 $w\nabla$ 曲线、M'_∇ 曲线及 M'_W 直线,如图 7-11 所示。M'_∇ 及 M'_W 的交点即表示 $M'_\nabla = M'_W$,相当于这一交点的尾吃水即为船尾上浮以后在行程 x 处的船舶实际情况,其正确的浮力也可在 $w\nabla$ 曲线上查得。

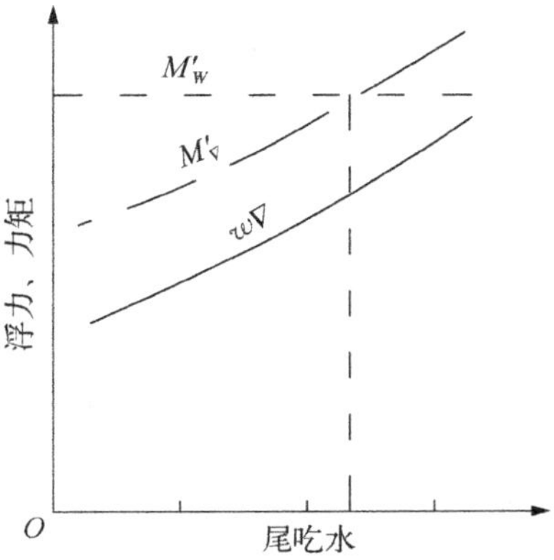

图 7-11　船尾上浮后的浮力和力矩曲线

另外再假定几个 x 值,同样可以算出在各 x 值时船舶的尾吃水和实际浮力,这样就可在下水曲线图上画出船尾上浮以后的浮力曲线,如图 7-8 中 B 点以后的曲线。在行程 x_2(相当于前支点离开滑道末端)处,若浮力小于下水重量,则将发生船首下落现象。

(7) 为了估计船在入水后的浮态及稳性,尚需根据第 4 章中的基本原理计算船舶下水后的首尾吃水及初稳性高。

7.4　滑道压力的计算

为了保证船舶安全下水,还应对滑道压力进行计算,以便检验润滑油脂、滑道及前支架是否能承受该项压力。船舶在下水过程中,滑道上的受力情况是变化的,故对压力计算也需分阶段进行。注意:以下提到的压力只是工程上习惯称呼,实际上是压强。

1. 在下水第一阶段

这时,整个下水重量完全由滑道支承,滑道的反力 R 等于下水重量 W_c,即

$$\begin{cases} W_c = R \\ l_G = l_R \end{cases} \tag{7-5}$$

式中,l_G 为下水船舶重心 G 至滑板前端的距离;l_R 为滑道反力 R 的作用点至滑板前端的距离。

事实上,W_c 是下水船舶各部分重量的合力,而 R 则为滑道上各部分压力的合力。滑道压力沿滑板与滑道接触长度 l_S 的实际分布情况比较复杂,在具体计算时,可假定它按梯形规律分布,如图 7-12 所示。

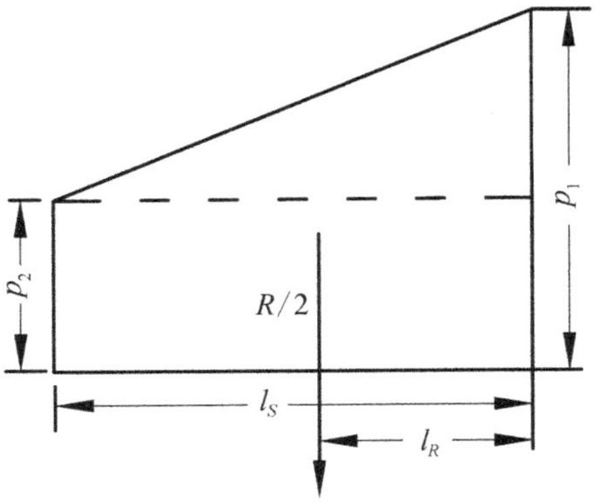

图 7-12　滑道所受压力的梯形分布

假定下水滑道为两条,每条的宽度为 b,其滑板前端和后端处滑道所受的压力分别为 p_1 和 p_2,则每条滑道的反力及其对滑板前端的力矩为

$$\begin{cases} \dfrac{1}{2}(p_1 + p_2) l_S b = \dfrac{R}{2} \\ p_2 l_S b \dfrac{l_S}{2} + \dfrac{1}{2}(p_1 - p_2) l_S b \left(\dfrac{1}{3} l_S\right) = \dfrac{R}{2} l_R \end{cases} \tag{7-6}$$

解式(7-6)联立方程,可得

$$\begin{cases} p_1 = \dfrac{R}{l_S b}\left(2 - 3\dfrac{l_R}{l_S}\right) \\ p_2 = \dfrac{R}{l_S b}\left(3\dfrac{l_R}{l_S} - 1\right) \end{cases} \tag{7-7}$$

根据式(7-7)即可算出在下水第一阶段中,前支架及后支架处滑道所承受的压力。

2. 在下水第二阶段

当下水进入第二阶段时,船体受到浮力的作用,这时滑道反力 R 及其作用点至前支点的距离 l_R 可由下式决定:

$$\begin{cases} R = W_c - w\nabla \\ l_R = \dfrac{W_c \times l_G - w\nabla \times l_B}{R} \end{cases} \tag{7-8}$$

至于滑板与滑道接触长度前后端处所承受的压力情况,则视反力 R 作用点的位置而定。概括说来,不外乎有下列几种情况。

(1) 当反力 R 的作用点位于滑道接触长度中央的 $l_S/3$ 的范围内($l_S/3 < l_R < 2l_S/3$)时,滑道压力为梯形分布(图 7-12),则前端及后端处滑道所承受的压力为

$$\begin{cases} p_1 = \dfrac{R}{l_S b}\left(2 - 3\dfrac{l_R}{l_S}\right) \\ p_2 = \dfrac{R}{l_S b}\left(3\dfrac{l_R}{l_S} - 1\right) \end{cases} \tag{7-9}$$

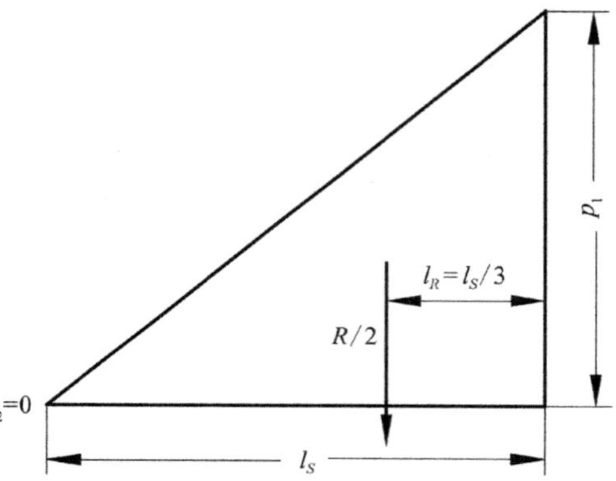

图 7-13 滑道压力的三角形分布

(2) 当反力 R 的作用点至前支点的距离 $l_R = l_S/3$ 时,则滑道压力为三角形分布(见图 7-13),前端及后端处滑道所承受的压力为

$$\begin{cases} p_1 = \dfrac{R}{l_S b} \\ p_2 = 0 \end{cases} \tag{7-10}$$

(3) 当反力 R 的作用点至前支点的距离 $l_R < l_S/3$ 时,因滑板与滑道之间不能承受拉力,故两者之间的有效接触长度为

$$l'_S = 3l_R$$

滑道压力沿有效长度 l'_S 的分布如图 7-14 所示。前端及后端处滑道所承受的压力为

$$\begin{cases} p_1 = \dfrac{R}{l'_S b} = \dfrac{1}{3}\dfrac{R}{l_R b} \\ p_2 = 0 \end{cases} \tag{7-11}$$

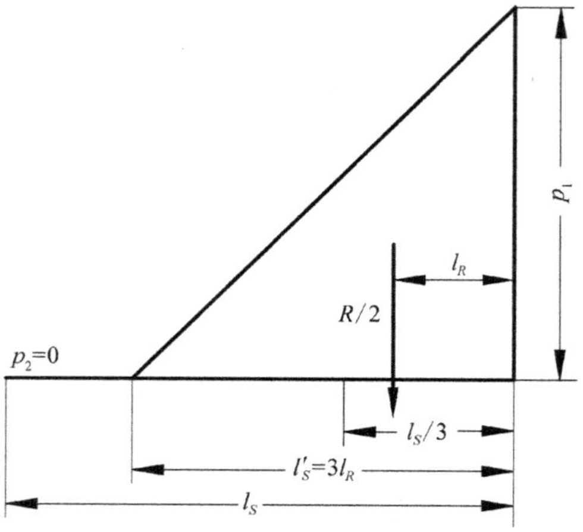

图 7-14 滑道压力沿有效长度的分布

(4) 当船尾开始上浮时，反力 R 集中作用于滑板前端。设前支架处平均受压的长度为 l_p，则船尾上浮时该处滑道所受的压力为

$$p = \frac{R}{2l_p b} \tag{7-12}$$

需要说明的是，上述计算滑道压力的各个公式是在假定压力分布规律为直线的基础上求得的，这与实际情况当然有所出入。但是，实际观测结果与计算所得的最大压力比较接近，故通常采用这种方法计算滑道压力。

7.5　纵向下水计算实例

以上介绍了下水计算的基本原理，在实际计算中可以用人工计算或计算机程序计算。为便于进一步了解船舶下水计算的具体内容，下面以某万吨级货船的手工计算为例进行说明。

1. 该船下水时主要数据和布置情况

船长	$L = 150.3$ m
下水重量	$W_c = 4\ 335$ t
重心至前支架距离	$l_G = 63.45$ m
龙骨坡度	$\alpha = l/22$
滑道坡度	$\beta = 1/22$
潮水在滑道末端处的高度	$h = 3.38$ m

下水前的布置简图和有关数据如图 7-15 所示。

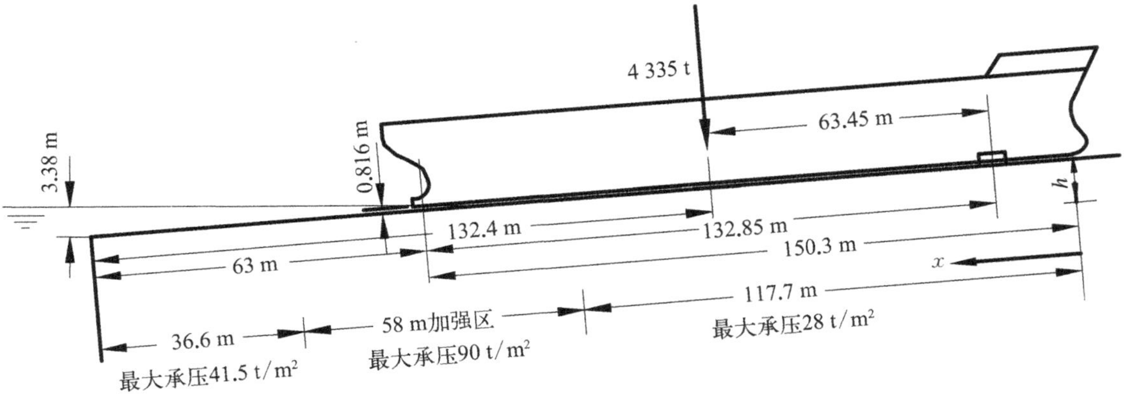

图 7-15　船舶下水前的布置简图

2. 下水曲线计算

1) 第二阶段的计算(或称为尾浮计算)

从图 7-15 中可以看出，船在未滑动时($x=0$)，首垂线处龙骨线在水面以上的高度

$$h = (150.3 + 63) \times \frac{1}{22} + 0.816 - 3.38 = 7.131(\text{m})$$

船舶滑行 x 以后的有关计算式有

首吃水　　$d_F = -h + x\beta = -7.131 + \frac{x}{22}$

尾吃水　　$d_A = d_F + L_\alpha = d_F + \frac{150.3}{22} = d_F + 6.832$

重心至滑道末端的距离　　$s_G = x - 132.40$

浮心至前支架距离　　$l_B = 132.85 - x'_B$

浮心至滑道末端距离　　$s_B = x - (63 + x'_B)$

式中，x'_B 为浮心至尾垂线的距离。

按式(7-4)算出各滑行距离时的首尾吃水如表7-1所列。

表7-1　各滑行距离时的首尾吃水

滑行距离 x/m	80	90	100	110	120	130
首吃水 d_F/m	−3.495	−3.040	−2.588	−2.131	−1.676	−1.222
尾吃水 d_A/m	3.337	3.791	4.216	4.701	5.155	5.610

然后在邦戎曲线上画出相当于上述不同行程时的水线，并列表计算每一水线下的浮力及浮心纵向位置，如表7-2所示。

表7-2　浮力、x'_B 计算表

(行程 $x=110$ m，$d_F=-2.131$ m，$d_A=4.701$ m)

站　号	横剖面积 /m²	辛氏乘数	$f(V)$ Ⅱ×Ⅲ	矩　臂	$f(M)$ Ⅳ×Ⅴ
Ⅰ	Ⅱ	Ⅲ	Ⅳ	Ⅴ	Ⅵ
0	0	1/2	0	0	0
1	7.5	2	15.00	1	15.00
2	13.75	1	13.75	2	27.50
3	24.00	2	48.00	3	144.00
4	32.50	1	32.50	4	130.00
5	40.00	2	80.00	5	400.00
6	42.50	1	42.50	6	255.00
7	44.50	2	89.00	7	623.00
8	37.50	1	37.50	8	300.00
9	32.50	2	65.00	9	586.00
10	26.76	1	28.75	10	267.50
11	20.00	2	40.00	11	440.00
12	12.50	1	12.50	12	150.00

（续表）

站　号	横剖面积 /m²	辛氏乘数	$f(V)$ Ⅱ×Ⅲ	矩　臂	$f(M)$ Ⅳ×Ⅴ
Ⅰ	Ⅱ	Ⅲ	Ⅳ	Ⅴ	Ⅵ
13	5.00	2	10.00	13	130.00
14	0	1/2	0	14	0
15	—	—	—	—	—
		$\sum f(V)=512.5$		$\sum f(M)=3\,467$	

注：(1) 计算结果

浮力 $w\nabla=1.006\times\frac{2}{3}\times\delta L\times\sum f(\nabla)=1.006\times\frac{2}{3}\times7.515\times512.5=2\,583(\mathrm{t})$

浮心至尾垂线距离：$x'_B=\frac{\sum f(M)}{\sum f(\nabla)}\times\delta L=\frac{3\,467}{512.5}\times7.515=50.84(\mathrm{m})$

(2) 每一行程都有一张计算表格，为节省篇幅起见，这里只给出一张计算表格。

将各行程 x 的 $w\nabla$、x'_B 及其他有关数据列入表 7－3，并完成下水第二阶段的计算。

表 7－3　下水第二阶段计算表

滑行距离 x/m	80	90	100	110	120	130
下水重量 W_c/t	4 335					
l_G/m	63.45	—	—	—	—	—
s_G/m	−52.4	−42.4	−32.4	−22.4	−12.4	−2.4
浮力 $w\nabla$/t	910	1 370	1 920	2 583	3 320	4 100
x'_B/m	40	43.8	47.2	50.84	53.9	57.1
l_B/m	92.85	89.05	85.65	82.01	78.95	75.75
s_B/m	−23	−16.8	−10.2	−3.84	3.1	10.1
$M'_W=W_c l_G$/(t·m)	275 000					
$M'_\nabla=w\nabla l_B$/(t·m)	84 500	122 000	164 500	212 000	262 000	310 000
$M_W=W_c s_G$/(t·m)	−227 000	−184 000	−140 500	−97 100	−53 600	−10 400
$M_\nabla=w\nabla s_B$/(t·m)	−20 900	−23 000	−19 600	−9 930	10 300	41 400

将表 7－3 中的计算结果，绘制成图 7－16 所示的下水曲线图。从中得出下列结论：

(1) 在行程 $x=122.6$ m 处船尾开始上浮。

(2) 船尾上浮时前支架受力 $R=820$ t。

在第二阶段中 $M_\nabla>M_W$（见表 7－3 末尾两行），而且船尾上浮时重心仍在滑道末端以前（见表 7－3 第四行 s_G 值），故不会发生船尾下落现象。

2) 第三阶段的计算（或称为全浮计算）

船尾上浮以后，前支架仍沿滑道运动，在行程为 x 时，前支点的吃水为

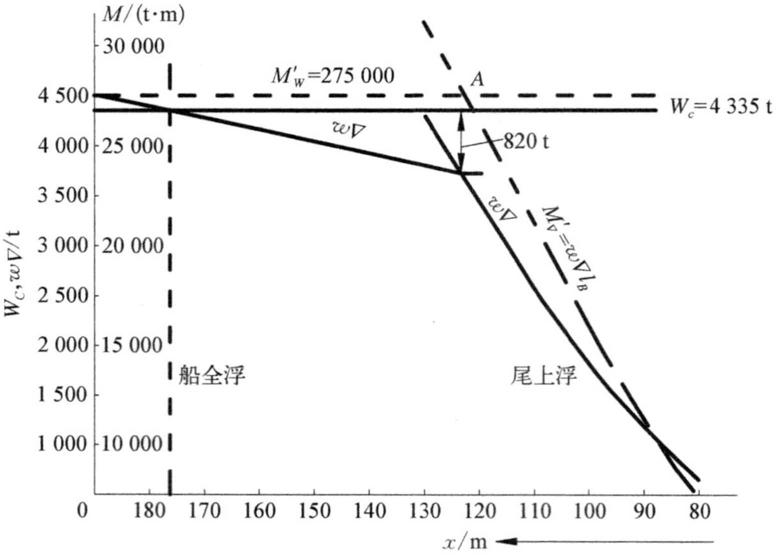

图 7-16　下水曲线图

$$d = -h + (x + l)\beta$$

式中，l 为前支点至首垂线的距离，且 $l = 150.3 - 132.85 = 17.45$(m)。由于船尾上浮以后，实际的首吃水暂时无法确定，故只能应用试探方法，即假定几个尾吃水。

在该货船的全浮计算中，取 3 个行程($x = 140$ m、160 m、180 m)，对每个行程又假定 4 个尾吃水。现以 $x = 180$ m 为例进行说明。

当 $x = 180$ m 时，前支点处的吃水经计算为 1.844 m，假定 4 个尾吃水为 3 m、4 m、5 m、6 m。于是可在邦戎曲线图上画出上述 4 条水线，并列表计算每一条水线下的浮力及浮心纵向位置，其表格形式、计算步骤与表 7-2 相同，这里只将最后结果列入表 7-4。

表 7-4　全浮辅助计算表
($x = 180$ m，前支点处的吃水 $d = 1.844$ m)

假定尾吃水/m	3	4	5	8
浮力 $w\nabla$/t	4 230	5 050	5 900	6 770
x_B/m	71.73	69.72	67.70	65.73
l_B/m	61.12	63.13	65.15	67.12
$M'_\nabla = w\nabla l_B$/(t·m)	258 540	318 800	384 380	454 100

根据表 7-4 中的数值绘制全浮辅助曲线，如图 7-17 所示。从图中可以看出，当 M'_W 与 M'_∇ 相交时浮力 $w\nabla = 4\ 430$ t。

按同样办法，可得

$$x = 140\text{ m 时，} w\nabla = 3\ 750\text{ t}$$
$$x = 160\text{ m 时，} w\nabla = 4\ 070\text{ t}$$

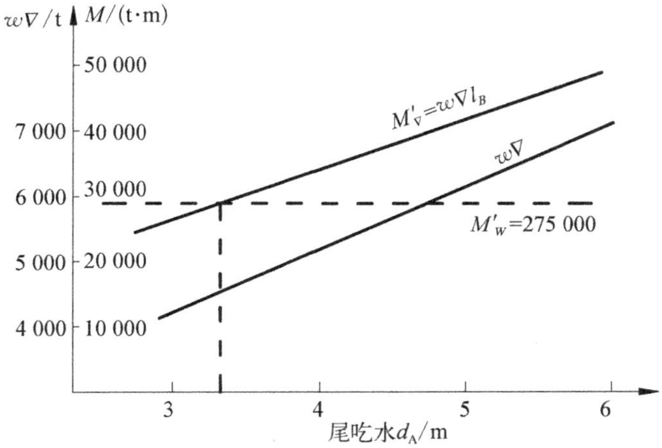

图 7-17　全浮辅助曲线

将上述 3 个行程之 $w\nabla$ 数值画入图 7-16 中，即得船尾上浮以后浮力随行程 x 的变化曲线。由图 7-16 中可知，当行程 $x=175.8$ m 时，$W_c = w\nabla$，即在 $x=175.8$ m 处船舶开始全浮。这表明前支架在离开滑道末端以前，船已全部浮起，因此不会发生船首下落现象。

3. 滑道压力计算

该货船下水架的有关数据如下：

长度 $l_S=131.1$ m；

滑板的宽度 $b=0.72$ m，两根滑道；

前支架能承受压力的长度为 7 m；

重心至前支架中点的距离 $l_G=63.45$ m；

重心至前支架前端的距离 $l'_G=63.45+3.5=66.95$(m)；

下水架的重量为 200 t；

前支架前端至滑道末端的距离为 $63+132.85+3.5=199.35$(m)。

1）下水第一阶段滑道压力的计算

下水重量 $W_c=4\,335+200=4\,535$(t)

$$l_S=131.1 \text{ m}$$
$$l_R=l'_G=66.95 \text{ m}$$

据式(7-7)，可得

滑板前端的压力 $p_1=\dfrac{4\,535}{131.1\times 0.72}\left(2-3\times\dfrac{66.95}{131.1}\right)=22.5(\text{t/m}^2)$

滑板后端的压力 $p_2=\dfrac{4\,535}{131.1\times 0.72}\left(3\times\dfrac{66.95}{131.1}-1\right)=25.7(\text{t/m}^2)$

平均压力 $p_m=(p_1+p_2)/2=24.1(\text{t/m}^2)$

2）下水第二阶段滑道压力的计算

计算结果列入表 7-5，表中 $w\nabla$、l_B 等数值取自表 7-3。

表 7-5　下水第二阶段滑道压力计算

滑行距离 x/m	80	90	100	110	120
浮力 $w\nabla$/t	910	1 370	1 920	2 583	3 320
$R=(4\,535-w\nabla)$/t	3 625	3 165	2 615	1 952	1 215
$l_S=(199.35-x)$/m	109.35	99.35	89.35	79.35	69.35
$l'_B=(l_B+3.5)$/m	96.35	92.55	89.15	85.51	82.45
$l_R=[(W_c l'_G-w\nabla l'_B)/R]$/m	59.5	55.5	50.5	42.0	24.3
$p_m=[R/(2l_S b)]/(\mathrm{t/m^2})$	23	22.2	20.3	17.1	12.2
p_1(式 7-9)/$(\mathrm{t/m^2})$	17	14.2	12.2	14	23.2
p_2(式 7-9)/$(\mathrm{t/m^2})$	29	30.2	28.4	20.2	1.2

3）船尾上浮时前支架压力的计算

这时反力只集中于前支架上，情况比较严重，故应特别注意。为了避免前支架处反力 R 过于集中，该货船下水时采用铰链式前支架，船尾上浮时可绕铰链转动，因此反力 R 可以均匀分布于整个前支架的长度上。在船尾上浮时：

反力　　$R=820\ \mathrm{t}$

前支架长度　　$l_p=7\ \mathrm{m}$

故滑道压力　　$p=\dfrac{R}{2l_p b}=\dfrac{820}{2\times 7\times 0.72}=81.4(\mathrm{t/m^2})$

至此，已经求得了该货船在下水过程中滑道所受的压力，接下去应查看滑道是否能够承受这些压力。图 7-15 下方的数据是船台滑道能够承受的压力极限数值。从下水第一阶段和第二阶段的计算看来，前支架端点的压力都没有超过 28 t/m²，后支架端点的压力达到 30 t/m² 的数值，但此时后支点早已进入加强区域。在船尾上浮时，前支架处压力高达 81.4 t/m²，此时行程为 $x=122.6$ m，前支架位于滑道（离首端）122.6+17.5=140.1(m)处，即在滑道加强区域，而该处的最大承压力 90 t/m²，因此是安全的。

最后，对潮水高度变化时下水曲线的计算问题做简要讨论。在进行下水计算时，潮水线高度是根据预测数值决定的。但潮水高度受风力、风向及气压等因素的影响较大，船舶在下水时的实际水线高度未必与预测数值相同，故除对预测水线位置进行计算外，还需对较低的一、二种水位进行下水计算，以便下水工作因意外延误或潮水没有达到预期高度时，可当场决定下水是否安全。

如已知某一水位的下水曲线，则可用下列方法简便而迅速地求得另一水位时的下水曲线。参阅图 7-18，设已有潮水线 WL 时的下水曲线图（见图 7-8），现要求计算低潮水线 W_1L_1 时的下水曲线。在下水曲线计算中，已知下水重量 W_c 及其对滑道末端的力矩 M_W、对下水架前支点的力矩 M'_W 与水位的高低无关，故在低潮水线 W_1L_1 时与下水重量有关的 W_c、M_W 及 M'_W 诸线和潮水线 WL 时完全相同。但是，水线的高低对于下水船舶在滑行过程中浮力的大小及浮心位置直接有关，因而水线的高低对浮力 $w\nabla$ 及其对滑道末端的力矩 M_∇、对下水架前支点的力矩 M'_∇ 诸曲线有影响。从图 7-18 中可以看出，船上任意一点达到低潮水线 W_1L_1 时与

在潮水线 WL 时相差的行程为 $s=t/\beta$，即船舶在低潮水线 W_1L_1 时要多滑行一段距离 t/β，其浮力的大小及浮心位置才与潮水线 WL 时相当。因此，将图 7-8 中的浮力 $w\nabla$ 曲线及浮力对下水架前支点的力矩 M'_∇ 曲线每点向左移动 t/β，即得低潮水线 W_1L_1 时的 $w\nabla$ 及 M'_∇ 曲线。至于浮力对滑道末端的力矩 M_∇ 曲线，除向左移动 t/β 外尚需将其数值相应增加 $w\nabla t/\beta$，这是因为在低潮水线 W_1L_1 时船的浮心位置与滑道末端的距离增加了 t/β。

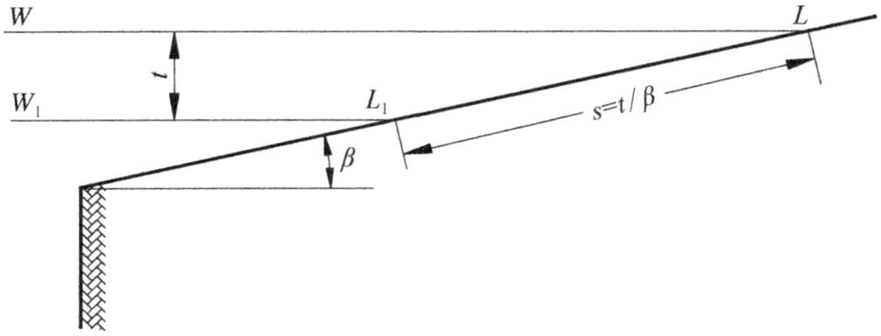

图 7-18　下水计算中已有潮水线 WL 和低潮水线 W_1L_1 之间关系

7.6　纵向下水动力学概述

前面几节主要从静力学的角度讨论了船舶纵向下水问题，即认为下水船舶瞬时是静止的，并以此计算尾上浮、滑道压力以及判断是否会发生尾下落、首下落等现象。一般而言，计算结果大体与实际相符。但是，船舶下水是一种动力现象，船体的下滑运动与其所受的作用力密切有关。如果需要了解船在下水过程中的速度、加速度以及船舶停止时的行程等问题，则应根据动力学的基本原理进行研究。由于船在下水过程中的各种动力因素比较复杂，一般不进行此项计算，这里仅作简略介绍。

1. *船舶下水的运动方程*

根据牛顿第二定律，船体在下水过程中所受到的合力 F 等于其质量乘以加速度。因此，船舶下水的运动方程为

$$F=\frac{W_c}{g}a$$

式中，F 是沿运动方向作用在船体上各种力的总和。

在下水的各个阶段中，F 的组成成分如表 7-6 所示。

表 7-6　下水各阶段中 F 的组成成分

	合力	重力的分力	浮力的分力	摩擦力	水阻力	制动力
第一阶段	$F=$	$W_c\sin\theta$	0	$-fW_c\cos\theta$	0	0
第二阶段	$F=$	$W_c\sin\theta$	$-w\nabla\sin\theta$	$-f(W_c-w\nabla)\cos\theta$	$-R$	0
第三阶段	$F=$	$W_c\sin\theta$	$-w\nabla\sin\theta$	$-f(W_c-w\nabla)\cos\theta$	$-R$	0
第四阶段	$F=$	0	0	0	$-R$	fcd

表中，θ 为船舶运动方向与水平线之间的夹角。在第一、第二阶段中，θ 等于滑道坡度 β；在第三阶段中，船尾已经上浮，θ 逐渐减小；在第四阶段中，$\theta=0$。浮力 $w\nabla$ 与船舶的滑行距离 x 有关，可从下水曲线中查得。水阻力 R 与船体入水的体积及下滑速度等因素有关。由于船体下滑是变速运动，情况比较复杂，目前尚无可靠正确的计算方法。通常可将水阻力写为

$$R=K(w\nabla)^{2/3}v^2 \tag{7-13}$$

式中，K 为水阻力系数；$w\nabla$ 为船舶在某一瞬间的浮力；v 为船舶在该瞬间的下滑速度。

根据 H.B. Andrews 及 A.M. Nickerson 发表的经验资料，得出估算水阻力系数的平均统计公式为

$$K=\frac{W_c(w\nabla)^{1/2}}{12\,000} \tag{7-14}$$

制动力 fcd 一般在前支架脱离滑道时才起作用，其中 d 为已经被曳动的制动重量，fc 为制动重量在地面上拖曳的摩擦系数，其数值与地面情况有关。制动锚链沿地面拖曳的摩擦系数大致范围是 $fc=0.4\sim1.0$。

对于下水各个阶段中船体的受力情况进行分析(参见表 7-6)以后，便可具体讨论下滑速度及加速度的计算问题。

在下水的第一阶段中，$F=W_c(\sin\beta-f\cos\beta)$，通常 β 的数值较小，故 $F\approx W_c(\beta-f)$。因此，船体的下滑加速度为

$$a=g(\beta-f) \tag{7-15}$$

船体在任意一行程 x 处的下滑速度的平方为

$$v^2=2gx(\beta-f) \tag{7-16}$$

式中，β 为滑道坡度；f 为摩擦系数。

船体在下滑过程中 f 是变化的，故在具体计算时，对于起始阶段时的 f 应取静摩擦系数 f_s，当船体下滑一段距离后，f 应取动摩擦系数 f_d。

在下水的第二、第三阶段中，

$$F\approx(W_c-w\nabla)(\theta-f_d)-K(w\nabla)^{2/3}v^2$$

其运动方程为

$$\frac{W_c}{g}a=(W_c-w\nabla)(\theta-f_d)-K(w\nabla)^{2/3}v^2 \tag{7-17}$$

式中，$w\nabla$、K 及 v 等数值都随行程而变，因而难以精确求解。一般可用下列方法进行近似估算。

设船舶滑行至 x 处的速度为 v_i，浮力为 $w\nabla_i$，滑行至 $x+\delta x$ 处时的速度为 v_{i+1}，浮力为 $w\nabla_{i+1}$。当 δx 较小时，可以认为加速度 a 在 δx 这段内的变化忽略不计。因此，加速度可表示为

$$a=\frac{v_{i+1}^2-v_i^2}{2\delta x}$$

同时，令 $w\nabla$ 为 δx 段内的平均浮力，即

$$w\nabla=\frac{1}{2}(w\nabla_{i+1}+w\nabla_i)$$

水阻力在 δx 段内的平均值为

$$R=\frac{1}{2}K\ (w\nabla)^{2/3}(v_i^2+v_{i+1}^2)$$

将上述结果代入式(7－17)，即得

$$\frac{W_c}{2g}\left(\frac{v_{i+1}^2-v_i^2}{\delta x}\right)=(W_c-w\nabla)(\theta-f_d)-K\ (w\nabla)^{2/3}\times\left(\frac{v_{i+1}^2+v_i^2}{2}\right) \tag{7-18}$$

根据式(7－18)，可以逐步进行渐次求解。例如船在第一阶段末尾的下滑速度 v 可从式(7－16)中算出，此数值可作为第二阶段起始的 v_i，然后取一小段行程 δx，其末尾的速度 v_{i+1}，即可从式(7－18)中求得。依此类推，一直可以算至第三阶段末尾。至于式(7－18)中的浮力、阻力系数及 θ 等数值都可以从下水曲线计算或式(7－14)中求得。为了减少误差，δx 不宜取得过大，通常 δx 以取 5～10 m 为宜。

在下水的第四阶段中，$W_c-w\nabla=0$。假定制动装置在前支架脱离滑道时开始发生作用，则其运动方程为

$$\frac{W_c}{2g}\left(\frac{v_{i+1}^2-v_i^2}{\delta x}\right)=-K\ (W_c)^{2/3}\left(\frac{v_{i+1}^2+v_i^2}{2}\right)-f_c d_i \tag{7-19}$$

式中，d_i 为已经被曳动的制动锚链重量。

根据式(7－19)也可逐步进行渐次求解，直至算出某段末尾的速度 $v_{i+1}=0$，便得船舶停止的位置。

这里需要指出：船舶下水是一种变速运动，在船体入水后尚有附连水质量的影响，情况比较复杂。但上述方法对此种影响却未予考虑，因而计算结果往往比较粗略。

2. 下水速度及加速度的实测分析

我国许多船厂十分重视下水的实测工作。每当船舶下水时，常常指定专人测量船体下滑距离和时间的关系，这不仅为船厂本身积累了经验，还对深入研究下水动力学提供了极为宝贵的实际资料。

测定船舶下水滑行距离及记录时间的方法很多。最简便的方法是在船体上每隔一定距离涂上油漆标记，当这些标记经过船台旁的照准线用秒表测定其滑行时间，并予以记录。此外，还可利用电气装置或拍摄视频等方法进行测量。

通常将实测记录绘制成以滑行距离 x 为纵坐标、时间 t 为横坐标的下水实测曲线，如图 7－19 所示。

根据上述实测曲线，可以分析船舶在下水过程中速度及加速度的实际变化情况。船体在某一行程 x 处的瞬时下滑速度

$$v=\frac{\mathrm{d}x}{\mathrm{d}t}=\tan\phi_1 \tag{7-20}$$

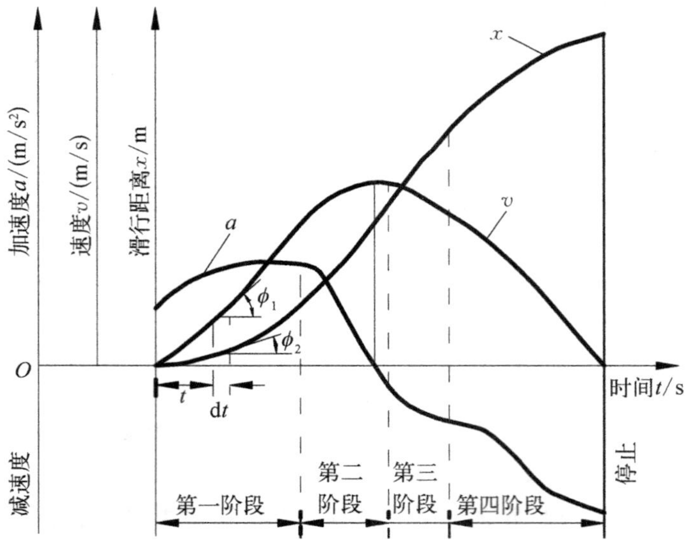

图 7－19 下水实测曲线

式(7－20)表明，$x-t$ 曲线上任意点处斜率 $\tan\phi_1$ 即为该点的瞬时下滑速度。因此，根据 $x-t$ 曲线可以作出下水过程中的速度 v 曲线，船体在某一行程 x 处的瞬时加速度也可根据下水速度 v 曲线求得。因此，根据 $v-t$ 曲线可以作出下水过程中的加速度 a 曲线。

为了检验绘制的速度 v 曲线与加速度 a 曲线是否精确，可将下水速度 $v-t$ 曲线积分一次、加速度 $a-t$ 曲线积分两次，其结果应与实测的 $x-t$ 曲线相符合。此外，在整个下水过程中，船体的起始速度和最终速度都等于零，故加速度曲线在整个下水过程中的积分 $\int a\,dt=0$，即加速度曲线在横坐标轴的上下方面积应该相等。

行程 x、速度 v 及加速度 a 对时间 t 的曲线全面表达了船舶在下水过程中的实际运动情况。据此，可以检验前述近似估算方法的正确性，并对造成误差的原因进行具体分析。这对于改进船舶下水动力计算方法是十分重要的。

思考题 7

1. 船舶纵向下水可划分为几个阶段？每个阶段的受力情况如何？

2. 下水曲线包括哪几条曲线？简述计算与绘制下水曲线的方法与步骤。

3. 什么是尾下落、尾浮和首下落现象？如出现这类现象应注意哪些问题？

习 题 7

1. 某船的下水质量是 2 000 t，滑道坡度为 1/18，静摩擦系数 $f_s=0.07$。问当支闩开启时船体能否滑动？如不能滑动应采取什么措施？

2. 某船的下水质量 $W_c=2\,850$ t，重心 $x_G=-2.75$ m，下水架前端在船中前 37.6 m 处，在滑行时浮力与浮心位置如表 1 所列：

表 1

船中在滑道末端后/m	0	3	6	9	12	15
浮力/t	1 130	1 330	1 550	1 800	2 060	2 350
浮心距滑道末端/m	13.1	15.6	18.3	20.8	23.6	26.4

(1) 绘制下水曲线，并求尾浮位置。

(2) 前支架支承压力。

(3) 为使不发生尾下落现象，滑道长度是否充分？

3. 某船下水时采用两条滑道，滑板与滑道接触长度为 163 m，每条滑板宽 1.52 m，下水质量 $W_c = 9\ 600$ t，重心距滑板前端的距离为 87.5 m。求：

(1) 滑道的平均支承压力。

(2) 滑板前端及后端处滑道所受的压力。

参 考 文 献

[1] 杨槱，刘静.船舶静力学[M].北京：北京科学教育出版社，1963.

[2] 盛振邦.船舶静力学[M].北京：国防工业出版社，1979.

[3] 盛振邦，杨尚荣，陈雪深.船舶静力学[M].北京：国防工业出版社，1984.

[4] 盛振邦，杨尚荣，陈雪深.船舶静力学[M].上海：上海交通大学出版社，1992.

[5] 盛振邦，刘应中.船舶原理：上册[M].2 版.上海：上海交通大学出版社，2017.

[6] 中国船舶工业总公司.船舶设计实用手册(总体分册)[M].北京：国防工业出版社，1998.

[7] 中华人民共和国海事局.船舶与海上设施法定检验规则　国际航行海船法定检验技术规则[M].北京：人民交通出版社，2014.

[8] 中华人民共和国海事局.船舶与海上设施法定检验规则　国际航行海船法定检验技术规则　2016 年修改通报[M].北京：人民交通出版社，2016.

[9] 中华人民共和国海事局.船舶与海上设施法定检验规则　国际航行海船法定检验技术规则　2018 年修改通报[M].北京：人民交通出版社，2018.

[10] 中华人民共和国海事局.船舶与海上设施法定检验规则　国际航行海船法定检验技术规则　2019 年修改通报[M].北京：人民交通出版社，2019.

[11] 中华人民共和国海事局.船舶与海上设施法定检验规则　国内航行海船法定检验技术规则 2020[M].北京：人民交通出版社，2020.

[12] 中华人民共和国海事局.船舶与海上设施法定检验规则　内河船舶法定检验技术规则 2019[M].北京：人民交通出版社，2019.

[13] 中华人民共和国海事局.船舶与海上设施法定检验规则　海上移动平台法定检验技术规则 2016[M].北京：人民交通出版社，2016.